中信出版集团｜北京

图书在版编目（CIP）数据

英伟达之道 /（美）金泰著；董世敏，周康林译 .
北京：中信出版社，2025.1. -- ISBN 978-7-5217
-7016-2

Ⅰ. F471.266

中国国家版本馆 CIP 数据核字第 202423FY84 号

The Nvidia Way: Jensen Huang and the Making of a Tech Giant by Tae Kim
Copyright © 2025 by Tae Kim
Published by arrangement with W. W. Norton & Company, Inc.
through Bardon Chinese Creative Agency 博达创意代理有限公司
Simplified Chinese translation copyright © 2025 by CITIC Press Corporation
ALL RIGHTS RESERVED
本书仅限中国大陆地区发行销售

英伟达之道

著者：　　　［美］金泰
译者：　　　董世敏　周康林
出版发行：中信出版集团股份有限公司
　　　　　（北京市朝阳区东三环北路 27 号嘉铭中心　邮编 100020）
承印者：　　河北鹏润印刷有限公司

开本：787mm×1092mm　1/16　　印张：22.75　　字数：222 千字
版次：2025 年 1 月第 1 版　　　　印次：2025 年 1 月第 1 次印刷
京权图字：01-2024-5161　　　　　书号：ISBN 978-7-5217-7016-2
　　　　　　　　　　　　　　　　　定价：79.00 元

版权所有·侵权必究
如有印刷、装订问题，本公司负责调换。
服务热线：400-600-8099
投稿邮箱：author@citicpub.com

目 录

引言
英伟达之道 / 1

第一部分
创业初期
—1993年

01 痛苦与磨难
不主动挑事，但也绝不会逃避任何事 / 003
乒乓球天才少年 / 006
为日常辛劳而自豪 / 008
伟大和聪明无关，而是来自品格 / 009

02 图形革命
编程天才 / 013
"秘密图形"团队 / 020
弃医从工 / 022
磨砺剑刃的辩论 / 025
GX大放异彩 / 028
被迫出走，另起炉灶 / 032

03 英伟达的诞生
三位联合创始人 / 035
充满诱惑的提议 / 040
公司名称的由来 / 043
个人声誉发挥关键作用 / 046

第二部分
绝地逢生
1993—2003年

04 背水一战
首款产品蓄势待发 / 057
做得少但做得好，远比做得多更重要 / 064
经营公司是一项全新的技能 / 067
新的强大对手 / 069
破产边缘的创纪录速度和产品 / 075
开始登上历史舞台 / 082

05 横扫千军
长时间工作是追求卓越的必要前提 / 085
以"光速"工作 / 088
可能有人比我更聪明，但没人比我更努力 / 092
我们距离破产只有30天 / 094
必须干掉英特尔 / 096
第二名就是第一个失败者 / 098
胜负欲极强的小气老板 / 100
联手台积电 / 102
IPO暂停，再次力挽狂澜 / 109
持续领先的秘密武器 / 111

06 就是要赢

3dfx 破产 / 117
用技术而非语言来挖人 / 121
黄仁勋的生意哲学：粗糙的公平 / 124
每股 100 美元时，我要文身 / 126
免费送卡与半路截胡 / 128
联合创始人普里姆辞职 / 133
我更强！我更快！你们无法打败我！ / 136

07 创新者的窘境

"运送一整头牛"策略 / 141
GPU 横空出世 / 145
不计成本的投入，里程碑式的营收 / 149
英伟达的《小台灯》 / 152
历史上最糟糕的产品 / 156
内部威胁同样重要 / 162

第三部分
英伟达崛起
2002—2013年

08 GPU 时代
基于 GPU 的通用计算 / 169
让 CUDA 对所有人可用 / 172
从零开始建立新市场 / 178
助力学术资源的公平分配 / 184
英伟达的本质是商业公司 / 189
努力工作并不能免受批评 / 192
CUDA 生态构建英伟达的"护城河" / 195

09 磨炼造就伟大
我不喜欢放弃别人，我宁愿磨炼他们 / 199
扁平化的架构有助于培养卓越 / 203
使命才是老板 / 206
"五大事项"电子邮件法 / 209
白板展示胜于 PPT / 213

10 工程师思维
科技公司需要技术型 CEO / 217
CEO 数学 / 222
你必须让自己对工作着迷 / 225
一步深渊，一步天堂 / 228

第四部分
迈向未来
2013年—

11 点燃人工智能革命的火花
GPU 成功的秘诀在于并行计算 / 237
让深度学习发挥作用的三样东西 / 241
最佳公关：反其道而行之的 AlexNet / 245
All IN 人工智能，重塑英伟达 / 248

12 有史以来最好的收购之一
"最令人畏惧"的对冲基金 / 253
69 亿美元赢得竞标 / 257
典型的英伟达式成就 / 259

13 未来之光
与核心利润背道而驰的长期研究小组 / 261
内部孵化器与"登月计划" / 264
将技术潜力转化为商业机遇 / 269
坚持长期研发并成功商业化 / 272

14 大爆炸
宇宙级增长 / 275
超越同行的两个优势 / 280
下一个趋势 / 285
让人工智能惠及全世界 / 289

结语　黄仁勋之道
招聘和培养人才的伯乐 / 293
股权薪酬激励 / 299
卓越文化与团队协作 / 302
极致投入和信息透明 / 303
我爱英伟达 / 306

附录　黄仁勋语录 / 311
致谢 / 329
注释 / 331

引　言
英伟达之道

在平行时空里，黄仁勋可能会成为一名教师。他偏爱的媒介是白板：自从他在1993年创立英伟达以来，一直担任公司的首席执行官（CEO）。他参加公司会议时经常会站起来，手里拿着他最喜欢的马克笔，然后画出问题的图解或勾勒出一个想法，即使有其他人在发言或者同时在白板上进行演示，他也会这么做。实际上，他在教师和学生这两个身份之间不断转换，从而培养员工的合作精神，以提升他们的思考方式，并解决所面临的问题。他画的草图非常精确，甚至可以转化为技术文件的可用示意图；同事们称他为"黄教授"，因为他能够在白板上用一种几乎所有人都能理解的方式来解释复杂的概念。

在英伟达，白板不仅是会议上主要的交流媒介，还代表着可能性和短暂性——这是一种信念，意味着一个成功的想法，无论多么出色，最终都必须被擦掉，由新的想法取而代之。在公司位于加利福尼亚州圣克拉拉市的两栋总部大楼里，每个会议室都有一块白板，标志着每一天和每次会议都是一个新的机会，也传达着创新是必选项，而不是可选项的信念。使用白板时需要积极思考，这必然会揭露包括高管在内的任何员工对会议材料的熟悉度。员工必须在观众面前实时展示他们的思考过程，而不是隐藏在精心排版的幻灯片（PPT）或花哨的营销视频之后。

白板也许是英伟达独特文化的终极象征——这家芯片设计公司从20世纪90年代开始成长，当时它只是众多电脑图形芯片公司中的一家，主要在那些为第一人称射击游戏如《雷神之锤》等寻找最佳性能配置的硬核玩家中享有盛名。如今，它已成为人工智能（AI）时代先进处理器的首要供应商。英伟达处理器的架构非常适合AI工作负载，因为它能够同时执行数学计算，这是训练和运行先进大型语言模型所必需的。英伟达对AI重要性的领先认知，以及在这个领域10年以上的前瞻性投资——包括硬件功能的增强、AI软件工具的开发和网络性能的优化——使得英伟达的技术平台有着完美的定位，从而可以在当前的AI浪潮中挺立潮头并成为主要受益者。如今，AI的应用场景非常广泛。许多公司利用由英伟达驱动的AI服务器来提升程序员的生产力，例如生成程序员觉得烦琐的低级代码，自动执行重复的客户服务任务，甚至赋能设计者用文本提示词来创建和修改图像，从而加速创意的迭代。

英伟达发起的"重塑"得到了回报：在2024年6月18日，英伟达超越微软，成为全球市值最高的公司——市值达到了3.3万亿美元。这一里程碑式的成就源于市场对英伟达AI芯片的巨大需求；公司的股价在过去12个月里上涨了2倍。称英伟达的股票是史诗级的投资品，这仍显得轻描淡写。从1999年的首次公开发行（IPO）到2023年年底，英伟达的投资者享受了美国股票史上最高的复合年化回报率，其复合年均增长率（CAGR）超过33%。[1]如果投资者在1999年1月22日英伟达上市时购买了1万美元股票，那么到2023年12月31日，这些股票的价值会增长到1 320万美元。

英伟达的企业文化始于黄仁勋。朋友、员工、供应商、竞争对手、投资者和仰慕者都喜欢叫他"詹森"。在AI浪潮来临之前，黄仁勋就已颇有名气，他被《时代》杂志评为2021年全球100位最具影响力人物之一。随着英伟达的市值达到1万亿美元、2万亿美元，直至3万亿美元，黄仁勋的知名度也逐渐提升。如今，在众多文章和视频中，人们常常看到他标志性的皮夹克和向两侧偏分的银发，很多人称黄仁勋为"世间罕见的天才"。

对于那些长期关注半导体行业的人来说，黄仁勋已经是一个耳熟能详的名字。自英伟达成立以来的三十余年，他一直执掌经营，成为所有科技公司现任CEO中任职时间最长的一位。他不仅带领公司生存了下来，还在竞争激烈的芯片领域超越了所有的竞争对手，同时也超越了几乎世界上所有其他公司。从曾经的职业股票分析师到现在的科技记者，我的职业生涯里的大部分时间都在密切关注英伟达的发展。我见证了黄仁勋的领导力和战略愿景是如何塑造了英伟达。即便如此,我的看法仍然只是作为一个局外观察者的视角,既依赖于具体事实,又依赖于个人解读。为了了解英伟达成功的秘诀,我必须与该公司内外的许多人交谈。我还需要与黄仁勋本人对话:像他的员工一样,成为他的学生。

※

就在英伟达成为全球最大市值公司的4天前,英伟达了解到我正在写一本书,一位代表提议在黄仁勋为加州理工学院2024届毕业班发表毕业演讲后,立即安排一次会面。于是,在2024年6月14日星期五上午大约10点,我站在毕业典礼讲台旁,等待黄仁勋的出现。那是一个完美的"加州天",天空湛蓝,阳光温暖。学生及其家人坐在一个白色的大帐篷下。加州理工学院董事会主席大卫·汤普森介绍了黄仁勋,并开玩笑说,英伟达的CEO太引人注目了,早上他们两个人一起在校园里走动的时候,他感觉自己像是在和猫王同行。

在演讲中,黄仁勋向毕业生表示,从加州理工学院毕业将成为他们人生中的一个巅峰时刻。他提到自己对于"巅峰"一词也很有感触。"我们都处在事业的巅峰,"他说,"对于那些一直关注英伟达和我的人,你们知道我在说什么。只是对你们而言,未来还会有许多巅峰要攀登。我只希望今天不是我的巅峰。"他确信自己会像以前一样努力工作，确保英伟达未来还有更多的巅峰，并激励这些毕业生效仿他。

在黄仁勋的演讲结束后，我被带到凯克太空研究中心一间镶有木板的会议室，墙上挂满了飞行员、宇航员和总统的黑白照片，黄仁勋就在那里等我。在正式提问之前，我们闲聊了一会儿。我向他介绍了自己从20世纪90年代起就是一名电脑游戏迷，也自己组装过电脑。在研究显卡时，我第一次了解到英伟达，并从此成为它的忠实用户。我还提到，早年在华尔街的一家基金公司任职时，投资英伟达股票是我的投资历程中的第一个大胜仗。

"真了不起，"黄仁勋一本正经地说，"英伟达也是我的第一个大胜仗。"

接着，我们对公司的发展历史展开了广泛讨论。黄仁勋知道，许多前员工都带着怀旧情感来看待英伟达的起步阶段，但他不愿过分美化那段创业历程，以及他自己的失误。

"当我们年轻的时候，你知道，我们有很多地方做得很差。英伟达并不是从第一天起就成为一家伟大的公司。我们花了31年的时间让它变得伟大。它一开始并不出色，"他说，"你不是因为伟大才做出了NV1，也不是因为伟大才做出了NV2。"他提到的是公司最早发布的两个芯片设计，这两个设计几乎让英伟达陷入绝境。"我们自己挺了过来。我们曾是自己最大的敌人。"

英伟达经历了几次濒临破产的时刻,但每一次,即使压力巨大,公司也总能从错误中吸取教训。英伟达保留了一批忠诚的员工,许多人至今仍留在公司。当然,也有一些人选择离开,公司在不断地吸纳新员工。黄仁勋说:"每一次危机都有人离开,但我们从每一次危机中重新振作,把公司从崩溃的边缘拉了回来。"

他开始以第三人称的方式讲述:"如果在公司发展的前15年里,黄仁勋根本没有参与其中,那就太好了。"随后他就笑了,这意味着他并不为公司当时的管理方式感到自豪,也不为自己那时的天真和战略思维的缺乏感到骄傲。

颇为有趣的是,我竟然为英伟达创始人的过去进行辩护。我指出,早期的一些决策——我已经在研究过程中了解了很多这些决策——并不全是糟糕的决策。虽然犯了一些错误,但其中的一些错误和不可控的因素有关,或者超出了他和公司所能掌控的范围。事后看来,许多错误似乎不可避免。

"对,是这样的,"黄仁勋说,"我并不喜欢谈论我们的过去。"

※

我发现这是英伟达这家公司的普遍态度:公司文化不鼓励回顾过去,无论过去是错误还是成功,而是专注于未来——就像一块空白的白板一样充满了机会。但是,如果不了解英伟达的过去,你就无法真正理解它今天的成就。

本书是第一本讲述英伟达故事的书——而且是完整的企业故事，并不仅仅是黄仁勋的故事，尽管他是这一切的核心。本书追溯了1993年黄仁勋、柯蒂斯·普里姆和克里斯·马拉科夫斯基在丹尼餐厅后排座位上共同创立英伟达的全部过程——对于任何从事科技行业的人来说，那都已经是多年前的往事。如果没有这3个人的贡献，英伟达便不可能诞生。黄仁勋的商业头脑和严苛的管理风格对英伟达早期的成功至关重要，普里姆在芯片架构方面的卓越才华和马拉科夫斯基在制造方面的专业能力也同样重要。

这是一个迄今已经持续了30多年的故事。为了撰写这本书，我采访了超过100位受访者。其中许多人是英伟达的现员工或前员工，他们非常了解公司的内部运作模式。受访者包括黄仁勋、另外两位联合创始人，以及大部分早期和现任的高级管理团队成员。受访者还包括最早投资英伟达的2位风投家、科技行业的CEO、帮助英伟达制造和销售芯片的合作伙伴，以及那些与英伟达竞争但几乎总是失败的半导体公司。

通过这些采访，我开始理解是什么让英伟达如此特别。它的独特之处不在于其技术优势，那只是一个结果而非根本原因；也不是来自因高市值而享有的财务资源和新机会。这不是某种神秘的让他们看到未来的能力，也并非单纯依靠运气。相反，这是一种独特的组织设计和工作文化，我称之为"英伟达之道"。这种文化，让员工既可以获得非同寻常的独立性，又得遵循最严格的要求标准；鼓励员工以最快的速度完成工作，但又要求达到最高的质量；允许黄仁勋作为战略家和执行者，直接关注到公司里的每一个人和每一件事；最重要的是，要求每个人展现出近乎超人的努力和心理韧性。这不仅意味着在英伟达工作的强度很高，还意味着黄仁勋的管理风格与美国其他任何公司都截然不同。

黄仁勋以他独特的方式管理公司，因为他相信英伟达最大的敌人不是竞争对手，而是它自己——更具体地说，是每个成功公司都会面临的自满情绪，尤其是像英伟达这样有着长期优秀业绩的公司。作为记者，我见证了很多公司随着成功和业绩增长而变得功能失调，大多是因为"办公室政治"，员工不再专注于推动创新或服务客户，而是专注于推进他们上司的职业发展。这种竞逐行为让他们无法将工作做到最好，并且他们需要不断提防来自办公室内部的威胁。而黄仁勋在塑造英伟达时，就是要避免这些问题。

"多年来，我意识到发生了什么，人们如何保护自己的地盘，如何保护自己的想法。我创建了一个更加扁平化的组织结构。"黄仁勋说。他消除背后陷害、数据操纵和政治内斗的方式，就是公开问责，必要时甚至公开批评。"如果我们的领导者不为他人的成功而努力，或者有领导者剥夺他人的机会，那么我会直接说出来，"他说，"我毫不介意去点名批评人。你这样做一两次，就不会有人敢再犯这种错误了。"

英伟达独特的文化可能听起来有些奇怪，即使在科技行业中也显得与众不同，但在我采访的所有英伟达前员工中，几乎每个人都认为公司基本上没有那种在大公司中常见的内部政治和决策不果断的情况。他们还提到，他们在离开英伟达后很难适应其他公司，因为在某些公司里，直接、坦诚的沟通很少见，也没有必须完成事情的紧迫感。他们也描述了英伟达不仅赋予他们权力，还要求他们履行自己的职业使命，而后者也是他们被公司雇用的必要条件。

从某种意义上说，这就是最纯粹形式的"英伟达之道"。它是一种坚定的信念，即全力以赴做好工作就必然会带来巨大的回报。这是一种在逆境中坚持不懈的动力。正如黄仁勋亲自对我说的那样：公司成功的秘诀无非就是"纯粹的意志力"。

※

更确切地说，是黄仁勋的个人意志塑造了英伟达。他亲自做出了公司历史上最关键的决定。他之所以能够在新兴技术上做出正确的押注，源于他深厚的技术知识——毕竟他是一位拥有工程背景的创始人。我在本书中试图将"英伟达之道"提炼为一套原则，让任何人都可以从中受益。但背后仍有一个问题：真的可以将英伟达与它的CEO分开吗？

在我撰写本书时，黄仁勋已经61岁了。他管理公司已有31

年——超过了他过往人生的一半。如今,英伟达变得更大、更赚钱,对全球经济的影响也比以往任何时候都要深远。然而,它仍然依赖于作为领导者和定调者的黄仁勋。苹果公司在1985年乔布斯被驱逐出公司,以及2011年乔布斯去世后,仍然存活了下来;亚马逊在杰夫·贝佐斯离开后、微软在比尔·盖茨离开后、谷歌在拉里·佩奇和谢尔盖·布林离开后,也都仍然表现良好。总有一天,英伟达也将不得不面对类似的领导者交接问题。目前尚不清楚公司在"后黄仁勋时代"会是什么样子——它的企业文化是否能存续,公司的发展势头是否能够保持?

毕竟,白板的价值只取决于握住马克笔的人。它可以彰显天才,但它无法创造天才。

第一部分 创业初期

1993年

01
痛苦与磨难

不主动挑事，但也绝不会逃避任何事

在黄仁勋4岁的时候，他的父亲前往纽约。从那一刻起，他的父母就有了一个目标：在这个充满机遇的国度谋生，并将黄仁勋和他的哥哥抚养成人。

这绝非易事。1963年2月17日，黄仁勋出生于中国台湾，他的父母都是中国台湾居民。他们并不富裕，因父亲的工作需要必须频繁搬家，他们曾在泰国生活了很长一段时间。母亲亲自教两个孩子英语，每天从词典里随机挑选10个单词，让他们拼写并记住这些单词的含义。[1]

当泰国爆发政治动荡后，黄仁勋的父母决定将他和哥哥送到美国华盛顿州塔科马，与他们的姑姑和叔叔一起生活。塔科马曾被称为"命运之城"，因为它位于北太平洋铁路的终点。但到了20世纪70年代，它与纽约的活力相去甚远：环境潮湿，阴沉沉的，由于城郊的制浆造纸厂，空气中时常弥漫着一股硫黄的气味。黄仁勋的姑姑和叔叔也是刚移民美国不久，他们一边等待黄仁勋的父母跨越太平洋来到美国，一边尽最大的努力帮助两个孩子适应这个新的国家。

然而，两个小皮猴却不服管教。"我们根本静不下来，"黄仁勋回忆道，"我们把橱柜里的糖果洗劫一空，从屋顶一跃而下，跳窗而逃，地板上全是我们的泥脚印，我们还忘记拉淋浴帘，把浴室的地板弄得水漫金山。"[2]

黄仁勋的父母早在到美国之前，就希望能将孩子送到美国的寄宿学校，从而接受良好的教育。他们找到了一所名为奥奈达浸信会学院的学校，这所学校位于肯塔基东部，可以接收国际学生。他们几乎倾家荡产才勉强支付了学费。

黄仁勋还记得最初坐车穿过肯塔基山区的情景。他们路过一栋单一的建筑，那儿是奥奈达镇唯一的加油站、杂货店和邮局所在地。这所寄宿学校大约有300名学生，男女比例相当，但这儿并不是黄仁勋家人最初所认为的那种预科学校。奥奈达浸信会学院实际上是一所为问题青少年设立的改造学校。它建立于19世纪90年代，目的是将孩子从该州长期不和的家庭中拯救出来，防止他们互相伤害。

正如其最初的宗旨，这所学校对学生的日常生活有着严格的规定。每天早晨，黄仁勋会穿过一座横跨红鸟河的破旧吊桥去上课。他加入了游泳队，踢足球，还尝试了果冻、香肠、饼干和肉汁等新食物。他每周去教堂两次,并在周末观看 ABC(美国广播公司)电视台的《周日夜间电影》。有的夜晚,他会和学校的管理员下棋。有时,他会帮管理员给售货机加货,并因此得到一瓶免费的汽水。他偶尔去镇上的杂货铺买巧克力棒冰。此外,他只要能吃到宿舍窗外树上掉下来的苹果,就感到心满意足了。

最重要的是,学校里还有一些劳务活儿,每个学生每天都必须参加劳动。黄仁勋的哥哥身强体壮,能够从事长时间的体力劳动,于是他被分配到附近的一家烟草农场劳作。黄仁勋则在三层宿舍楼里当起了清洁工。"我得打扫厕所,"他说,"那种场面永生难忘。"[3]

由于年龄小且来自不同的种族,黄仁勋成了霸凌者的目标。虽然学校的宗旨是改造学生,但实际在管理上存在疏漏。因此,黄仁勋在入学的头几个月经常挨打。他的室友看起来也令人感到恐惧:比黄仁勋大 8 岁,全身遍布文身和刀疤。然而,黄仁勋最终克服了恐惧,与室友成了好哥们儿。黄仁勋教会了室友如何阅读,作为回报,室友则带着黄仁勋接触了举重。黄仁勋很快就喜欢上了这项运动,举重不仅赐予他力量,还给了他自信——为自己挺身而出的能力和意愿。

在后来的岁月里,英伟达的高管们表示,黄仁勋正是在肯塔基的日子里形成了那种坚韧不拔、街头斗士般的心态。黄仁勋自己则认为:"这也许算是我早期教育的一部分。我永远不会主动挑事,但我也绝不会逃避任何事。所以,如果有人想找我麻烦,最好三思而后行。"[4]

几年后，黄仁勋的父母从泰国搬到了俄勒冈州比弗顿，后者是一座位于波特兰都市区边缘的城市。他们让两个儿子离开了肯塔基的"寄宿学校"，转而进入公立学校。虽然黄仁勋很高兴能回到父母身边，但当他回顾奥奈达浸信会学院的时光时，他认为这是塑造他性格的重要时期。

"我不容易害怕。我不担心去那些我从没去过的地方。我能忍受很多不适。"[5]

乒乓球天才少年

在波特兰市中心的麋鹿俱乐部大楼的四层，有一个富丽堂皇的舞厅，枝形吊灯从舞厅天花板悬挂而下，天花板上还分布着雕刻装饰。一位名叫洛乌·博琴斯基的男子在这儿开办了一家名为"乒乓皇宫"的乒乓球俱乐部。乒乓皇宫每天从上午10点开放至晚上10点，它还有一个为年轻爱好者设立的蓬勃发展的青少年项目。放学后，黄仁勋经常去乒乓皇宫，他发现自己对乒乓球不仅有天赋，还充满了热情。在那里，他重新干起了清洁工的活儿，只是这次是为了赚一些零花钱——博琴斯基付钱让他打扫乒乓皇宫的地板。

这不仅仅是博琴斯基发善心、做好事。他的女儿朱迪·霍夫罗斯特是"乒乓外交"团队的一员，该团队于1971年访问了中国。事实上，霍夫罗斯特和她的8名队友是自1949年中华人民共和国成立以来，首批正式到访中国的美国人。尽管他们输掉了大多数的比赛，但他们的访问标志着中美关系的缓和，并提升了乒乓球运动在美国的知名度。博琴斯基认为自己有责任挖掘并帮助有前途的年轻乒乓球选手，并将他们培养成国家级人才。

霍夫罗斯特和博琴斯基都对黄仁勋的技术和工作态度印象深刻。[6] 1978年，博琴斯基写了一封信给《体育画报》，称赞黄仁勋是太平洋海岸西北地区出现的"最有前途的青少年选手"。他指出，与杂志中报道的那些家庭每年花费1万美元参赛的青少年不同，黄仁勋是自己赚取参赛旅费的。

"他是一个全优生，也极度渴望成为一名乒乓球冠军。他只练了3个月，我建议你们明年要关注他。"博琴斯基在信中写道。[7]当时，黄仁勋只有14岁。

有一次，黄仁勋去拉斯维加斯参加一场美国乒乓球比赛。城市的灯光和喧嚣让他难以抵抗诱惑。在比赛前，他没有休息，而是整晚游荡在拉斯维加斯的街道上。最终他输得很惨，并且从未忘记那次失败带来的痛苦。

"当你十三四岁第一次去拉斯维加斯时，你很难专注于比赛。"黄仁勋在30年后说，"直到今天，我仍然后悔当时没有更加专注于比赛。"[8]

15岁时，黄仁勋参加了美国公开赛青少年双打比赛。这次，他很清楚自己不应该分心，并最终获得了第三名的成绩。

为日常辛劳而自豪

黄仁勋一直是一个好学生。然而,学会与他人社交互动却更具挑战性。

"我非常内向,也特别害羞,"他说,"唯一能让我摆脱这种状态的经历是在丹尼餐厅当服务员。"

当黄仁勋 15 岁时,哥哥帮他找了一份在丹尼餐厅做服务员的工作。他在高中和大学的几个暑假里,都在这家 24 小时营业的餐厅打工。黄仁勋"重操旧业",从洗碗和打扫厕所等脏活开始。"我打扫过的厕所比任何 CEO 都多。"他回忆道。[9] 后来,他成为一名餐厅杂工,再往后成为一名服务员。

黄仁勋认为丹尼餐厅教会了他许多重要的生活技能,包括如何应对混乱、如何在压力下工作、如何与顾客沟通,以及如何应对错误(比如来自厨房的)。丹尼餐厅还教会了他如何在工作的成效中找到满足感——无论任务多么微小,都始终以最高标准来完成。无论是第 100 次打扫同一间厕所,还是与从没来过丹尼餐厅甚至不知道如何点餐的新顾客互动,他总会尽力做到最好。他还会追求一些近乎荒谬的目标,比如与其他员工相比能一次多端几杯咖啡。黄仁勋学会了为日常辛劳而自豪。

"我敢肯定,我是他们有史以来最好的洗碗工、杂工和服务员。"黄仁勋说道。

但当涉及一个常见的订单时就不一样了。"我不喜欢奶昔订单，因为我讨厌做奶昔。"黄仁勋说。制作一杯奶昔要花很长的时间，而随后的清理要花更多的时间。他会试图说服顾客将奶昔换成可乐，如果他们坚持要奶昔，他会问："你确定吗？"[10] 显然，他在学习职场里的另一个技巧：在高标准与高效率之间取得平衡。

伟大和聪明无关，而是来自品格

黄仁勋就读于俄勒冈州比弗顿的阿洛哈高中，他在那里结识了数学、计算机和科学等俱乐部的朋友。他把所有的空闲时间都用来在 Apple II（苹果公司生产的微电脑）上编写 BASIC 程序，并在电传打字机终端上玩游戏，这些终端看起来像电动打字机，只是前者被连接到了更大型的主机上。

黄仁勋迷上了视频游戏，特别是大型主机游戏《星际迷航》，这款游戏基于孩之宝的经典桌游《战舰》。[11] 他还花了大量时间在游戏厅玩雅达利和科乐美，包括《小行星》《蜈蚣》《银河战士》。[12] 他家里没有电脑，所以不得不去其他地方满足玩游戏的需求。"我身无分文。"他说。[13]

早慧的黄仁勋在泰国的小学跳了一级，在肯塔基的奥奈达浸信会学院也跳了一级。他16岁时从阿洛哈高中毕业，决定就读科瓦利斯市的俄勒冈州立大学，因为该校的学费较低，而且他的好朋友迪安·维西顿也要去那里。黄仁勋和维西顿都选择了电气工程专业，并且选了很多相同的课程。为了获得相关的工作经验，黄仁勋多次申请到当地一家名为创科实业的科技公司实习，但每次都被拒绝了。

在大二的时候，黄仁勋遇到了洛丽·米尔斯，她是电气工程班里250名学生中仅有的3名女生之一。彼时的黄仁勋已经走出了尴尬期，并且提高了自己的社交技能。"我是班里年纪最小的，而且个矮体瘦。但我有一句很棒的搭讪台词——"他回忆说，"你想看看我的作业吗？"[14]

这句搭讪台词奏效了，他和米尔斯开始约会，并在1984年两人一起毕业后不久就结婚了。黄仁勋受邀参加了美国一些最大的半导体和芯片制造商的面试。他最先瞄准的是德州仪器公司（Texas Instruments），这家公司的分支机构跨越多个地区，但面试结果不佳，他没能获得录用。接着，黄仁勋面试了两家位于加利福尼亚的公司。第一家是超威半导体公司（AMD），自从他在俄勒冈州立大学看到该公司的一张微处理器海报后，就非常崇拜这家公司。第二家公司是LSI公司，这家公司制造可定制的微芯片，也被称为专用集成电路（ASIC），可以用于技术和科学领域。

黄仁勋收到了两家公司的录用通知，他最终选择了AMD，因为他对这家公司的声誉更加熟悉。白天，他设计微芯片；晚上和周末，他在斯坦福大学上课，攻读电气工程硕士学位。在工作和接受继续教育之余，他和妻子有了儿子黄胜斌和女儿黄敏珊。他不能一次选修太多课程，因此获得硕士学位成为一个漫长而艰难的历程；他最终在 8 年后获得了学位。"我目光长远，"他说，"对于某些事情我会有些急躁，但对另一些事情我有无限的耐心。我会一直坚持。"[15]

在工作、学位和家庭之间，黄仁勋实现了许多移民父母的梦想，这些父母为了能移居美国做出了巨大的牺牲，只是为了给孩子提供更好的生活和教育机会。

"父亲的梦想和母亲望子成龙的期盼，最终将我们带到了这里。"黄仁勋在近 30 年后回顾自己的过去时说，"我亏欠他们很多。"[16]

然而，黄仁勋的雄心壮志却更为远大。他对每一项工作都追求完美，并尽可能高效地完成。这让他对自己在 AMD 设计微处理器的工作产生了质疑，尽管他在这个方面很擅长，但他觉得这项工作很乏味。当时，芯片设计仍需由人员手工完成。

黄仁勋的一个同事离职去了 LSI 公司，并希望黄仁勋也能跟着一起去。和芯片制造行业的大多数人一样，黄仁勋听说了 LSI 公司正在开发新的软件工具，这些工具有望使芯片设计的过程更快、更容易。这个想法吸引了他。尽管黄仁勋知道这意味着冒险，但他更想在一家看起来对芯片行业的未来有明确掌控力的公司工作。这是他不安于现状、具备前瞻性的早期迹象。这种本性促使他追求最前沿的事物，即使这意味着要放弃安全和稳定。

黄仁勋孤注一掷，加入了 LSI 公司。他被分配了一个技术职位,负责与客户合作。他被指派到一家名为太阳微系统公司(Sun Microsystems)的初创公司,他在那里遇到了两位工程师——柯蒂斯·普里姆和克里斯·马拉科夫斯基。他们正在从事一个秘密项目,这个项目将有望彻底改变人们使用工作站计算机的方式。这种高性能计算机专门用于执行技术或科学任务,比如三维建模或工业设计。

运气加持,再加上才华和技能傍身,黄仁勋获得了新的机遇。但在他看来,将他从厕所清洁工推向一家微芯片公司的部门老大的最大单一因素是,他愿意并且能够付出比常人更多的努力,同时能够忍受比常人更多的痛苦。

"那些期望值很高的人往往缺乏韧性。不幸的是,成功需要韧性,"他后来这样说,"伟大和聪明无关,而是来自品格。"[17]在他看来,品格只有在乘风破浪和逆水行舟后才能塑造而成。对黄仁勋来说,在面对艰难甚至压倒性挑战时依然坚持奋斗,正是工作本身的意义。

这也是为什么每当有人向他寻求如何取得成功的建议时,他多年来给出的答案都是一样的:"我希望你们能经历足够多的痛苦与磨难。"

02
图形革命

编程天才

普里姆在青少年时期就通过在高中学校的计算机实验室编写游戏而自学了编程，这所高中位于俄亥俄州费尔维尤帕克，也就是克利夫兰的郊区。学校里有一台型号为 Model 33 ASR Coupler 的电传打印终端，这台终端与大约 10 英里*外的一台主机连接，并通过电话线以每秒大约 10 个字符的速度进行数据传输。普里姆使用 BASIC 语言编程，将指令转移到打孔纸带上，然后将纸带放入电传打印机的纸带阅读器中，从而可以在主机上远程运行他的程序。

普里姆最有野心的项目是一个台球游戏。该程序通过使用文本字符来展示台球桌上球的布局，玩家轮流指定击打主球的角度和速

---

*　1 英里约等于 1.6 千米。——编者注

度。随后，主机会计算碰撞情况以及台球的最终位置。这个程序非常庞大，其打孔纸带卷直径接近9英寸[*]，普里姆每次编写新版本程序时，打印过程几乎长达1个小时。当他将这个游戏作品提交给当地的一个科学展时，他获得了一等奖。

普里姆的编程天赋引起了费尔维尤帕克一所高中的数学系主任埃尔默·克雷斯的注意。克雷斯成了普里姆的导师，并允许他在其他学生完成学业任务后，任意使用学校唯一的主机终端。随着编程水平的提高，普里姆学会了使用单色轮手动将图像进行数字化，并编写了一个程序从而可以在计算机上操作这些数字化图像。普里姆在计算机图形领域的旅程，开始于对克雷斯的一张数码照片进行缩放和旋转的简单操作。

在考虑大学时，普里姆关注了3所学校：麻省理工学院、凯斯西储大学和伦斯勒理工学院（RPI）。两个因素让他更倾向于选择RPI：在RPI，由教授而不是助教负责教授新生课程，而且学校最近宣布将购置一台先进的IBM 3033大型机，并允许新生使用。虽然这3所学校都向普里姆递来了橄榄枝，但IBM大型机的消息传来时，普里姆会去哪里就已经毫无疑问了。

在RPI，普里姆全身心投入计算机领域。他亲手组装了一台自己的多总线计算机，将一个Intel 8080处理器连接到两个8英寸的

---

[*] 1英寸等于2.54厘米。——编者注

软盘驱动器和一台显示器上。当然，他还花费了大量时间使用学校的 IBM 3033。这台占据了整个房间的大型机位于 RPI 的沃里斯计算机中心，冬天时它产生的热量足以为整栋大楼供暖。

普里姆的人生轨迹似乎在他大二那年发生了变化，因为他的父亲失业了。失去了稳定的收入来源后，他的父母再也无法负担他的学费。尽管他们向 RPI 寻求帮助，但除了校园工程实验室的一个岗位，学校没有提供任何直接的经济援助，而普里姆在实验室的工资远远不足以支付学费。为了筹集最后 2 年的学费，普里姆参加了由通用汽车赞助的实习项目，该项目旨在快速培养有潜力的工程师进入管理岗位。每年夏天，普里姆和其他通用汽车校园项目的同伴会在各个装配厂参与多个项目。在一次工作期间，普里姆还为一些机器进行了编程，这些机器主要用于生产庞蒂克 Fiero（汽车品牌）的模压成型车身面板。

在 1982 年普里姆获得电气工程学位时，通用汽车为他提供了一份全额奖学金用于研究生学习，条件是他毕业后需要为该公司效力。同时，RPI 也邀请他继续在图形领域担任研究生级别的研究员。

但普里姆另有打算。2 年前，加利福尼亚的 2 位企业家史蒂夫·乔布斯和史蒂夫·沃兹尼亚克，带领他们的个人电脑（PC）创业公司发展成为轰动一时的 IPO 项目，在这个过程中，他们每个人都赚了超过 1 亿美元。凭借 Apple II 电脑的销售，苹果公司的收入达到了近3亿美元，成为历史上增长最快的公司。Apple II 证明了个人电脑的前景极其广阔，因为它与大型计算机、小型计算机相比更小巧、更低价，而且无论作为生产力还是用于娱乐都更好用。个人电脑的崛起为像普里姆这样的工程师提供了机会，他们不仅能从事热爱的前沿图形芯片开发工作，还能靠着这份工作大赚一笔。

普里姆决定接受佛蒙特微系统公司（Vermont Microsystems）的工作邀请，这是一家硬件创业公司，看起来正处于业务大爆发的前夕。这家公司在伯灵顿郊外的一座老纺织厂内，位于RPI校园以北，车程大约3个小时。佛蒙特微系统公司为计算机制造商生产自己的插件板，比如显卡。在芝加哥的一次贸易展览会上，IBM（国际商业机器公司）的一位代表参观了佛蒙特微系统公司的展台，询问后者能否为IBM个人电脑制作一张专用显卡。正如典型的初创公司的风格，展台上的代表满口答应。但他们并没有透露，该公司仅有1位员工具备制造这种显卡所需的知识和技能，而这个人正是刚被聘用的、年仅23岁的普里姆。

一夜之间，普里姆从一名普通工程师跃升为IBM显卡的设计架构主要负责人，这张显卡成为1984年IBM发布的专业图形控制器（PGC）。与之前IBM个人电脑显卡的图形能力相比，PGC的图形能力有了显著的提升。最早的个人电脑使用的是单色显示适配器（MDA）显卡，它只能在80个字符宽、25个字符高的黑色背景下渲染绿色字体。随后的型号则使用了彩色图形适配器（CGA），使得个人电脑能够达到 640 像素 ×200 像素的分辨率,并以最多 16 种颜色的位深处理单个图像元素(像素)。不过,工程师们渴望有更多的操作空间,并不满意这些显卡有限的紫色、蓝色和红色渲染能力。

普里姆设计的 PGC 显卡,在色彩数量和分辨率方面远超市面上其他 IBM 个人电脑的显卡:它可以一次渲染多达 256 种颜色,而且分辨率可达 640 像素 ×480 像素。该显卡还能独立于中央处理器(CPU)运行图形处理任务,从而加快渲染速度。普里姆让这张显卡以 CGA 兼容模式启动,只有在需要时才激活其高级功能。

普里姆起初对这份工作和迅速被赋予重大责任而感到兴奋,但佛蒙特微系统公司的结局和苹果公司相去甚远。前者很难聘用其他合格的工程师,部分原因是它拒绝为任何员工提供股票期权或股权,而许多初创公司依靠这种方式来吸引并留住员工,使他们在面对公司资金可能耗尽的风险和压力时仍能保持积极性。无论普里姆多么努力,无论他制作的显卡性能多么优秀,只要他继续留在公司,就永远无法像史蒂夫·乔布斯那样富有。

因此,普里姆开始把目光投向美国西部的硅谷。他计划了一次前往加利福尼亚州北部的"假期",实际上是为了找工作。抵达后,他并没有去海滩,而是去了报刊亭,买了一份《圣荷西水星报》,直接翻到招聘广告页。在众多创业公司的职位空缺中,有一则引起了他的特别关注:一家名为 GenRad 的公司正在招聘硬件工程师。当时，GenRad是全球领先的电路板和微处理器测试设备制造商之一。这意味着该公司能接触到大部分厂商最新芯片的早期版本，普里姆对此难以抗拒。[1] 他参加了GenRad的面试，并最终收到了录用通知。

回到佛蒙特微系统公司后，普里姆递交了辞呈。他虽然只在佛蒙特微系统公司工作了2年，但他成功设计了公司迄今为止最具知名度的产品之一。他离职的那天，正是公司将第一批显卡运送给IBM的日子。当发布会开始时，普里姆被带去进行离职面谈，随后被送到了出口。

普里姆并不知道的是，当他加入GenRad时，这家公司已处于危机之中。尽管GenRad在1978年成功上市，并占据了近30%的电子测试市场份额，这个份额让其领先于竞争对手泰瑞达和惠普，但一系列管理失误导致公司岌岌可危。[2] 高层大力投资以期打入半导体测试市场，却遭遇惨败。为了建立竞争壁垒，管理层开始要求制造商将芯片测试功能完全外包给GenRad，这引发了该公司与诸如IBM和霍尼韦尔等大客户的冲突。与LTX公司的并购失败进一步加剧了对GenRad高级管理层的信任危机。随后的人才流失反而增强了竞争对手的实力。普里姆加入后不久，GenRad便陷入了无法完全恢复的衰退状态。在经历了2年的公司动荡后，普里姆请求一位科技行业的猎头为他寻找新的职位。

一位名叫韦恩·罗辛的男子为普里姆提供了太阳微系统公司面

试的机会。太阳微系统公司是高端 UNIX（一个操作系统）工作站电脑的先驱，其产品售价从数千美元到数万美元不等。该公司于 1982 年由 3 位斯坦福大学的研究生——斯科特·麦克尼利、安迪·贝希托尔斯海姆和维诺德·科斯拉创立。

罗辛曾是苹果公司的员工，也是 1983 年推出的"Lisa"台式计算机的工程团队的头儿。那时，普里姆正在为 IBM 制作 PGC 显卡。"Lisa"被寄予厚望，旨在通过引入图形用户界面（GUI）而非纯文本命令行界面来彻底改变桌面计算，并且在大多数其他计算机还没有硬盘存储的时代，"Lisa"就已经配置了 5MB 的硬盘存储空间。然而，由于缺乏与其价格相当的工作站电脑竞争所需的软件，再加上其接近 1 万美元的高昂价格，"Lisa"注定失败。由于销售业绩惨淡，苹果公司雇用了一家公司回收未售出的库存，并将其埋在了犹他州的一个垃圾填埋场。此后不久，罗辛就离开了苹果。

在"Lisa"的开发过程中，罗辛花了相当多的时间来评估竞争产品的潜力。他最欣赏的一款显卡就是普里姆设计的 PGC。这正是罗辛一直想要的显卡，但由于"Lisa"仅支持分辨率为 720 像素 ×364 像素的单色显示，因此无法与 PGC 兼容，远远不及 PGC 驱动的 IBM 电脑性能。加入太阳微系统公司后，罗辛下定决心要利用日益增长的技术能力，实现快速、美观的彩色图形渲染。为此，他需要一个能够设计强大显卡的人。因此，他对普里姆非常感兴趣。

在对普里姆的面试中,当罗辛询问这位年轻的工程师能否在太阳微系统公司制作一款类似于 PGC 的显卡时,普里姆的答复简单明了——"可以"。

"秘密图形"团队

然而,这与太阳微系统公司高管们的意图背道而驰。当时,该公司正专注于推出一个新的电脑产品线——"SPARCstation"系列。这些基于 UNIX 的工作站电脑专为特定的科学和技术应用设计,尤其是计算机辅助设计(CAD)和计算机辅助制造(CAM)程序,可以用于设计从桥梁到飞机再到机械零件的复杂物理物件。太阳微系统公司认为,CAD 和 CAM 工具将使工业设计比手工绘图更加快速、更加经济且更加精确。公司希望 SPARCstation 能引领这一潮流。

伯尼·拉克鲁特是太阳微系统公司的工程副总裁,也是罗辛的直接上司,他坚信 SPARCstation 仅凭强大的处理器性能就能主导市场。他要求 SPARCstation 团队专注于改进设备的主处理器,而不应花费任何精力在图形功能上。他对上一代太阳工作站电脑的图形解决方案已经感到满意,因为在之前的方案中,大部分渲染工作由 CPU 完成。

罗辛坚决反对拉克鲁特的观点。他在苹果公司开发"Lisa"的经历，使他深刻认识到高效图形处理的重要性。对于典型的工作站电脑用户来说，再快的计算速度或再大的存储容量也无法弥补图形处理的滞后。他认为，SPARCstation应该配备最先进的显示器，能够渲染百万像素和数百种颜色。然而，要实现这一目标，必须将图形处理功能从CPU中分离出来，转移到专用的图形加速芯片上——类似佛蒙特微系统公司的PGC，而且，这一切必须瞒着上司进行。

所以，当普里姆向罗辛询问具体要求时，罗辛几乎给予了他完全开放的回答。

"柯蒂斯，做任何你想做的事。只要能装进和上一代工作站电脑相同大小的帧缓冲区（SPARCstation专门用于图形处理的内存），"罗辛说，"只要能装进那个区域，就能在主板上占有一席之地。"[3]

对于普里姆或任何工程师来说，这几乎是任何项目中所能期望获得的最大自由度。普里姆可以设计和制造任何他能想象出来的东西，只要它能够在"帧缓冲区"的数据传输限制内运行即可。

普里姆意识到自己无法独立完成这个项目，他需要帮助。不久之后，另一位被太阳微系统公司从惠普挖过来的工程师克里斯·马拉科夫斯基加入。两人共用一间办公室，组建了一个被称为"秘密图形"的团队。他们秘密地从事着一项他们上司的上司并不希望有人去做的工作。

弃医从工

与普里姆不同,马拉科夫斯基很晚才接触到计算机。1959年5月,他出生在宾夕法尼亚州艾伦敦,他的父亲是一名妇产科医生,他的母亲曾是一名职业治疗师,后来成为全职主妇。他在新泽西州海洋镇长大。少年时期,他热爱木工,甚至一度考虑成为一名橱柜制造商,但他的父母力劝他从医。那时,他从未考虑过将电子或科技作为可能的职业道路。

17岁时,他从高中毕业并进入佛罗里达大学就读。佛罗里达大学以其医学院和建筑管理学院著称,同时也让马拉科夫斯基远离了新泽西州寒冷的冬季。此外,学校的医学预科项目有着独特的理念:它希望给予未来的医生广泛的知识基础,因此要求学生选修生命科学以外的课程。为了满足这一要求,马拉科夫斯基选修了一门物理课程,并在电学部分获得了优异的成绩。他发现自己天生对工程学感兴趣。

然而,马拉科夫斯基并未对此过多思索,直到他在参加完医学院入学考试(MCAT)后的午休间隙。当马拉科夫斯基躺在野餐桌上,抬头感受着佛罗里达的阳光时,他开始思考,是否真的想追随父亲的脚步成为一名医生,过着随时待命、连续工作四五天、几乎不眠不休的生活?他开始质疑:"我真的想了解所有药瓶上的名字都是什么意思吗?"

"不，"马拉科夫斯基意识到，"我更喜欢工程学，我宁愿成为一名工程师。"

完成 MCAT 考试后，他回到租住的房子，途中只停下来在 7-11 便利店里买了一箱啤酒。一到家，他立刻给父母打了电话。

"妈妈，爸爸，我有一个好消息和一个坏消息要告诉你们，"他说，"好消息是，这个考试其实并不难。坏消息是，我再也不想当医生了。"

他等待着回应，确信父母会感到失望，但让他惊讶的是，他们竟然松了一口气。

"很好，"他的母亲说，"你从来都不看药品说明书。我们也不认为你会成为一个好医生。我们觉得你只是为了你爸爸才这么做的。"

随后，马拉科夫斯基主修电气工程，并凭借优异的成绩在加州的惠普公司找到了一份工作。他最终进入了制造部门，负责生产惠普研发实验室开发的一款新型的 16 位小型计算机。

"这对我来说非常棒，因为这让我有机会了解真正的计算机是如何制造的。"他说道。

尽管很多人从理论上知道如何设计计算机芯片，但只有少数人能真正设计出一款可以大规模生产并赢利的芯片。当马拉科夫斯基初到惠普时，他意识到在制造部门的实际经验能让他获得许多人所不具备的行业实战视角。此外，惠普也因其导师制度和培训项目能够将年轻工程师培养成经验丰富的专业人才而享有盛名。马拉科夫斯基知道，在惠普的经历将会为他接下来的任何机会做好准备。

在惠普的制造车间工作了一段时间后，他被邀请加入公司的研究实验室开发新芯片。他参与了 HP-1000 小型计算机产品线的研发，并学习了如何为其通信外设编写嵌入式控制软件。后来，他领导了 HP-1000 CPU 的研发团队，这款处理器将在他开始职业生涯的那栋大楼里生产。

在每天处理 HP-1000 的最关键组件时，马拉科夫斯基还在附近的圣克拉拉大学攻读计算机科学硕士学位。当他完成了芯片和学位这 2 个项目后，他和他的妻子梅洛迪开始考虑在哪儿安家，他们在他大学毕业 1 年后就步入了婚姻殿堂。

他们起初考虑搬到惠普位于英国布里斯托尔的分部，但梅洛迪不喜欢搬到那么远的地方。随后，他们考虑了美国东海岸。梅洛迪的家人在佛罗里达北部，而马拉科夫斯基的父母在新泽西。两地之间是北卡罗来纳州的"研究三角区"，那里有杜克大学和北卡罗来纳大学等世界一流大学，还有 IBM 和 DEC（数字设备公司）等科技巨头的办公室。

在实施跨大陆搬迁之前，马拉科夫斯基决定申请一些其他公司的职位，以此作为面试练习。他的第一个面试邀请来自埃文斯和萨瑟兰公司新成立的超级计算机部门，这是一家因制造高端飞行模拟器用于军事训练而著名的图形公司。然而，他在面试中立刻就被拒绝了，面试官认为他对现状质疑过多，不适合这家公司。马拉科夫斯基则认为他们的反馈是该公司的未来并不乐观的预兆。事实证明他是对的。埃文斯和萨瑟兰公司的第一台超级计算机未能成功销售，而随后的冷战结束也意味着军方对模拟器的需求正在逐渐减少。

马拉科夫斯基的第二次面试练习是太阳微系统公司，他申请的是一个未特别指明的图形芯片职位。尽管他之前没有任何图形处理的经验，但他的好奇心驱使他接受了首席工程师柯蒂斯·普里姆的面试。这次本是准备性质的面试，最终不仅改变了马拉科夫斯基的人生轨迹，也影响了整个科技行业的进程。

磨砺剑刃的辩论

"柯蒂斯是那个真正懂图形的人，"马拉科夫斯基后来回忆道，"而我最终成了那个动手实现的人。告诉我需要做什么，我就会去研究怎么实现它。"

为了实现罗辛想要（但罗辛的上司不想要）的高质量图形，普里姆设计了一款被称为"怪物"的图形加速器。这款加速器包含两个专用的 ASIC 芯片：一个是帧缓冲控制器（FBC），负责高速渲染高分辨率图像；另一个是转换引擎和光标控制器（TEC），能够快速计算用户操作对象时的运动和方向。与以往的太阳工作站电脑依赖 CPU 来执行所有任务不同，普里姆的加速器可以独立处理高达 80% 的计算任务。这意味着专用的图形芯片可以高效完成它们最擅长的特定功能，CPU 则可以被释放出来处理更多其他任务。

这在理论上是一个很好的设计，现在轮到马拉科夫斯基将理论变为现实了。与惠普不同，太阳微系统公司本身并不生产芯片。马拉科夫斯基需要依赖总部位于圣克拉拉的 LSI 公司，后者是当时全球领先的为硬件制造商生产定制专用集成电路的公司。马拉科夫斯基的时机恰到好处：LSI 公司刚刚推出了一种名为"海量门阵列"的新型芯片架构，这种架构允许在单个芯片上集成超过 1 万个门阵列，这是其他制造商无法实现的壮举。虽然 LSI 公司自己的原型芯片已经令人印象深刻，但普里姆的芯片的设计还需要更大规模的门阵列，才能为 SPARCstation 提供足够的处理能力。LSI 公司的高管们意识到这可能会使太阳微系统公司成为一个重要客户，于是最终同意签署合同，但正如马拉科夫斯基后来指出的，他们似乎对自己的交付能力感到不安。

为了确保普里姆和马拉科夫斯基能得到他们设计的芯片，LSI 公司指派了公司一位冉冉升起的新星——黄仁勋来管理太阳微系统公司的订单。

"这个年轻人刚从 AMD 加入 LSI，曾在微处理器领域工作，"马拉科夫斯基回忆道，"柯蒂斯知道他想要什么，我能够设计它，而黄仁勋帮助我们弄清楚如何制造它。"

他们三人通力合作，制定了将普里姆的设计投入生产的制造流程。每当问题出现时，每个人都在自己擅长的领域解决问题。然而，在高压项目中，即便是小团队也难免会产生紧张气氛。

"柯蒂斯太聪明了，他的思维非常快，"马拉科夫斯基说道，"他能直接从一个想法跳跃到解决方案，没有任何过渡。我觉得我最大的贡献，就是帮助他以一种其他人能够理解并支持的方式表达他的想法。我的沟通技巧最终变得和我的工程技能一样重要。"

有时，沟通也会演变成正面冲突。

"我和克里斯有过很多激烈的争吵。虽然不至于拳脚相向，但我们会互相咆哮，"普里姆回忆道，"他想从我这里得到一些关于芯片决策的信息。当我告诉他想要的信息后，我会继续不停地说下去，因为我无法平静下来。然后克里斯会说：'不，不，够了，你已经给了我答案。'"

接着，普里姆会怒气冲冲地离开办公室，而团队的其他成员——此时主要是汤姆·韦伯和梁伟德两位硬件工程师——会警觉地看着马拉科夫斯基。最终，总会有人问："我们是不是要散伙了？"

马拉科夫斯基总是回答："我们好着呢。"

黄仁勋也认为这些激烈的争吵带来了更多的希望而非危险。他称这些争论是在"磨砺剑刃"。就像一把剑只有在遇到强烈的阻力时才会变得更加锋利一样，最好的创意往往来自充满激情的辩论和争论，即使这种来回交锋可能会让人感到不适。黄仁勋已经学会拥抱冲突，而不是回避它——这个经验最终定义了他经营英伟达的哲学。

"我们几乎把 LSI 公司标准产品组合里的每一款工具都用坏了，"马拉科夫斯基回忆道，"黄仁勋足够聪明和老练，他会说：'我会在后端解决这些问题，你们不用管。你们最好处理那些问题，因为我不确定我能否应付。'"

1989 年，三人最终确定了太阳微系统公司新图形加速器的规格。帧缓冲控制器需要 4.3 万个门电路和 17 万个晶体管才能正常工作，而转换引擎和光标控制器则需要 2.5 万个门电路和 21.2 万个晶体管。它们将一起被安装在一台图形加速器上，并被封装为"GX 图形引擎"，或者简称为 GX。

就在"秘密图形"团队准备发布新芯片时，他们得到了另一个助力。几年前对图形芯片持有强烈敌意的高管伯尼·拉克鲁特，最近问韦恩·罗辛是否遵循了他不要花任何精力来改进 SPARCstation 图形功能的指令。罗辛回答说并没有。

"干得漂亮。"拉克鲁特说道。[4]

GX 大放异彩

GX 最初是一种可选的附加组件，太阳微系统公司会为此向客户额外收取 2 000 美元。GX 加速器让显示器上的一切都运行得更快：二维几何图形、三维线框图，甚至像滚动文本这样的普通任务，在使用 GX 加速器后也都变得更加快速和流畅。

"这也许是历史上首次，在窗口系统中滚动文本的速度比你眼睛能跟上的速度还要快，"普里姆说道，"它让你在上下滚动大型文档时看不到帧缓冲控制器的实际绘制过程。"

最能展示 GX 图形能力的是普里姆在业余时间制作的一款游戏。在佛蒙特微系统公司时，他开始制作一款以 A-10 "疣猪"战斗机为主题的飞行模拟游戏。一个"疣猪"战斗机中队，驻扎在伯灵顿附近的佛蒙特州空军国民警卫队基地。下班后，普里姆经常把车停在跑道尽头，观看这些战机起飞。他的模拟程序旨在让他有更深入的体验，游戏允许他在虚拟的冷战冲突中以"坦克杀手"的角色操纵 A-10 战斗机。不过，他的个人电脑——一台 Atari 800——缺乏足够的图形处理能力来渲染 A-10 战斗机飞行时复杂的物理特性。他从未通关这款游戏。事实上，当时市场上没有任何显卡能够将普里姆的游戏设想变成现实。

搭载 GX 的 SPARCstation 出现后，一款真实的飞行模拟器第一次成为可能。普里姆以 6 折的员工价购买了一台工作站电脑供自己使用，节省了 1 000 美元左右。在每周工作 60 个小时后，他会回到家并继续研发他的新模拟程序，从而充分发挥新 GX 芯片的优势。最终，他实现了自己的愿望，完成了这款名为《飞行员》游戏的制作。

《飞行员》将玩家置于高性能的 F/A-18 战斗机的驾驶舱内——而不是 A-10 战斗机——随后允许玩家与其他 F/A-18 战斗机进行空战。游戏完整模拟了 F/A-18 的武器系统，包括响尾蛇导弹、机枪和炸弹。普里姆真实渲染了游戏中的战场，他购买了卫星数据以确保地形高度和地貌轮廓的准确性，并为游戏加入了纹理映射图形。他甚至设计了一款硬件适配器，使得个人电脑的操纵杆可以适配太阳工作站，玩家们因此不必通过键盘来控制虚拟飞机。

普里姆还为这款游戏找到了一个商业伙伴——布鲁斯·法克特，后者在太阳微系统公司的营销部门工作，并同意负责《飞行员》的销售和市场推广。法克特很快意识到，《飞行员》不仅是一款消遣娱乐游戏，还可以帮助太阳微系统公司推广工作站。这款游戏是展示 GX 图形能力的绝佳方式——以 1280 像素 ×1024 像素的高分辨率和 256 种颜色运行，而当时大多数个人电脑游戏的分辨率仅为 320 像素 ×200 像素。《飞行员》还允许通过太阳微系统公司的新"多播"协议连接的多个客户端进行实时对战，这种初级的局域网（LAN）应用预示了 20 世纪 90 年代到 21 世纪初的局域网狂欢热潮。

普里姆和法克特为太阳微系统公司的每个销售办事处都赠送了《飞行员》的免费副本。公司的销售代表用它来展示计算机的强大功能，甚至经常购买更多副本作为礼物赠送给他们的工作站电脑客户。

"我充分挖掘了硬件的每一点性能，"普里姆说道，"《飞行员》变得非常重要，它成了太阳微系统公司销售团队展示标准工作站电脑性能的最佳工具。"

《飞行员》于1991年正式面向公众发布，并在计算机图形与互动技术特别兴趣小组（SIGGRAPH）年度大会上展出。在展会上，普里姆和法克特设置了包括11台工作站电脑的网络，供与会者进行空中对战。

在开发《飞行员》的过程中，普里姆学到了很多超越游戏设计本身的重要经验。游戏发布后仅两天，一名太阳微系统公司的员工便破解了它，使得玩家可以不再为副本付费而免费玩游戏。为了预防未来的破解行为，普里姆发布了一个新版本，该版本能够在检测到代码被修改时自动禁用，并向他发送试图盗版软件的用户信息。后来，普里姆在他的第一个英伟达芯片设计中也采用了类似的私钥加密技术。

在作为附加组件火爆销售了几年之后，GX 芯片成为每台太阳微系统公司工作站电脑的标准配置。普里姆和马拉科夫斯基的职业发展因为这次成功更上一层楼，他们成为图形架构师，并组建了自己的团队，名为"低端图形选项组"。与此同时，LSI 公司对芯片的押注也获得了丰厚回报。该公司的收入从1987年的2.62亿美元增长到1990年的6.56亿美元，这部分得益于 GX 的销售，尽管它将每单元的标价从最初的两芯片版本近375美元，降至后期的单芯片版本105美元。黄仁勋则被提升为 LSI 公司 CoreWare 部门的总监，该部门通过一套可重复使用的知识产权和设计库为第三方硬件供应商提供定制芯片。

被迫出走，另起炉灶

讽刺的是，GX 的成功反而对太阳微系统公司产生了负面作用。到 20 世纪 90 年代初，公司逐渐偏离了最初那种类似初创公司的灵活环境，而正是最初的环境曾经让像罗辛、普里姆和马拉科夫斯基这样的员工可以遵循他们的直觉来展示技术才华。公司的文化变得更加官僚化和强控制，也因此变得更加迟缓。项目团队不再比拼谁能提出最具创新性的想法，而是比拼谁能做出更能打动更多高管的 PPT。简而言之，太阳微系统公司变得更加争权夺利了。

这并不是马拉科夫斯基或普里姆愿意待下去的环境。尤其是普里姆，他对这种文化感到厌烦，因为"与其提出更好的技术，破坏或扼杀其他项目反而更容易"。他只想专注于制作优秀的显卡，对公司内部的政治斗争毫无兴趣。

新提案层出不穷，但太阳微系统公司的新芯片设计进度却陷入停滞。许多提案在 PPT 上看起来不错，但在技术性和经济性上根本不可行，结果是提案在一个季度获得批准，而在下一个季度就被搁置。

"2 年内没有任何东西出炉，"马拉科夫斯基说，"我的判断是，公司在此之前一直非常成功，以至于现在更加专注于保护已有的成就，而不是追求新的突破。公司被失败的恐惧困住了，也不再那么有进取心。"

更糟糕的是，太阳微系统公司实际上试图打压普里姆和马拉科夫斯基在 GX 方面取得的许多进展。在一次提案会上，普里姆的团队提出了新一代图形加速器方案，打算采用韩国芯片制造商三星最先进的视频内存技术。然而，普里姆输给了另一位竞争对手——蒂莫西·范胡克，后者认为提升工作站电脑图形性能的最佳方式是让 CPU 承担更多的高端 3D 图形功能，而不是依赖专用的显卡。[5] 普里姆确信从技术角度来看，范胡克的想法并不会奏效。但这并不重要，因为范胡克有一个普里姆没有的优势：他得到了太阳微系统公司联合创始人安迪·贝希托尔斯海姆的支持。没有这样一位内部强力支持者，普里姆和他的团队没有胜算。

"安迪过来跟我说，我们的产品线已经走到了死胡同。"普里姆回忆道。

普里姆很快意识到自己在太阳微系统公司的日子屈指可数了。有传言说公司领导层打算解散他的团队，解雇他，并把马拉科夫斯基转到另一个芯片项目上。马拉科夫斯基与普里姆并肩工作了 6 年，看到公司如此对待自己的朋友兼公司最有才华的工程师之一，他感到十分愤怒。

"克里斯知道我经历的每一次挣扎，我承受了太多太阳微系统公司管理层的打击，"普里姆说，"他敬重我应对了所有背后的攻击。有时候，我被图形部门副总裁严厉训斥，以至于和人力资源部门的同事在办公楼外的公园里散步时边走边哭。这真的非常残酷。"

贝希托尔斯海姆选择支持范胡克的方案成为压垮普里姆和马拉

科夫斯基的最后一根稻草。他们之前在 GX 项目上的成功，在越来越失调的公司里已经意义不大了。

"我们意识到时间不多了，我们谁都不想继续留在太阳微系统公司工作了。"普里姆说。他们已经有了一个关于新项目的想法：复活那款被太阳微系统公司领导层拒绝的下一代加速器芯片。

"我们为什么不为三星做一个演示芯片呢？"普里姆问马拉科夫斯基，"我们只做顾问，向他们演示他们即将制造的这种新型内存设备的价值。"

马拉科夫斯基觉得这个主意听起来挺有趣。他们知道怎么设计芯片，而且手里有一个很好的方案。但这种优势也可能成为负担：在这个高风险、规模数十亿美元的半导体行业，没有任何公司会对从 2 位工程师那里窃取一个想法有一丝一毫的犹豫，只要这样做能给公司带来哪怕是最微小的竞争优势。他们除非能找到一个在商业头脑上与他们的技术才华匹配的合作伙伴，否则就是白费功夫。

然后，马拉科夫斯基突然灵光一现。

"我想起来一个人！"他后来回忆道，"这个人转行做了技术授权许可领域，并为别人开发系统级芯片。我们可以联系黄仁勋。"

马拉科夫斯基和普里姆请黄仁勋帮忙起草一份与三星合作的合同。三个人开始会面交流，制定与这家韩国公司打交道的商业策略。然后有一天黄仁勋说："我们为什么要为三星做这件事呢？"[6]

03
英伟达的诞生

三位联合创始人

普里姆和马拉科夫斯基决定创建显卡公司的时机恰到好处。1992年，硬件和软件领域的两大进展，加速了对显卡性能提升的需求。第一个重大进展是计算机行业采用了外设部件互连（PCI）总线，与先前的工业标准结构（ISA）总线相比，这种硬件连接方式可以让数据以更高的带宽在扩展卡（如图形加速器）、主板和CPU之间进行传输。设计高性能显卡会变得更容易，随之而来的是更广阔的市场。

第二个重大进展是微软发布了 Windows 3.1 操作系统，这一版本旨在展示当时最先进的计算机图形功能。它引入了 TrueType 字体，能够在所有微软程序中呈现像素级精确的文本，并支持通过新的视频编码格式（AVI）实现高质量的视频播放。更重要的是，微软并没有把这些改善隐藏在底层，而是通过醒目的屏保、用户自定义界面以及对使用 Windows 媒体播放器的频繁提示，极力展示其图形处理能力。在 1992 年 4 月 6 日发布后的 3 个月内，Windows 3.1 操作系统售出了近 300 万份，这验证了随着个人电脑图形功能的日益提升，市场对那些可以充分发挥图形功能的软件程序有着强烈的需求。

普里姆和马拉科夫斯基拍板定案——个人电脑市场而非工作站电脑市场，才是他们创业的最佳机会。这个决定的部分原因是他们希望让拥有个人电脑的玩家都能使用普里姆的飞行模拟器，而不是只限于那些在工作中能够接触到太阳微系统公司硬件的人。与在太阳微系统公司一样，为了降低成本，他们计划自行制造芯片或电路板，而且专注于设计最好的芯片，并将制造外包给已经拥有昂贵生产设施的半导体公司。

不过，普里姆对于他们能否在竞争中脱颖而出并不确定。"我知道我和克里斯很优秀，但不知道我们是否能与世界上的其他优秀人才比肩。"他说。

太阳微系统公司的电脑一直拥有类似 Windows 的图形界面，运行 Windows 的个人电脑很快也将需要支持类似多窗口操作系统的环境，而这一特性已经被普里姆和马拉科夫斯基开发过。他们意识到，他们的技术在个人电脑市场将会非常有价值。

"当你打开 10 个窗口界面时，必须有各种各样的安全保护和抽象处理,"马拉科夫斯基说,"这些都是个人电脑之前无须处理的问题,因为它们使用的 DOS 环境基本上可以控制整个屏幕。"

1992 年年底,普里姆、马拉科夫斯基和黄仁勋经常到位于圣何塞东区卡皮托拉街和贝里埃萨街交会处的丹尼餐厅会面,他们在这里讨论如何将想法转化为商业计划。

"我们会坐下来,点一杯无限续杯的咖啡。然后,花 4 个小时工作。"马拉科夫斯基回忆道。[1]

普里姆回忆说,他们在丹尼餐厅吃了很多派和"全垒打"早餐——两块乳酪煎饼配鸡蛋、培根和香肠。黄仁勋记不清自己当时最喜欢点的是什么,但他认为很可能是"超级鸟"三明治——火鸡肉、融化的瑞士奶酪、西红柿,以及他最喜欢的培根。[2]

黄仁勋仍需要找到一个更充分的辞职理由。在吃饭的间隙,他不停地向普里姆和马拉科夫斯基询问市场机会的规模。

"个人电脑市场有多大?"黄仁勋问。

"很大。"他们回答道。虽然这个回答是事实,但显然太过笼统,并不足以让黄仁勋满意。

"克里斯和我只是坐在那里看着黄仁勋。"普里姆回忆道。黄仁勋继续分析个人电脑市场的规模和潜在的竞争情况。他相信这家初创公司确实有机会,但除非他觉得商业模式可行,否则他不愿意辞去现有的工作。虽然黄仁勋很感激普里姆和马拉科夫斯基认为他不可或缺,但他当时心想:"我热爱我的工作,而你们讨厌你们的工作。我现在的工作一帆风顺，而你们的工作一塌糊涂。为什么我要辞职加入你们呢？"

黄仁勋告诉他们，如果他们能证明这家初创公司最终能够实现每年5 000万美元的销售额，他就会加入。

黄仁勋深情地回忆起他们在丹尼餐厅的长时间讨论。"克里斯和柯蒂斯是我见过的最聪明的工程师、计算机科学家，"他说，"成功在很大程度上和运气有关，而我的好运就是遇见了他们。"[3]

最终，黄仁勋认为实现5 000万美元的年收入是可行的。作为一名游戏玩家，他很确信游戏市场的规模将会不断增大。

"我们是在电子游戏时代中成长起来的一代，"黄仁勋说，"电子游戏和电脑游戏的娱乐价值对我来说显而易见。"[4]

接下来的问题是谁会迈出第一步。普里姆已经准备好先行动——从在太阳微系统公司的发展状况来看，无论如何，他在几个月内都得离职。然而，黄仁勋的妻子洛丽希望马拉科夫斯基先离开太阳微系统公司，然后黄仁勋再从LSI公司辞职；马拉科夫斯基的妻子梅洛迪则希望黄仁勋先承诺会从LSI公司离职，然后马拉科夫斯基再离职。

1992年12月，普里姆决定"先发制人"。他向太阳微系统公司递交了辞职信，辞职生效日期为12月31日。第二天，他独自在家，正式创立了新公司。"我只是宣告这家公司成立了。"他后来回忆道。

甚至这样的说法都有些夸大其词。普里姆当时既没有确定公司的名称，也没有资金和员工，甚至连马拉科夫斯基或黄仁勋都还没有加入。他拥有的只是一种想法，以及对朋友们施加的些许压力。

"我对他们两个人都施加了压力，让他们觉得不能让柯蒂斯·普里姆孤军奋战。"普里姆随后补充道，他几乎让他们产生了内疚感。"我希望他们一起决定，因为我辞职了，他们也必须辞职。而且他们同时辞职就能解决他们与妻子之间的分歧，从而确保我们是一个团队。"

马拉科夫斯基同意在太阳微系统公司多留一段时间，以完成他最后的项目——对GX系列芯片的最新升级。当团队的工程师确认升级后的芯片百分之百完美后，他就愉快地宣布自己会在1993年3月初离职。

"一个好的工程师不会逃避自己的责任。"马拉科夫斯基说道。

一个好的工程师也不会在离开时弃自己的工具于不顾。在离职前，马拉科夫斯基请求太阳微系统公司允许他将自己在该公司使用的工作站电脑带到新公司使用。他的上司韦恩·罗辛同意了。于是，在从公司离职前的最后几天里，马拉科夫斯基尽可能多地升级自己的工作站电脑的各种组件。

"它们被升级到了最大内存、最大硬盘和最大的显示器尺寸。"普里姆说道。

黄仁勋也希望与LSI公司好聚好散。1993年的前6周，他都在忙着将自己的项目移交给公司的其他负责人。2月17日，黄仁勋正式加入普里姆的新公司，巧合的是，那天正好是他的 30 岁生日。

充满诱惑的提议

罗辛认为他的得意门生普里姆做了一个错误的决定。1993 年 1 月，在普里姆还在"孤军奋战"的时候，罗辛邀请普里姆到一个秘密地点，那里有几位太阳微系统公司的员工正在从事一个秘密项目。在普里姆签署了一份保密协议后，罗辛透露太阳微系统公司正在开发一种新型通用编程语言，也就是后来为人熟知的 Java。虽然该项目已初见成效，但罗辛认为它的运行速度太慢，不够实用。他询问普里姆是否有兴趣设计一款新芯片，以承接一些 CPU 的处理负载，从而加快新语言的运行速度。

普里姆一度感到诱惑难挡，尤其是在他还不确定黄仁勋和马拉科夫斯基是否会履行他们的承诺，和他一起创业的时候。他回忆道："如果我当时说了'好'，我的职业生涯就会走上一条完全不同的道路。"

尽管普里姆认真考虑了罗辛的提议，但他内心对设计 CPU 并不感兴趣，而是对与朋友一起设计自己的图形芯片这一美好前景感到兴奋，尽管这意味着要承担巨大的风险。最终，他拒绝了罗辛的提议。

罗辛并没有气馁，而是在 2 月份又尝试了一次。这次，他不是试图单独挖走某一个人,而是希望能同时将三人收入麾下。罗辛提议可以将太阳微系统公司的全部专利授权给他们的初创公司,包括普里姆和马拉科夫斯基之前设计的所有 GX 芯片。作为交换,他们需要同意让他们的新芯片兼容太阳微系统公司的 GX 图形技术和 IBM 个人电脑。

听完罗辛的提议后,三人来到太阳微系统公司园区的停车场商讨决定。普里姆考虑了这个提议的所有影响后,认为这个提议"有意义"。这样的合作关系会立刻为他们带来一个知名的大客户,并保护他们免受前雇主可能提出的专利侵权指控。但问题在于,这个协议将迫使他们减少在个人电脑市场上投入的时间和资源,而在他们看来,个人电脑市场蕴含最大的机会。他们甚至不确定是否能够设计出一款同时适用于太阳微系统公司产品和个人电脑平台的芯片。最终,他们一致决定拒绝罗辛的提议,选择自立门户,独立发展。

在停车场的讨论中,普里姆透露他已经有了一个基于个人电脑的图形加速器的基本框架。这款芯片将支持更多的颜色,并配备比他和马拉科夫斯基在太阳微系统公司开发的 GX 芯片更大的帧缓冲区。从许多方面来看,这正是他们过去 6 年一直在开发的 GX 芯片的升级版本。普里姆还说,微软将新操作系统命名为 Windows NT,其中"NT"代表"下一代技术"。因此,他提议将新芯片命名为"GX Next Version",简称为 GXNV。

新芯片的名字听起来有点像"GX envy"(嫉妒 GX),这反映了太阳微系统公司竞争对手的常见情绪。普里姆听说过一些竞争对手，如DEC，曾因太阳微系统公司的销售团队使用GX图形芯片和《飞行员》游戏副本这些"秘密武器"而失去了不少客户。新芯片的名字代表他们的决心：这次，他们要再次取得成功，但要按照自己的方式来做。

为了彻底与过去划清界限（也可能是为了避免任何专利侵权的嫌疑），黄仁勋建议普里姆去掉"GX"。他们的新芯片最终被命名为NV1。

图3.1 克里斯·马拉科夫斯基和黄仁勋（图片来自英伟达）

公司名称的由来

三位联合创始人开始在普里姆位于弗里蒙特县圣何塞郊区的联排别墅中工作,除了心中的愿景和马拉科夫斯基的太阳微系统工作站电脑,他们几乎一无所有。普里姆腾空了所有房间,只保留了自己的卧室,并将家具搬到了车库,搭起了几张折叠桌来放置所有的设备。最初的几周里,他们没有太多工作可做,只是每天聚在一起讨论食物。

"你昨晚做了什么?你晚餐吃了什么?"黄仁勋回忆说,他们就是这样相互打招呼的。每天决定午餐吃什么成了头等大事。"这听起来很可怜,但千真万确。"

过了一段时间,他们决定首次正式采购硬件,于是订购了一台由 Gateway 2000 公司生产的 IBM 兼容个人电脑,这家公司以邮寄订单方式销售电脑,并因其邮寄的纸箱上印有黑白斑点牛的图案而闻名。在电脑送达后,普里姆和马拉科夫斯基感到非常困惑,因为他们的职业生涯一直专注于太阳微系统公司的硬件和软件。

"我们不是个人电脑领域的人,"马拉科夫斯基说,"这很搞笑,我们想要占领个人电脑市场,但对个人电脑几乎一无所知。"

幸运的是,他们很快就不再孤军奋战。当三位联合创始人创业的消息传开后,太阳微系统公司的几位高级工程师就辞职并加入了这家初创公司。两个关键的早期成员是布鲁斯·麦金太尔(他曾是

GX 团队的软件程序员）和大卫·罗森塔尔（他是芯片架构师，后来成为这家初创公司的首席科学家）。

"我简直不敢相信这么多优秀的人加入了我们，有 12 个人在没拿薪水的情况下工作，"普里姆说，"我记得直到 6 月份当我们第一次获得投资后，才开始给他们发工资。"

麦金太尔和普里姆将 1 颗太阳微系统公司的 GX 图形芯片连接到 1 块可以插入他们 Gateway 2000 电脑的板上。硬件接口并不难，真正的挑战在于软件集成。太阳微系统公司的硬件以一种微软操作系统无法理解的方式处理指令。经过整整 1 个月的努力，团队最终解决了将 GX 图形寄存器映射到 Windows 3.1 操作系统上的问题。他们移植到 Windows 平台上的第一个游戏就是普里姆最新版本的《飞行员》，他们将其更名为《第五区》。

现在，这个初创公司有了员工，也有了一个可以展示的产品，唯一缺少的就是一个可以依法注册的正式名称。普里姆列出了几个潜在的选择。一个早期的热门名字是"Primal Graphics"（原始图形），这个名字听起来很酷，并结合了普里姆、马拉科夫斯基两位创始人姓氏的前几位字母。尽管其他人也喜欢这个名字，但团队一致认为，为了公平起见，必须包括黄仁勋的名字。遗憾的是，这个要求导致几乎找不到一个听起来很吸引人的名字。其他候选名字包括 Huaprimal、Prihuamal 和 Malhuapri。最终，这种名字组合的想法被放弃了。

普里姆列表上的其他大多数名字包含"NV",这参考了他们计划设计的第一款芯片。这些名字包括 iNVention、eNVironment 和 iNVision,但这些日常词语已经被其他公司用作品牌名,例如,一家厕纸公司为其环保产品线注册了"Envision"商标。另一个名字听起来像是某种电脑控制的智能马桶品牌。"这些名字糟透了。"普里姆说道。

最后剩下的一个选项是"Invidia",这是普里姆通过查找拉丁文"嫉妒"一词找到的,这在某种意义上呼应了他们在 GX 芯片上的成就。当时,普里姆和马拉科夫斯基相信他们的竞争对手,包括太阳微系统公司内部的和其他外部的对手,都嫉妒他们的成功。

"我们去掉了'I',选择了 NVidia,以纪念我们正在开发的 NV1 芯片,"普里姆说,"并且我们暗自希望有一天英伟达会成为被人们嫉妒的对象。"

在确定了名字后,黄仁勋负责找律师,并最终选中了詹姆斯·盖瑟,后者效力于 Cooley Godward 律师事务所。这家公司规模中等,只有不到 50 名律师,但它定位精准,是早期硅谷创业公司的首选。在第一次会面时,盖瑟问黄仁勋身上有多少钱。黄仁勋回答说 200 美元。

"拿出来。"盖瑟说。他随后告诉黄仁勋:"你现在持有英伟达公司的大量股权了。"

英伟达的公司注册文件中约定,三位联合创始人拥有同等的股份。黄仁勋回到普里姆的联排别墅，要求他的两位联合创始人每人投资 200 美元来"购买"他们在公司的股权。

"这是一笔好投资。"黄仁勋用他典型的冷幽默评论道。

1993 年 4 月 5 日，英伟达公司正式成立了。那天，普里姆还开车去了机动车管理局，为自己定制了"NVIDIA"的车牌。

个人声誉发挥关键作用

融资迫在眉睫，这是英伟达能否生存的第一个考验。1993 年的风险投资行业远没有今天这般规模宏大。与现在一样，大多数硅谷风险投资公司的总部位于帕洛阿尔托的沙山路，投资总额约占全美风险投资总额的 20%，它们还要与波士顿和纽约的风险投资公司竞争。风险投资行业在当时的经济中确实是一个利基市场，当时整个风险投资行业的年投资额略超过 10 亿美元（按今天的货币价值换算接近 20 亿美元）。[5] 如今，旧金山湾区的风险投资公司主导着风险投资行业，每年超过 1 700 亿美元的资金中的一半以上都是由它们来分配。

不过，有两件事在风险投资领域始终未变。第一，已经有收入的初创公司在融资时，成功的可能性要远高于没有产品进入市场的公司，尤其在 20 世纪 90 年代早期，风险投资对初创公司的兴趣处于 10 年来的低点。第二，在商业世界中，成功不仅取决于公司的实力，还取决于创始人的人脉。在英伟达的案例中，创始人的广泛人脉足以弥补公司的暂时空白。

黄仁勋当时从 LSI 公司好聚好散的离职方式，很快就在英伟达的融资过程中得到了回报。当他提交辞呈时，他的经理立即带他去见了 LSI 公司的 CEO 威尔弗雷德·科里根，这位英国工程师开创了多项直到今日仍被使用的半导体制造工艺和设计原则。黄仁勋的经理希望科里根能劝一下这位年轻的工程师不要完全离开 LSI 公司。但当科里根听到黄仁勋关于新一代图形芯片的愿景时，他问了一个问题：“我可以投资吗？"[6]

科里根向黄仁勋深入了解了这家初创公司的目标市场和战略定位：“有谁在玩游戏？举个游戏公司的例子。"黄仁勋回应说，如果他们建立了这项技术，将会有更多的游戏公司成立。这个领域的现有公司如 S3 和 Matrox，通常只制作 2D 加速显卡，而基于 3D 图形的游戏才刚刚起步。

尽管如此，科里根对黄仁勋的业务是否可行仍持怀疑态度。

"你很快就会回来的，"科里根对他说，"我会为你保留办公桌。"

科里根承诺将黄仁勋介绍给红杉资本的唐·瓦伦丁。瓦伦丁在 1982 年曾投资 LSI 公司，并在该公司次年上市时获得了丰厚回报。他在其他科技公司的投资，如雅达利、思科和苹果的收益更是惊人。到了 20 世纪 90 年代初，他已经被认为是"全球最优秀的风险投资家"。[7]

虽然科里根对英伟达的潜力存有疑虑,但他对黄仁勋本人毫不怀疑。科里根与黄仁勋交谈完后给瓦伦丁打了电话,他并没有推荐黄仁勋创业的想法,而是推荐了黄仁勋本人。

"嘿,唐,"科里根对瓦伦丁说,"我们这有个小伙子,要离开LSI公司,他想创办自己的公司。他非常聪明,能力出众。你们应该见见他。"[8]瓦伦丁同意与黄仁勋、普里姆和马拉科夫斯基见面,并安排了一位初级合伙人在5月底进行会面。在此期间,他们可以继续寻找其他潜在投资者。

4月中旬,就在英伟达公司成立几周后,三位联合创始人就拜访了苹果总部,讨论麦金塔(Macintosh)系列电脑对图形处理的需求,但这次会面并没有取得什么结果。

3周后,他们拜访了另一家风险投资公司凯鹏华盈。这家公司与红杉资本一样,成立于20世纪70年代,曾投资一些家喻户晓的公司,包括美国在线、基因泰克和太阳微系统公司。也正是由于凯鹏华盈对太阳微系统公司的投资,他们才决定与其接触。在会议中,凯鹏华盈的一位合伙人专注于电路板的话题,坚称英伟达应该自己制造电路板。而英伟达的计划是只设计图形芯片,然后由其他公司负责制造,最后将芯片出售给合作伙伴,再由他们把芯片安装到显卡上,销售给个人电脑制造商。

马拉科夫斯基觉得这位合伙人的执念毫无道理。"我们为什么要在电阻器这种低价的产品上竞争？我们在这个领域没有特别突出的能力。我们会专注于我们擅长的事情，如果一件事你不擅长，那就不适合你做。"他说道。

这个回答一方面体现了初创公司创始人典型的，甚至是必要的自信；另一方面也反映了马拉科夫斯基一贯的务实性。尽管他们有雄心征服个人电脑图形市场，但他们必须把资源集中在最有潜力的地方，而不是广撒网去追逐所有可能的机会。这也是为什么他们之前拒绝了韦恩·罗辛的提议，没有去做既兼容太阳微系统公司工作站电脑又兼容IBM个人电脑的芯片。现在，这也意味着他们结束了与凯鹏华盈的商谈。

接下来与风险投资公司苏特希尔的会议则进行得更加顺利。联合创始人的过往人脉关系再一次起到了重要作用。苏特希尔也曾投资LSI公司，并联系了科里根询问黄仁勋的情况。科里根给予了与唐·瓦伦丁相同的热情推荐。然而，苏特希尔已经投资了一些图形公司，并怀疑一家初创公司能否在一个竞争激烈且高度商品化的市场中脱颖而出。唯一对英伟达感兴趣的是苏特希尔几年前刚加入的一位年轻合伙人坦奇·考克斯。

"这是一项有争议的投资，"考克斯回忆道，"我是苏特希尔公司5个合伙人中最年轻的。"

考克斯对三位联合创始人印象深刻，尤其是他已经得知了科里根对黄仁勋的高度认可。在会议中，他仔细探询了普里姆和马拉科夫斯基的专业知识，并对他们在 3D 图形和计算机操作系统方面的深厚经验感到惊讶。

与苏特希尔的积极会面似乎是他们 2 天后面临更大考验的一个好预兆：与红杉资本创始人唐·瓦伦丁的会面。尽管英伟达当时还没有自己的专有芯片可以展示，但他们可以展示经过改装的太阳微系统公司 GX 显卡作为概念验证，这款芯片被安装在他们的 Gateway 2000 个人电脑上。虽然这款芯片已经是 4 年前的版本，但它的能力仍远超当时市场上任何 Windows 显卡。为了演示这个能力，他们玩了 20 分钟的《第五区》游戏，不是用标准显示器，而是用一款另一家创业公司生产的早期的虚拟现实头盔来演示。他们相信，仅凭令人眼花缭乱的图像就足以让他们的推介获得成功。

然而，英伟达团队不知道的是，瓦伦丁讨厌产品演示。这位红杉资本创始人已经看过足够多的推介，知道创业者总是喜欢展示他们的技术，并且演示效果往往很好。然而，他相信，比起炫目的产品演示，更重要的是对产品潜在市场和竞争地位的深刻理解。英伟达的联合创始人陷入了自己设下的陷阱。

在位于沙山路的红杉资本办公室，三位联合创始人获得了新晋初级合伙人马克·史蒂文斯的接待。他之前在英特尔工作，是红杉资本的半导体专家。史蒂文斯带他们进入了一间光线黑暗的、镶着木板的会议室，那儿有演示设备。演示结束后，瓦伦丁使用了他最喜欢的评估初创企业的方式——一连串连珠炮似的提问，不仅测试创始人的专业知识，也考察他们在压力下的表现。马拉科夫斯基后来形容这场提问像是瓦伦丁在"开庭审问"。

"你们是什么公司？"瓦伦丁问三位创始人。"你们是一家游戏机公司，是一家图形公司，还是一家音频公司？你们必须选择一个。"

普里姆愣了一下。然后，他脱口而出："我们是所有这些的总和。"

接着他发表了一段长篇大论，并深入技术细节来解释如何将瓦伦丁提到的所有功能集成到他们的单一芯片中。尽管普里姆所说的关于NV1潜力的内容都没有错，但他慌乱的回答让人费解，只有工程师才能理解。对普里姆来说，这个计划展示了他们的雄心和专业能力：他们可以开发一款同时满足多个不同市场的芯片，这样既扩大了芯片的潜力，又不会大幅增加工程的复杂性。然而，对瓦伦丁来说，普里姆的回答听起来像是犹豫不决。

"选一个，"瓦伦丁严厉地说，"否则，你们会失败，因为你们不知道自己是谁。"

瓦伦丁接着问英伟达10年后会是什么样子。普里姆回答说："我们将拥有输入/输出架构。"这又是一个工程师对商业问题的回答。普里姆的意思是，他设想未来的几代英伟达芯片不仅能加速图形处理，还能加速其他电脑主板的操作，比如声音、游戏端口和网络。然而，普里姆的回答再次让红杉资本的每个人摸不着头脑。据马拉科夫斯基回忆，这个回答甚至让其他联合创始人也感到困惑。

史蒂文斯的介入将对话引向了一个更实际的层面。他问英伟达期望哪家公司为其制造芯片。几位联合创始人回答说，他们计划与意法半导体合作，后者是一家欧洲的半导体公司，最近通过大幅削减成本和将生产外包给新加坡和马来西亚的公司才避免了破产。听到这个回答后，瓦伦丁和史蒂文斯互相对视并摇了摇头。他们希望英伟达与台积电合作，因为台积电的声誉更好。

黄仁勋试图将对话重新引回瓦伦丁更感兴趣的市场定位和战略话题，但这时他自己也因一连串的提问，以及英伟达团队未能给出任何令人满意的答案的情况而有些慌乱。这次会议结束时，红杉资本并没有明确表态。

"我在推介会上表现得非常糟糕。"黄仁勋承认，并承担了推介会整体表现欠佳的责任。"我很难清楚地解释我在做什么、为谁而做，以及为什么我会成功。"

会议结束后，瓦伦丁和史蒂文斯讨论了他们刚刚听到的内容。他们认为三位联合创始人都很聪明，而且将3D图形引入个人电脑平台的想法很有前景。尽管红杉资本不是游戏玩家，但它投资了游戏软件发行商艺电公司，后者当时刚刚上市，让红杉资本赚到了钱。它还投资了S3公司，这家公司主要生产2D图形加速器芯片，也就是英伟达的联合创始人认为可以击败的对象，因此，红杉资本知道英伟达产品在市场上是可行的。此外，瓦伦丁对错过硅图公司（SGI）感到后悔，这家公司主导了高端图形工作站电脑市场。

红杉资本在当年6月中旬又与英伟达的联合创始人见了2次。在最后一次会议上，他们决定投资。

"科里根说要给你们钱。这违背了我的直觉，但基于你们刚才告诉我的内容，我会给你们钱。不过，如果你们把我的钱亏了，我会'杀'了你们。"瓦伦丁对英伟达团队说道。

到6月月底，英伟达从红杉资本和苏特希尔共获得了200万美元的A轮融资，每家投资100万美元。

英伟达现在有足够的资金来开发第一款芯片并支付员工的薪水了。对于黄仁勋、普里姆和马拉科夫斯基来说，这是一个令人谦卑的时刻：他们的成功更多依靠的是他们的声誉，而不是商业计划或产品演示。这一教训让黄仁勋永远铭记。"即使你的商业计划写作技巧并不好，但你的声誉会先行一步为他人所知。"黄仁勋总结道。

1993

第二部分 绝地逢生

2003年

04
背水一战

首款产品蓄势待发

终于,英伟达不再只是谈论其首款芯片,而是开始真正着手开发它了。当务之急是将公司从普里姆的联排别墅搬到一个正式的办公室。借助从苏特希尔和红杉资本筹集的资金,英伟达在位于森尼韦尔市阿克斯大道旁的单层大楼里租了一个办公室套间。这个位置不太理想——在公司租赁期间,附近的一家富国银行被抢劫了好几次——但它还是给英伟达的员工带来了正规感。

公司也终于能够支付员工的薪水了。在筹资之前,英伟达只有少数几名员工,而且他们都是在没有薪水的情况下,仅凭着一个"会有钱进来"的公司承诺而工作的。现在,英伟达开启了大规模招聘,增加了 20 位工程员工和运营员工。

其中一位新员工叫杰夫·费希尔,他是从一家名为 Weitek 的图形芯片公司被挖过来的,负责英伟达的销售部门。在面试过程中,他对英伟达的每一位联合创始人都印象深刻。

"他们都是很棒的人。虽然各不相同,但都非常聪明,"他回忆道,"黄仁勋是工程师出身,但他能胜任多种角色;柯蒂斯是一位架构师,誓要解决前向/后向兼容性统一架构的问题;克里斯灵活运用晶体管的能力无人能比。"

罗伯特·琼戈尔是英伟达的另一位元老级员工,他第一天上班时兴奋不已,还和黄仁勋站在办公室门口与英伟达的标志合影。

图 4.1　罗伯特·琼戈尔和黄仁勋在英伟达的第一个办公室门口合影(图片来自罗伯特·琼戈尔)

"总有一天,我们会成为伟大的公司,享誉全球,"琼戈尔笃定地说道,"那时,这张照片就意义非凡了!"

在英伟达招兵买马之前,三位联合创始人之间已经建立了一个指挥系统。普里姆和马拉科夫斯基希望延续他们在太阳微系统公司时的工作分工:普里姆担任首席技术官,负责芯片架构和产品开发;马拉科夫斯基负责工程和实施团队。他们理所当然地认为黄仁勋将负责商业决策。

"我们基本上从第一天开始就全听黄仁勋的号令。"普里姆这样说道。当时他对黄仁勋说:"你就负责公司的运营,所有我和克里斯不知道该怎么做的事都归你管。"

在黄仁勋的回忆中,普里姆当时更直截了当:"黄仁勋,你来做公司的 CEO,就这么定了。"[1]

在全面组建好项目团队之后,普里姆就开始了英伟达第一代芯片 NV1 的设计工作。然而,个人电脑图形领域的限制条件比他们在太阳微系统公司的 SPARC 工作站电脑上从事相关工作时还要严苛得多。例如,当时绝大多数的个人电脑使用的是英特尔的各代 CPU,这些 CPU 难以执行高精度的"浮点"运算,而这些运算对图形渲染至关重要。另外,芯片设计商通常不具备芯片制造能力,即使可以制造,其工艺也并不先进,这就限制了英伟达在单个芯片上可以容纳的晶体管数量。此外,由于个人电脑需求大幅增加,因此半导体存储芯片的价格也越来越昂贵,当时达到了每兆字节 50

美元，而图形加速器需要用来执行半导体存储芯片日益复杂的操作。

普里姆和他的团队计划打造出一款可以在640像素×480像素分辨率下显示图形，并且具有高质量纹理和快速渲染速度的芯片。但是，他们必须想办法绕过个人电脑的限制。最大的问题在于内存的成本。如果在NV1上使用标准的芯片设计方法，那么单块芯片就需要4兆字节的板载内存，成本高达200美元。仅这一点，就足以让任何使用该芯片的显卡价格过高，令大多数早已习惯低价显卡的游戏玩家无法接受。毕竟，在这一代强大的3D个人电脑芯片出现之前，大多数以2D为主的图形芯片成本还不到10美元，而且使用的内存数量也相对较少。

为了解决上述问题，普里姆尝试了一种新的软件方法来处理纹理，这种方法称为"前向纹理映射"。NV1通过四边形而不是传统基于三角形的"逆向纹理映射"来渲染3D多边形。从三角形到四边形的转换可以减少计算量，从而降低内存要求。这个做法的唯一缺点也非常显著，意味着软件开发人员必须彻底重做游戏，才能使用普里姆开发的"前向纹理映射"新技术。如果在NV1上运行那些基于旧的"逆向纹理映射"开发的游戏，结果就会是渲染缓慢、图形质量差。然而，普里姆相信，在个人电脑的视频、游戏图形领域，在尚未有单一主导标准的情况下，英伟达的技术方案最终会胜出。

而且，普里姆不仅想发明一种全新的纹理渲染方法，他还希望 NV1 可以提升游戏的音频能力。当时，市场领先的音频产品是声霸卡，但在普里姆听来，这种声卡产生的音乐显得不真实且刺耳。他在 NV1 中加入了高质量的波表合成单元，由此可以通过真实乐器的录音来重新创建数字化音效，而声霸卡的音频样本是完全合成的。

推出这一替代性的音频标准是英伟达十分冒险的决定。由于大多数计算机有专门的卡来处理不同的功能，因此将图形和音频功能整合到一张卡上的做法并不常见。但是，普里姆相信，这说明市场上存在一个待解决的效率问题，技术更先进的多功能卡正好可以填补这个空白。然而，多功能卡要想取得成功并非轻而易举、板上钉钉。面对强劲对手声霸卡，普里姆寄希望于软件开发者放弃音效较差但广泛普及的标准，转而选择一个音效更好但仍需大量推广的专有标准。

在普里姆推进芯片设计时，黄仁勋正在花精力说服英特尔支持英伟达推出的新卡。黄仁勋联系了英特尔的一名年轻高管帕特·盖尔辛格，后者负责管理个人电脑的 PCI 扩展槽标准的修订。任何显卡要想在电脑上流畅使用，都需要符合这个标准。黄仁勋希望 PCI 能够增加不同类型的带宽模式，以便 NV1 也能符合标准并在个人电脑上使用，但盖尔辛格对此持抵触态度。

盖尔辛格回忆道："我还记得当时黄仁勋和我对不同的架构问题进行过激烈讨论。"[2]

最终，黄仁勋胜出。英特尔选择了一个更开放的标准，这个标准具有更好的性能且鼓励创新。这不仅是英伟达的胜利，也是整个图形行业的胜利。因为有了开放标准，外设卡制造商可以自行决定技术提升的步伐，而无须跟随英特尔的脚步。盖尔辛格认为，英伟达后来取得的成功，应该归功于"开放的 PCI 平台，得以让其图形设备能够真正超越其他竞争者"。

随着 NV1 的设计逐渐明确，黄仁勋和马拉科夫斯基也最终确定了与芯片代工厂意法半导体的合作关系——由这家位于欧洲的芯片制造商生产英伟达公司的所有芯片。尽管唐·瓦伦丁和马克·史蒂文斯对意法半导体作为合作伙伴的适宜性提出了质疑，但英伟达可以利用这家欧洲芯片制造商的相对弱势作为谈判筹码。根据协议，意法半导体获得了独家许可，不仅可以代工 NV1，还可以生产简化版的 NV1，并将其作为自有白标品牌的中档产品进行销售。作为交换，意法半导体则需要每年向英伟达支付约 100 万美元，用于 Windows 操作系统的常规软件编写和驱动程序更新。最终，意法半导体基本上同意了资助英伟达的整个软件部门（约 12 个人），由此获得了 NV1 的独家代工许可。[3]

1994 年秋季，意法半导体和英伟达在拉斯维加斯的计算机经销商博览会上联合展示了 NV1，这个展会是世界上规模最大的计算机贸易展会之一。为了这次展会，它们准备了 3 台安装在个人电脑上的工作样机。就在展会开幕前，普里姆和另一位工程师还在调试软件驱动程序，并将其中一台样机带回酒店房间继续调试。对于剩余的 2 台样机，他们决定将其留在展位上。一名巡逻的保安建议英伟达雇用一个人在夜里看守设备，但英伟达团队拒绝了。

第二天，当他们回到展厅准备搭建展台时，他们发现设备全被偷走了。展厅的门没有上锁，有人半夜溜进来把样机偷走了。幸运的是，他们在酒店房间里还有一块 NV1，最终得以如期在展会上正式亮相。[4]

在忙碌的展会期间，英伟达团队与日本电子游戏和游戏主机制造商世嘉的参会代表建立了联系。[5]世嘉的代表对 NV1 的演示印象深刻，同意让英伟达为其规划的下一代游戏主机开发芯片。1994 年 12 月 11 日，黄仁勋和普里姆飞往东京，向世嘉管理层提议了一项芯片开发合作协议。[6]

这是两家公司之间建立长期互利关系的第一步。1995 年 5 月，世嘉与英伟达签署了一项为期 5 年的合作协议，英伟达为世嘉的下一代游戏主机开发独家的 NV2 芯片。作为回报，世嘉同意将早前为其当前一代游戏机"世嘉土星"开发的几款游戏移植到个人电脑上，并将这些游戏重新编写，以支持 NV1 的前向纹理映射技术，从而推动 NV1 在个人电脑领域的开拓。此外，世嘉还购买了 500 万美元的英伟达优先股。

在敲定商业条款后，普里姆作为英伟达的主要联系人，负责与世嘉的技术合作。1995 年，他 6 次前往日本，推进两家公司的合作项目。他既盯着基于NV2的游戏主机的设计规范，包括如何读取游戏卡带和执行颜色压缩；也帮助世嘉理解如何将其基于"世嘉土星"的游戏移植到个人电脑上。

NV1拥有成功发布的所有要素。它作为一款单芯片多媒体加速器，有着独特的市场切入点，并且拥有多种新的纹理和渲染功能。它的初期销售量也很可观，英伟达主要的板卡合作伙伴帝盟多媒体公司订购了25万颗芯片，然后将芯片封装在品牌为"Edge 3D"、售价为300美元的显卡中。此外，英伟达还拥有一个引人注目的合作伙伴世嘉，世嘉不仅支持当前的芯片，还承诺支持英伟达的下一代芯片。1995年5月，NV1正式发布，公司上下都期待它能大获成功。

做得少但做得好，远比做得多更重要

但是，英伟达严重误判了市场。在过去2年中，内存价格从每兆字节50美元骤降至每兆字节5美元，这意味着NV1可以节省板载内存的卖点，不再具有显著的竞争优势。因此，几乎没有游戏开发商愿意重写它们的软件以支持英伟达的新图形标准。世嘉移植的个人电脑版游戏《VR战士》和《梦游美国》，成为仅有的几款专门为NV1设计的游戏。而几乎所有其他游戏在英伟达的新芯片上运行时效果都不佳，因为它们使用了中间软件包来执行逆向纹理映射，导致渲染速度变慢。

第一人称射击游戏《毁灭战士》最终决定了 NV1 的命运。在 NV1 发布时，《毁灭战士》是全球最受欢迎的游戏：它充满动感的视觉效果和血腥、快节奏的战斗，为玩家带来了前所未有的游戏体验。这在很大程度上要归功于技术奇才约翰·卡马克，他是这款游戏的设计师，也是该游戏发行公司 id Software 的联合创始人。卡马克使用 2D 视频图形阵列（VGA）标准开发了这款游戏，并运用了他所知道的每一个硬件层技巧使视觉效果最大化。普里姆原本确信，大多数游戏设计师会抛弃 VGA 而转向 NV1 的 3D 图形加速技术。因此 NV1 仅部分支持 VGA，并依赖软件模拟器来补充其 VGA 功能，这导致 NV1 在《毁灭战士》上表现不佳。

甚至《毁灭战士》标志性的音轨和声音设计，在 NV1 上也不能正常运行。普里姆在芯片中添加的专有音频格式的装饰性大于必要性，而且和 Creative Labs 生产的业界标准声霸卡的格式不兼容。然而，大多数个人电脑制造商要求其外设必须兼容声霸卡标准，而这一要求的改变速度并没有普里姆预想得那么快。为了解决这个问题，普里姆编写了另一个模拟器，专门为了生成声音而不是视觉效果。但是，每当 Creative Labs 更新其专有格式时，这个模拟器就会失效，于是英伟达不得不再次发布补丁。而在新补丁发布前，NV1 的用户将不得不忍受游戏中声音不正常的情况。

这是一个惨痛的教训。英伟达认识到了向后兼容的价值，以及为了创新而创新的危险性。原本应该推动图形行业向前发展的NV1，竟然跟不上世界上最受欢迎的游戏的步伐。由于缺乏真正兼容的游戏，以及大多数游戏开发商继续支持尽管技术落后但被广泛采用的旧标准，因此NV1最终走向失败。

"我们原以为自己打造了伟大的技术和伟大的产品，"马拉科夫斯基说道，"结果我们只打造了伟大的技术，而不是伟大的产品。"

NV1销售情况惨淡，而且大部分在节假日售出的产品还被退货了。到1996年春天，帝盟多媒体公司几乎将它订购的25万颗芯片全部退还给了英伟达。

黄仁勋意识到，从定位到产品策略，英伟达在NV1上犯了几项致命的错误。他们过度设计了这张显卡，加入了许多没有人关心的功能。最终，市场只想为最好的游戏提供最快且价格合理的图形性能，其他东西都无关紧要。电脑制造商还告诉英伟达，将视频和音频功能结合到一颗芯片上，反而让英伟达更难拿到订单。

"讽刺的是，杀死NV1的不是最重要的图形功能，"英伟达时任营销总监迈克尔·哈拉说道，"而是音频。当时的游戏需要声霸卡兼容性，而NV1并没有。"[7]

哈拉回忆说，他多次被告知："我们真的很喜欢你们的图形技术，如果你们哪天想去掉音频功能，请再回来找我们。"

NV1没办法和那些设计得更狭义的显卡竞争。英伟达意识到，它不能再开发那些客户不愿买单的功能。

"我们在太多不同的领域分散了注意力。"黄仁勋回忆道。[8] "我们学到的教训是，做得少但做得好，远比做得多更重要，哪怕这些功能在 PPT 上看起来很好。没有人会自己去商店买瑞士军刀，它只会是别人送的圣诞礼物。"[9]

英伟达花费了近 1 500 万美元来开发 NV1。这笔钱来自苏特希尔和红杉资本的初始投资，以及意法半导体和世嘉的投资。[10] 公司原本指望通过 NV1 的强劲销售来收回大部分开发成本，从而可以继续开发下一代芯片。然而，糟糕的销售结果让英伟达陷入了现金危机。黄仁勋、普里姆和马拉科夫斯基必须迅速筹集更多的资金，否则他们的梦想可能会戛然而止，而且还是由他们亲手终结。

经营公司是一项全新的技能

在英伟达的第一次董事会会议上，董事哈维·琼斯（他曾担任领先的芯片设计软件公司新思科技的 CEO）向黄仁勋提了一个问题："你如何定位 NV1？"

当时，黄仁勋并没有意识到琼斯并不仅仅是在询问 NV1 的功能或产品规格。他是让黄仁勋考虑如何在一个竞争激烈的行业中推销这款新芯片。琼斯知道，产品必须以最清晰、最准确的方式呈现，才能脱颖而出。

"他问了我一个简单的问题。我当时根本没有意识到它有多简单。但我当时是无法回答的,因为我并没有真正理解它,"黄仁勋回忆道,"这个问题的答案极其深刻,你需要用整个职业生涯来回答它。"[11]

在 NV1 失败之后,黄仁勋后悔没有更加认真地对待琼斯的问题。他感到沮丧,因为他和英伟达团队付出了巨大的努力却收效甚微。他认为,这归根结底是自己作为一家新公司的领导者能力不足。

"我们确实没有做好工作,"他说,"尤其是在公司成立的最初 5 年。我们拥有非常有才华的人,工作非常努力,但经营公司是一项全新的技能。"

黄仁勋发誓要尽可能多地学习如何领导企业,以防自己和英伟达再次犯同样的错误。在寻找琼斯提出的问题的答案时,他读到了由艾·里斯和杰克·特劳特合著的《定位——有史以来对美国营销影响最大的观念》。里斯和特劳特认为,定位不是关于产品本身,而是关于客户的心智,而后者将会被客户之前的知识和经验塑造。人们往往会拒绝或过滤掉任何与其现有世界观不符的东西,这导致用理性和逻辑去改变他们的想法十分困难。但是,人的情感可以快速改变,有技巧的营销者可以通过合适的信息,引导人们对产品产生特定的情感。两位作者认为,潜在买家不想被说服,但他们想被吸引。

"吸引"需要一个简单的信息,而英伟达在 NV1 上的信息过于复杂。它并没有以任何明显的方式优于竞争对手，甚至在某些情况下还表现得更差。

"客户总是在考虑替代品。"黄仁勋说道。而在客户的心目中，其他显卡能够做到那些 NV1 做不到的事——它们可以运行《毁灭战士》。无论英伟达怎样抱怨《毁灭战士》使用了较旧的图形标准，或没有利用 NV1 的性能提升功能，但这个简单易懂的负面信息仍占了上风。无论英伟达多么强调 NV1 的创新音频和图形能力，它都无法与玩家亲眼所见、亲耳所听或没有听见的一切相比。

新的强大对手

NV1 的失败危及了英伟达与世嘉的关系。世嘉曾委托英伟达为"世嘉土星"之后的下一代游戏主机开发 NV2，世嘉认为下一代游戏主机会是继"世嘉创世纪"之后的又一款大卖产品。在英伟达内部，NV2 的代号为"Mutara"，这个名字取自《星际迷航 2：可汗之怒》中最终空间战斗的地点——在那场战斗中，"创世纪"装置发生了爆炸，将 Mutara 星云压缩成一个新的、孕育生命的星球。英伟达现在也需要 NV2 为这家陷入困境的公司注入新的生命力。

前景一开始并不乐观。尽管普里姆直接参与这个项目并多次前往日本，但世嘉的程序员对英伟达的专有图形渲染技术越来越感到不满。1996 年，世嘉通知英伟达，公司下一代游戏主机将不再使用NV2。然而，黄仁勋机智地在最初的合同中加入了一个条款：如果英伟达能够生产出可用的芯片原型，并将其安装在与早期"世嘉创世纪"或"世嘉MD"的主板尺寸相仿的独立主板上，那么，世嘉将支付100万美元。

普里姆委派了一位工程师韦恩·古所知，负责开发NV2的原型。这是一项孤立且吃力不讨好的工作。古所知手头只有一颗芯片和一块主板，普里姆将其余的工程团队都分配给了公司下一代芯片项目NV3。古所知与同事之间的互动很少，即使有也多是幼稚的深夜恶作剧，比如有一次让工程部的所有人测量并记录头围，进行一种带有玩笑性质的"颅相学"。

"当时，韦恩的头围是英伟达最大的。"普里姆笑着回忆道。

经过大约1年的项目开发，古所知成功地按照世嘉的规格完成了NV2原型的工作。这个里程碑项目换来了100万美元，这笔资金在公司危急时刻力挽狂澜。然而，这并没有解决英伟达的所有问题。这100万美元中的大部分被立即用于NV3的研发，而剩余的钱不足以支付那些由于公司对NV1和NV2过高的销售预期而雇用的员工的工资。而且这两款芯片基本上都失败了，导致这些员工现在无所事事。为了节省公司仅剩的现金，黄仁勋决定裁员：英伟达的员工从100多名缩减至40名。[12]

"我们曾经有一个营销团队和一个销售团队，但突然间我们原有的产品路线图失去了可行性。"躲过了裁员风波的软件工程师德怀特·迪克斯说道。

当英伟达因 NV1 和 NV2 的失误而陷入困境并转向专注于 NV3 时，个人电脑图形市场上出现了一个强大的新对手。3 位来自硅图公司的同事——斯科特·塞勒斯、罗斯·史密斯和加里·塔罗利——于 1994 年创立了 3dfx，仅比英伟达晚成立 1 年。在 20 世纪 90 年代，硅图公司以制造用于电影特效——如史蒂文·斯皮尔伯格的《侏罗纪公园》中的恐龙——的高端图形工作站电脑而闻名。3dfx 的创始人希望将这种级别的性能带到个人电脑市场，并以玩家可以负担的价格销售。经过 2 年的开发，该公司于 1996 年秋宣布推出名为"Voodoo Graphics"的首款图形芯片。

3dfx 决定在旧金山的一场会议上展示 Voodoo Graphics，而这场会议由专注于技术投资的投资银行汉博奎斯特公司举办。会上，一位名叫戈登·坎贝尔的高管计划展示 3dfx 的芯片如何在低端消费级设备上实现高端企业级的图形性能。演示的核心是一个 3D 立方体，它渲染得如此精确，以至于可以媲美由硅图工作站电脑制作的图像。

"我当时蜗居在地下室的一个小房间里，只有一台个人电脑、一台投影仪和我们装在一张卡上的第一款芯片。"坎贝尔说道。[13]

3dfx 的演示与硅图公司 CEO 爱德华·麦克拉肯的主题演讲同时进行。最初，坎贝尔的演示几乎无人问津，因为大多数感兴趣的人在听麦克拉肯讲述硅图公司的历史。然而，在麦克拉肯的演讲中，售价达 8.5 万美元的硅图工作站电脑死机了，导致主题演讲陷入停滞。观众开始不耐烦,这时逐渐有消息传来:楼下的演示更有吸引力——一家小型初创公司成功地在消费级个人电脑显卡上实现了与硅图相媲美的 3D 图形。

"人们都被震撼了,"坎贝尔说道,"他们都在说'你得看看这个',然后把人拉了过来。"

这场有竞争力的演示不仅成为 3dfx 传奇史的一部分,还成功传递了一个重要的营销信息:Voodoo Graphics 将于 1996 年 10 月发布。3dfx 将自己标榜为唯一能够将硅图级性能带入个人电脑的初创公司,并且价格仅为其零头。3dfx 在 Voodoo Graphics 的所有宣传材料中不断强化这一主题。我们可以看看 3dfx 的市场总监罗斯·史密斯写给 Orchid 公司的报价单,后者在其 Righteous 3D 显卡上搭载了 Voodoo Graphics 芯片。

> 在去年的计算机经销商博览会上,比尔·盖茨在 Orchid 展台上使用由硅图实境引擎驱动的 Voodoo Graphics 模拟器玩了《拉神之谷》游戏,那可高达 25 万美元。如今,个人电脑用户只用花 299 美元,就可以从 Orchid 购买到同样的实时 3D 图形性能。这太棒了![14]

有意或无意之间,3dfx 遵循了艾·里斯和杰克·特劳特在《定位——有史以来对美国营销影响最大的观念》中所阐述的原则。该公司将其产品作为市场上其他显卡的明确替代品，并诉诸客户的情感——让他们觉得自己以极具性价比的价格获得了超凡的性能，而不是试图用事实和性能统计数据来说服他们。

3dfx 不仅仅是在营销上吹嘘其产品。1996 年 6 月，id Software 推出了其第一人称射击游戏新系列的首部作品《雷神之锤》。就像 3 年前《毁灭战士》在 2D 显卡上所展示的那样，最初版本的《雷神之锤》也将 3D 显卡的性能推到了极限，它以实时 3D 渲染所有内容为特色。1997 年 1 月，id Software 发布了更新版本的《雷神之锤》（它被命名为 GLQuake），该版本增加了对 3D 图形硬件加速的支持，而这正是 Voodoo Graphics 芯片的强项。

"我们的产品卖疯了。"3dfx 总工程师塞勒斯回忆道。[15]

在发布升级版的显卡 Voodoo2 后，该公司的收入从 1996 财年的 400 万美元飙升至 1997 年的 4 400 万美元，1998 财年更是达到了 2.03 亿美元。绝大多数需求来自《雷神之锤》的玩家。这是一个"杀手级应用"，可以刺激购买者不断升级硬件，从而获得更好的图形性能和质量，提升游戏的沉浸体验。

3dfx 的高管知道英伟达正处于严重的财务危机，并考虑过收购这个逐渐衰落的竞争对手。尽管英伟达的前两款芯片未能取得市场成功，但该公司仍拥有硅谷最好的图形工程师团队之一。然而，3dfx 的高管最终决定再等一等，他们相信英伟达的破产不可避免，那时可以用更划算的低价获得其人才和资产。

"我们在 3dfx 所犯的错误是没有在英伟达处于困境时'杀死'它。"罗斯·史密斯说道,"没有收购英伟达是我们在战术上犯的一个巨大错误。当时我们已经将它逼到了绝境。"

"我们非常清楚,如果 RIVA 128 芯片有任何问题,他们就完蛋了。"塞勒斯说道。这款芯片起初被称为 NV3,后来作为 RIVA 系列出售。"他们危在旦夕。我们赌的是,只要我们再等一会儿,他们就会自行崩溃。"

他们确实尝试过将英伟达推向绝境。塞勒斯曾与英伟达工程师德怀特·迪克斯在另一家小型初创公司共事过,他知道迪克斯在为图形芯片编写软件驱动程序方面非常出色,而这一点对于显卡的成功至关重要。塞勒斯试图说服迪克斯离开"即将沉没的英伟达",加入正在崛起的 3dfx。

"我们几乎就要成功了。"塞勒斯后来说道,语气中带有一丝遗憾。[16]

迪克斯也认真考虑了这个机会,但他选择留在了英伟达,原因有两个。[17] 一个是好奇心:他想看到 RIVA 128 的量产结果后再考虑是否离开。另一个是黄仁勋,他与迪克斯进行了交谈,最终说服他留下。至今,黄仁勋仍声称他"拯救了"迪克斯,迪克斯则喜欢开玩笑说,如果他离开了,3dfx 可能会彻底收购英伟达。30 年后迪克斯仍然留在英伟达,负责公司的软件工程。

破产边缘的创纪录速度和产品

就在《雷神之锤》将 3dfx 推向新高度时，黄仁勋和英伟达则盘算着他们所剩无几的资金，看看能否撑到下一款芯片的量产。公司银行账户里还剩 300 万美元，足够维持 9 个月的运营。[18] 要想生存下去，他们不仅需要创造一款优秀的芯片，还必须凭借现有的制造和内存技术创造出最高效的图形芯片——一种能打败 3dfx 优秀的 Voodoo 系列产品的芯片。

为了击败劲敌，英伟达必须重新思考其整个芯片开发的方式。NV1 的设计是基于英伟达工程师的愿望，而不是市场需求。普里姆为芯片加入的专有标准展现了他的技术能力，但最终对制造商客户不友好。1996 年 6 月，微软发布了 Direct3D，这是一种用于图形纹理的应用程序接口，采用了传统的逆向三角形方法。几个月内，游戏开发者几乎普遍抛弃了小规模的专有图形标准，如英伟达的标准，转而支持 2 个大规模且受广泛支持的替代方案：微软的 Direct3D 和 OpenGL。

黄仁勋看到了行业的发展方向，并要求英伟达的工程师顺应市场，而不是逆势而为。

"各位，是时候停止'优化垃圾'了。"[19] 他对仅剩的员工说道，"现在的情况很明显，我们做的方向是错的，没人会支持我们的架构。"[20]

马拉科夫斯基也同意这种新思路："我们不再试图用像 NV1 那样不同的技术领先于竞争对手，而是必须用和他们相同的基本要素超越其他所有竞争对手。"

黄仁勋的这个想法激发了普里姆对 NV3 的设计有了更"大"的思路。为了制造出更快的芯片，团队计划使用一个带宽为 128 位的内存总线，并设计一个能够以创纪录的速度生成像素的图形管道。这意味着英伟达必须生产一款芯片，其物理尺寸要大于之前任何成功制造过的芯片。

普里姆在英伟达办公室的走廊里拦住黄仁勋，询问他是否同意这个面临技术挑战的计划。

"让我想想。"黄仁勋回答道。他花了 2 天，制定了 NV3 改进后的日程安排、定价、制造计划和商业模式。最终，他不仅同意了更大尺寸的方案，还要求普里姆和他的工程师再增加 10 万个逻辑门电路，或者再增加 40 万个晶体管，从而使整颗芯片上的晶体管高达 350 万个。[21]

"黄仁勋给我们开了继续填充芯片功能的绿灯。"普里姆说道。

"我当时并不担心成本，"黄仁勋多年后解释他的决策过程时说道，"我打造了一颗在当时所有人能制造出来的物理体积最大的芯片。我们只想确保这也是世界上能力最强的芯片。"

为了体现英伟达的雄心，也可能为了暗示与过去的设计理念的彻底决裂，公司决定给 NV3 一个不同于内部代号的外部品牌：

RIVA 128。这个命名也概括了芯片的用途：RIVA 代表"实时交互视频和动画加速器"，"128"则是对 128 位总线的致敬——这是当时单一芯片上所能使用的最大宽度的总线，这一技术也是首次被应用在消费级个人电脑领域。

基于英伟达当时的财务情况，RIVA 128 必须在一个快到可以创纪录的时间内完成，并且不能依赖多次的质量保证测试。标准的芯片开发周期通常需要 2 年，因为需要多次修订来识别错误、修复错误，而这主要靠"流片"来实现，即向芯片制造商提交设计以生产出实际的芯片样品。例如，NV1 就经历了 3~4 次流片。而 NV3 只能进行 1 次流片，然后直接进行量产。

为了缩短时间线，英伟达需要缩短测试周期。黄仁勋听说过一家小型公司 IKos，它制造了一个冰箱大小的芯片仿真器。这种大型设备允许工程师直接在数字芯片原型上运行游戏和测试，避免了制造一颗真实芯片来测试和修复错误的步骤，从而节省了时间和资源。不过，IKos 设备的价格不菲，每台售价高达 100 万美元，这会使英伟达的资金可维持时间从 9 个月缩短到 6 个月，但黄仁勋意识到，这个设备会大幅加快测试进度。黄仁勋与公司其他高管争论此事，其他高管希望通过筹集更多的资金来争取尽可能多的时间，但黄仁勋作为 CEO 坚持己见。

"我们找不到更多的资金了，"他说，"风险投资者可以相信其他 90 家公司，为什么要相信我们？我们必须按这个方式做。"

黄仁勋最终说服了其他人，购买了一台IKos的芯片仿真器。芯片仿真器一到，德怀特·迪克斯和他的软件团队立即开始在数字版的RIVA 128上运行测试，识别并修复芯片设计中的问题。迪克斯回忆道，他的团队和硬件工程师的首次对话简直是一场灾难。

"各位，我们终于可以进行芯片的第一次仿真了，"他说，"它刚刚启动了磁盘操作系统（DOS），速度非常慢。"[22]

一个硬件工程师回应道："是啊，看看那儿。已经有一个错误了，C盘的盘符偏移了2个像素。"

通常情况下，芯片不会在启动后如此快速地出错，尤其是在如此基本的事情上。因此，硬件团队认为是芯片仿真器出现了问题，并认为黄仁勋和迪克斯浪费了3个月的薪资储备，这样做毫无意义。

"但实际上，这就是我们在硬件中发现的第一个错误。"迪克斯说道。

使用IKos芯片仿真器是一个艰巨的过程。这个仿真器包括2个大箱子，连接着暴露在外的主板。在使用时，原本应该插入真实芯片的插槽改为了电线，用来传输数据。如果存在真实的芯片，这些数据将会从芯片传输到CPU。软件仿真芯片的运行速度比真实的硬件芯片要慢得多。

"启动Windows花费了15分钟。我记得哪怕只是移动一点儿鼠标的位置，就得等待屏幕逐帧刷新，"测试员亨利·莱文说道，"点击按钮简直是一场噩梦，稍微移动一下，它就会超出目标位置。"[23]

为了克服这个问题，莱文在他的桌子上画了一张地图，这样他就知道如何将鼠标放在特定的屏幕区域，而不必等待仿真器逐帧刷新。测试人员会运行基本的实用程序，例如绘制三角形或圆形。运行基准测试通常需要让仿真器运行一整晚，然后第二天再来查看是否完成。

仿真器不会自动生成错误报告。当程序冻结时，莱文所能做的就是对屏幕进行截图，然后叫来硬件工程师一起搞清楚发生了什么问题，或者错误发生在什么地方。如果问题严重，工程师就得回去重新设计芯片对应的部分。

一位工程师回忆道，工程团队曾尝试在一个周末运行更长的基准测试。结果，保洁员在晚上进入了测试实验室，拔掉了芯片仿真器的电源，在电源上改插了吸尘器。工程师们返回时发现基准测试完全毁了，他们不得不重新运行，浪费了大量时间。保洁员根本不应该出现在实验室里，因为那儿甚至连一张地毯都没有。

除了这些不必要的干扰，团队还面临其他挑战。英伟达没有时间从头设计全新的芯片。因此，普里姆、马拉科夫斯基和芯片架构师大卫·罗森塔尔找到了一个方法：他们可以在使用 NV1 部分设计的基础上，添加对多个新功能的支持，包括逆向渲染、更好的数学计算能力和极宽的内存总线。尽管英伟达想和早期的芯片"一刀两断"，但早期设计的基因依然存在于 RIVA 128 芯片中。

"我们做到了。"马拉科夫斯基说道。[24]

公司也明白，芯片必须百分之百兼容当时的 VGA 标准。NV1

曾试图通过硬件和软件仿真混合的解决方案来实现兼容性,但这种方式在许多基于 DOS 的游戏(如《毁灭战士》)中都引发了重大问题。英伟达不能再在 VGA 兼容性上出问题了。

然而,公司内部并没有设计 VGA 内核的专家。不可思议的是,黄仁勋成功地从英伟达的竞争对手 Weitek 公司获取了 VGA 内核的设计许可。

"毫无疑问,黄仁勋是世界上最好的交易谈判者,"普里姆说,"他总能为英伟达达成惊人的商业交易,一次次地拯救公司。"

黄仁勋不仅从 Weitek 公司获得了设计许可,他还成功挖来了 VGA 芯片设计师戈帕尔·索兰基,索兰基后来成为项目经理,而且成为黄仁勋的得力助手。一位英伟达前员工曾说,他们俩在一起工作时就像是"商业灵魂伴侣"。索兰基以严厉和高要求著称,但他总能完成任务。黄仁勋也称赞索兰基拯救了公司。

"戈帕尔非常重要,"黄仁勋在近 30 年后说道,"如果没有戈帕尔,我们现在早破产了。"[25]

"每当戈帕尔被分配到下一代 NV 芯片项目时,你心里就踏实了,一切都会顺利进行。"普里姆也称赞道。

英伟达在 1997 年 4 月的游戏开发者大会上首次展示了 RIVA 128。硬件公司会在这场大会上展示最新产品,旨在获得个人电脑制造商和零售商的订单。但英伟达的时间表非常紧张,甚至不确定大会期间芯片能否被制造出来,即使被制造出来也不确定芯片状态能否稳定展示。从工厂出来的样品在大会开始前几天才到达,然后英伟达的工程师立刻投入紧张的工作,修复剩余的软件错误。就在大会开始的几个小时前,工程师们终于实现了芯片稳定运行,使其不会在不可预知的时刻崩溃。

"我们的一个小秘密是,RIVA 128 只能一次运行一个特定的测试,而且运行得也很勉强,"1997 年参加大会的英伟达地区销售经理埃里克·克里斯滕松说,"你必须小心翼翼地操作,稍有不慎它就可能在测试中途死机。"[26]

竞争对手的代表也来参观英伟达的展台,但主要是为了嘲讽英伟达在 NV1 上的失败。

"呦,你们还在啊?"一位 3dfx 的员工揶揄道。

不过,足够多的人看到了英伟达的基准测试,而且测试结果给他们留下了深刻的印象,于是,RIVA 128 开始引起了一些关注。业内逐渐意识到,这可能是一个特别的产品。在某天的展示快要结束时,塞勒斯来到展台,要求观看演示。

"为了提供最好的体验,我要先关闭这个系统,让你看到一个顺畅的运行过程,"克里斯滕松说,"我们将重新启动系统,打开应用程序,运行演示程序。"

尽管克里斯滕松尽量让自己显得镇定自若,但为了震慑这位竞争对手,他冒了一个险。由于芯片在重启后特别容易崩溃,因此他也不确定设备这次是否会重启成功。但如果不重启设备,塞勒斯可能会声称，这个基准测试并没有像英伟达宣称的那样准确。

克里斯滕松屏住呼吸，等待设备重启。幸运的是，设备没有崩溃，并成功重启。他运行了基准测试，结果也出现在了个人电脑的屏幕上。塞勒斯简直不敢相信这些数据，它们不仅优于3dfx的基准测试，甚至超过了他见过的任何消费级显卡的性能数据。克里斯滕松向塞勒斯保证，测试结果毋庸置疑。塞勒斯意识到了这一测试的预兆：首先，RIVA 128可以超越3dfx最好的显卡；其次，3dfx原以为已经失去竞争力的英伟达，即将强势重返3D图形市场。

另一家3D图形初创公司Rendition的首席架构师沃尔特·多诺万也走过来查看了RIVA 128的测试结果。他向英伟达新任首席科学家大卫·柯克询问了有关这款芯片及其性能的一系列问题。在听完柯克的回答后，多诺万只能感叹："这太惊人了。"他意识到，自己公司的任何产品的性能都无法与RIVA 128的相提并论。仅仅在一次基准测试的过程中，他的公司就从竞争中被淘汰了。

在意识到这个情况后，多诺万又问了一个问题："我能为英伟达工作吗？"随后不久他就被录用了。

开始登上历史舞台

有了性能强劲的原型芯片后，黄仁勋现在有了底气和筹码来筹集资金了。

"我们当时不想过早要苏特希尔或红杉资本的钱。"普里姆说道。因为如果黄仁勋在 NV1 或 NV2 失败后回到市场，而英伟达还没有明确的发展方向，那他将面对心存质疑的投资方，即使他们愿意再投资，他们也可能提出苛刻的投资条件。不过，眼下风险投资公司非常有动力继续支持英伟达发展，毕竟成功在望。黄仁勋发起了新一轮融资，从而可以从晶圆厂购买芯片。2 家公司都同意追加投资，其中苏特希尔在 1997 年 8 月 8 日承诺投资 180 万美元。[27]

夏末，黄仁勋把全体员工都叫到了公司食堂开会。他从口袋里掏出了一张纸，念了美元数额，甚至精确到分。然后他把纸折叠好放回口袋，他说："这就是我们银行账户里所有的钱了。"

房间里一片寂静。这个数额小到只够再支付几周的工资。一个新员工记得当时自己几乎惊惶失措。"我的天，"他心里想着，"我们公司真的要没钱了。"

黄仁勋随后又从口袋里掏出另一张纸，他把纸展开后念道："来自 STB Systems 公司的一份订单，订购 3 万颗 RIVA 128 芯片。"这是该芯片的首份大订单，整个食堂里瞬间爆发出欢呼声。为了制造戏剧效果，黄仁勋特意设计了这么一番表演。

RIVA 128 是英伟达首款大获成功的产品。它获得的美誉彻底消除了人们对 NV1 的糟糕印象。

头部科技爱好者网站 Tom's Hardware 表示："只要是极致玩家，就必须买这张显卡。它是目前市场上速度最快的个人电脑 3D 芯片。"

04 背水一战　　083

在芯片发布后的短短 4 个月内，英伟达就出货超过 100 万颗芯片，占据了个人电脑图形市场份额的 1/5。《个人电脑》杂志授予 RIVA 128 "编辑推荐奖"，《电子与电脑》则将其评为 1997 年 "年度产品"。[28] 包括戴尔、Gateway 2000、美光电子和 NEC 在内的大型个人电脑制造商，都将该芯片集成到其电脑中以赶上假期销售季。火热的销售令英伟达在 1997 年第四季度实现了 140 万美元的利润，这是公司成立 4 年以来的首次单季度赢利。

黄仁勋再次展现了他戏剧性的领导风格。在年底的一次公司会议上，他穿着运动外套和牛仔裤——当时他还没有开始穿标志性的黑色皮夹克。他从外套前口袋里拿出一个厚厚的信封，里面塞满了崭新的 1 美元纸币。他走遍整个房间，给每位员工都只发了 1 美元，象征着 RIVA 128 订单给公司带来的资金生命线，也提醒大家公司的财务状况依然脆弱，不能过早庆祝。

随后，黄仁勋走回凯瑟琳·巴芬顿身边，她在运营部门工作，负责打包图形芯片以及发货给客户。黄仁勋已经给了她 1 美元，但现在又给了她第 2 张。他对全公司说，她为确保芯片及时发货做了很多努力，值得双倍奖励。

黄仁勋分发美元的举动，为这家多年处于破产边缘的公司带来了轻松和欢愉的时刻。"RIVA 128 是一个奇迹，"黄仁勋说道，"当我们被逼到墙角时，柯蒂斯、克里斯、戈帕尔和大卫·柯克一起创造了这个产品。他们做出了非常明智的决策。"[29]

05
横扫千军

长时间工作是追求卓越的必要前提

RIVA 128不仅保障了英伟达的生存，还像磁石一样，将各路优秀人才从相对封闭的计算机图形世界吸引到了这个位于森尼韦尔的小型办公园区。他们相信在这里自己可以大展拳脚，有机会闯出一番大事业。

卡罗琳·兰德里第一次听说英伟达的新芯片时，她还在加拿大公司Matrox Graphics担任芯片设计师。"我那时20多岁，虽然还不能完全跟上行业发展的最新趋势，但我知道英伟达发布了首款RIVA，这款芯片震撼了整个行业。它远远领先于我在Matrox Graphics所参与开发的产品，而我们当时的产品甚至还没流片。"她说。[1]

没过多久，兰德里的男朋友找到了位于旧金山湾区的工作，但她一直在犹豫是否要跟过去。后来，一位猎头把她推荐给了英伟达，她也随即飞到加州面试了一整天。很快她就收到了英伟达的工作邀请，仅仅基于英伟达的声誉，她就毫不犹豫地接受了。她成为公司首位女性工程师。

刚开始工作时，兰德里发现自己很难适应英伟达紧张的工作文化。她经常在工作日工作到晚上 11 点，而且几乎每个周末都在加班。她回忆说，有一次，一位高管在周五近傍晚时来询问她周末的工作安排。"加拿大是一个很好的招聘来源，因为那里工程师的工资比美国低得多，"她说，"但对加拿大人来说，生活质量通常更加重要。"

兰德里向黄仁勋提到有些员工抱怨工作时间太长。黄仁勋的回答则是一如既往地直接："备战奥运会的人，也会抱怨早上的训练时间太早。"

黄仁勋在传达一个信息：长时间工作是追求卓越的必要前提。直到今天，他依然没有改变这种观点，也没有放松对英伟达员工的工作要求。

兰德里还注意到，英伟达的管理层擅长慧眼识珠。她与乔纳·阿尔本差不多同时加入英伟达，阿尔本是一个刚毕业不久的年轻工程师，用她的话说，显然"非常聪明"。黄仁勋很早就看到了阿尔本的潜力，他在一次公司会议上说道："我预计 20 年后，我会为乔纳工作。"起初，兰德里对同事获得的关注有些嫉妒，但很快就释然了。"在英伟达,你会欣赏聪明的同事,而不会感到威胁。因为大家不在意自我,而是关注能否一起取得成就。很感激和这些优秀的人一起工作。"她说。

阿尔本后来晋升为英伟达图形处理器工程部门的负责人。

黄仁勋坚持认为,新员工需要在踏进公司门的那一刻就非常清楚他们面临的环境。[2] 他要求市场营销总监迈克尔·哈拉在每次新员工培训时都要开诚布公。哈拉回忆说,他的讲话主要是为了鼓励新员工不要害怕发言,而且每当有机会时就要勇于提出新视角和新想法。

"我们非常进取,"他对新员工说道,"我们不会浪费时间找借口来解释为什么事情没有成功。我们只会继续前进。如果你以为可以在这里摸鱼混日子,拿着工资5点钟下班回家,那你就错了。如果你是这么想的,今天就辞职吧。"

哈拉记得,人力资源部负责新员工入职的同事当时快惊掉了下巴,但他不为所动,继续进行他的讲话。

"我们和别人不一样。如果你来这里说'我们以前就是这样做的',我们可不在乎。我们做得和别人不一样,而且更好。当我们只有25个人时,黄仁勋就把我们叫到这里,让我们去冒险,去打破常规,以及去犯错。我也鼓励你们去做这3件事,但不要重复犯同样的错误,那样的话,我们会毫不犹豫地解雇你。"

哈拉所言非虚。英伟达的人力资源前主管约翰·麦克索利表示，公司有快速招聘通道的政策，但如果发现新员工不合适，也会迅速解雇他们。黄仁勋给所有招聘经理的原则很简单："雇用比你自己更聪明的人。"随着英伟达的快速扩展，每月新增员工超过100人，管理层也意识到时不时会做出错误的招聘决定。解决方法就是尽快纠正这些错误，而不是让错误恶化，以致损害公司的文化。

在英伟达早期，即使是资深员工，也不会有安全感，因为公司采用了"非升即走"的方针，要么定期晋升，要么被淘汰、把位置留给更有潜力的人。公司处理人事问题的方式和对待芯片设计一样，毫不妥协。

以"光速"工作

自英伟达成立以来，黄仁勋就坚持要求所有的员工以"光速"工作。[3]他希望员工的工作仅受到物理法则的限制，而不是被内部政治或财务问题拖累。每个项目必须被分解成各个基本任务，每个任务必须有一个目标完成时间，而这个时间不能包含延迟期、等待期或停工期。这相当于设置了理论上的最快速度，也就是"光速"——物理上无法超越的极限。

"光速可以让你更快地进入市场，即使不能阻止对手超越你，也会让超越这件事变得很难。"一位英伟达前高管说。

"你能多快完成？为什么你不能做到那么快？"

黄仁勋就用这句话来衡量员工的表现。如果下属设定目标时只参考公司过去的成就，或者竞争对手正在做的事情，黄仁勋就会斥责他们。在他看来，他需要防止英伟达出现其他公司那种内部腐化，也就是员工为了自己的职业发展，有意调节项目进度，尽量让项目展现出稳步、持续的增长态势。但实际上，这仅仅带来渐进式的提升，反而会损害企业的长期利益。"光速"的理念，可以确保英伟达永远不会出现这类故意拖延的做法。

"你能做到的理论极限就是光速。这是我们唯一的衡量标准。"前高管罗伯特·琼戈尔回忆道。

RIVA 128 就是"光速"项目规划的范例。当时黄仁勋面临两个事实：一是大多数图形芯片从概念到上市需要 2 年时间，二是英伟达的资金只能再撑 9 个月。在规划阶段，黄仁勋曾问软件工程师德怀特·迪克斯："将显卡推向市场的主要限制因素是什么？"

迪克斯解释说，限制因素是驱动程序。这个专用程序可以确保操作系统和应用软件与图形显示硬件适配、运行。驱动程序需要在芯片量产之前就完全可用。在芯片的传统生产过程中，第一步是构建芯片的物理原型。原型完成后，软件工程师才能开始编写驱动程序，并修复遇到的错误。然后，为了适配最新的驱动程序，芯片设计至少还要再优化一次。

为了节省时间，黄仁勋决定，英伟达必须在 RIVA 128 的物理原型还没完成之前，就开发驱动程序，这颠覆了传统的流程，将生产周期缩短了近1年，但也要求公司必须找到一种方法，绕过在物理芯片上测试驱动程序这一步骤。正是为了这个目的，尽管当时每1美元都很宝贵，英伟达还是花了100万美元购买Ikos芯片仿真器：因为这可以让他们实现"光速"。

2018年，黄仁勋曾考虑用比光更快的事物，来代替"光速"这个词，但这在物理上是找不到的。当时，黄仁勋对公司内因规模扩大而日益增多的拖延做派感到烦恼。他曾冲着高管团队大喊，要求他们比光速还要快，随后他转向罗伯特·琼戈尔问道："罗伯特，《星际迷航：发现号》里那个可以让他们瞬间移动到另一个地方的推进系统叫什么？"

"曲速引擎比光速快，但我猜你说的是菌丝孢子驱动。"琼戈尔回应说。[4]

他们两人都是《星际迷航》的狂热爱好者。黄仁勋大喊："孢子驱动！我们要像孢子驱动那样！"会议室里每个人都大笑起来，但他们决定还是继续使用"光速"，因为它比"孢子驱动"这种瞬间传送的概念更容易理解。

在RIVA 128的开发过程中，英伟达也采用了各种可能的方法来突破极限。团队设计了一款体积前所未有的大型芯片；为了提升性能，团队在原计划的基础上大幅增加了晶体管的数量。而且，他们也从竞争对手那里获得了VGA技术的授权，从而可以避免从头开始设计那些低优先级的组件。此外，黄仁勋还无情地从竞争对手甚至合作伙伴，包括给英伟达授权 VGA 许可的 Weitek 公司那里，挖来了顶尖工程师。英伟达的员工根本不会去想什么是可行的，或者哪些是可能实现的，他们只关心在尽最大的努力、花费最少的时间下，能做出点什么。

在 RIVA 128 开发中积累的许多经验，后来都成了英伟达芯片开发的标准。从那时起，英伟达就要求必须在芯片生产初期准备好驱动程序：在所有的重要应用和游戏上进行测试，并确保和之前的英伟达芯片完美兼容。这个准则为英伟达带来了显著的竞争优势：其他竞争对手需要为每一代芯片架构独立开发一个新的驱动程序，而英伟达无须如此。[5]

另外，英伟达也决定自己掌控图形驱动程序的更新节奏，而不再依赖个人电脑制造商和板卡合作伙伴的推送进度表。英伟达每个月都会发布一次驱动程序的更新。作为英伟达的前销售主管兼个人电脑图形业务的现任负责人，杰夫·费希尔解释说，频繁、集中的更新是保障用户体验持续良好的最佳方式，可以确保游戏玩家在使用开发商最新发布的软件应用时，获得最佳性能体验。"图形驱动程序可能是个人电脑中仅次于操作系统的、最具挑战性的部分，"他说，"每个应用程序都需要用到它，而每个应用程序的发布或更新都有可能影响它。"

可能有人比我更聪明，但没人比我更努力

1997年12月，杰夫·里巴尔被英伟达从AMD挖了过来，担任英伟达的首席财务官，他发现他的新老板黄仁勋有两个显著的特点：极具说服力，并且非常勤奋。[6]

"可能有人比我更聪明，"黄仁勋曾对他的高管团队说，"但没人比我更努力。"[7] 他通常从早上9点一直工作到深夜12点，而他的工程师也觉得有必要保持类似的工作时长。

"我常常对AMD、英特尔或者其他公司的人说，如果他们想了解英伟达到底是怎样运营的，只需要在周末去公司停车场看看就知道了。那里总是熙来攘往。"里巴尔说道。

即使是市场部门员工，每周工作60~80个小时、周六加班也是常态。公司市场总监安德鲁·洛根记得有一次他从办公室离开，准备带妻子去看晚上9:30的电影《泰坦尼克号》。在他走出去的时候，同事朝他喊道："哦，安德鲁，今天只上半天班吗？"[8]

测试人员亨利·莱文回忆道，他无论工作到多晚，都不会孤单。即使工作到晚上10点甚至更晚，英伟达的图形架构师也依然在白板前，热烈讨论着芯片优化和渲染技术。他的同事兼材料总监伊恩·西乌在脑海深处保留了这样的画面：同事们带了睡袋到公司，工作到深夜，甚至周末也在加班。他们甚至会带着孩子来公司，这样他们就可以在不离开工作场所的同时与家人相聚。

"我们一直在拼命工作。"西乌说。他对办公室里的团队精神和与同事之间的紧密协作有着美好的回忆。

杰夫·里巴尔很少工作到午夜，但他通常会很早来到公司。他很快意识到，在办公室坐得离CEO黄仁勋太近有一个"坏处"：他往往是黄仁勋早晨最先看到的人。而黄仁勋有一个习惯：他喜欢把工作中的牢骚发泄到每天早上他遇到的第一个人身上，不管这个人是谁。

"黄仁勋常常整晚都在思考产品或营销，"里巴尔说，"这些问题几乎和财务无关。但这并不重要，如果早上我先遇到他，我就会是第一个承受他怒火的人。"

一天中，在英伟达总部的任何地方，人们都可能会遭遇黄仁勋"突袭式"的质问。技术营销工程师肯尼思·赫尔利记得，有一次他在卫生间，黄仁勋正好走到他旁边的小便池。

"我不是那种喜欢在洗手间聊天的人。"赫尔利说。[9]

但黄仁勋可不管这些。"嘿，最近怎么样？"他问道。

赫尔利随口说"没什么特别的"，然后黄仁勋立刻投来了怀疑的目光。赫尔利顿时心里警铃大作："我可能要被炒鱿鱼了，因为他会以为我什么都没做，他可能会怀疑我在英伟达到底做了什么。"

为了挽回局面，赫尔利赶紧列举了他正在处理的20件工作，从说服开发者购买英伟达最新的显卡到教他们怎么用新的显卡开发新的功能。

"那就好。"黄仁勋回答道，他明显对这次回答满意了许多。

我们距离破产只有 30 天

恐惧和焦虑成了黄仁勋最喜欢的激励工具。在公司每月例会上，他都会说："我们距离破产只有 30 天。"

从某种程度上说，这话有些夸张。紧张、高风险的 RIVA 128 开发历程，虽然不是完全的特例，但也绝非常态。只是，黄仁勋不希望有任何自满的情绪蔓延，即使在公司的成功时期也是如此。他希望让新员工知晓未来会面对的压力。如果他们不具备承压能力，那就要尽早选择离开。

从另一个层面来看，这句"我们距离破产只有 30 天"却是事实。在科技行业，仅仅一个错误的决策或失败的产品都可能是致命的。英伟达曾两次侥幸度过危机，勉强从 NV1 和 NV2 的绝境中熬了过来，最终在仅剩的几个月内依靠 RIVA 128 的成功才挽回了局面，而这种好运气并不会永远都在。良好的企业文化可以帮助公司抵御大多数错误带来的严重后果。毕竟，犯错或市场下滑都不可避免。

不过，正如德怀特·迪克斯所说："我们总觉得自己在零点。无论我们的账上有多少资金，黄仁勋总能找出让我们资金归零的 3 件事。他会说，'让我告诉你吧，这件事可能发生，那件事也可能发生，再加上这一件，所有的钱都会不翼而飞。'"

杰夫·费希尔指出，恐惧能带来清晰的思考。即便今天英伟达不再面临 30 天内破产的风险，公司仍可能在 30 天内走上一条错误的道路，最终导致破产。"英伟达总是在努力查看每一个方面，看看我们错过了什么。"费希尔说。

这种忧患意识在 1997 年年末达到了顶峰。英特尔一直是英伟达的重要合作伙伴，但同时也是潜在的竞争威胁。英伟达的图形芯片必须与英特尔的处理器兼容，因为英特尔是个人电脑 CPU 领域的主要玩家。然而，当年秋季，英特尔告诉产业伙伴，它也在开发自己的图形芯片，而这显然威胁到了英伟达和其他图形芯片公司的业务。

就在 RIVA 128 成功发布几个月后，英特尔就宣布推出自己的图形芯片——i740。这是对英伟达的直接挑战——不仅影响英伟达刚发布的芯片，还影响其生存。与 RIVA 128 不同，英特尔的 i740 配备了 8MB 的帧缓冲器，是英伟达芯片的 2 倍。英特尔在尝试为行业设立新的标准。英特尔与全球所有的个人电脑制造商都关系密切，毕竟它供应了大部分的 CPU。"在 i740 的消息发布后，英伟达的销售订单就开始减少了。"一位英伟达高管说。如果英特尔能够将 8MB 的帧缓冲器推广成功，那 RIVA 128 很快就会过时。

"毫无疑问，英特尔想要干掉我们，把我们赶出市场，"黄仁勋在一次全公司会议上宣称，"英特尔已经告诉了它的员工，而且他们也深信不疑，他们会全力以赴干掉我们。而我们的任务就是先发制人，在他们干掉我们之前，先干掉他们。我们必须击败英特尔。"[10]

卡罗琳·兰德里和英伟达的其他团队成员更加拼命工作，以对抗这个营业收入是英伟达的860倍的新对手。她常常工作到凌晨，疲惫不堪地回到家，睡几个小时后就返回公司继续工作。

"我真的超级疲惫，但我还是需要起来，这真的很难。"她告诉自己，"我们需要干掉英特尔。"

必须干掉英特尔

克里斯·马拉科夫斯基主导了对英特尔威胁的回击。他在英伟达的职业生涯中，就像一名才华横溢的"多面手"。无论是运营、制造还是工程方面出现问题，黄仁勋都会指派他去解决，而马拉科夫斯基总能尽一切努力解决这些问题。这一次，CEO需要马拉科夫斯基重回自己芯片架构师的老本行，击败英特尔的i740。

即使全身心投入一个需要高度专注的紧迫项目，马拉科夫斯基也经常会被拉入导师的角色，并且乐在其中。作为刚从硅图公司加入英伟达的新员工，桑福德·拉塞尔遇到了困难：无法快速适应英伟达的技术和文化。而公司除了哈拉那些颇为强硬的激励演讲几乎没有正式的入职培训，也没有关于公司流程的书面文件。

有一天，拉塞尔注意到，马拉科夫斯基会回家与家人共进晚餐，然后在深夜回到公司继续研发 RIVA 128ZX——这是 RIVA 128 的 8MB 版本，旨在与英特尔竞争。拉塞尔意识到，如果他在晚上 10 点准时出现在实验室，并坐在马拉科夫斯基对面，那他就能随时向这位英伟达的联合创始人请教问题。[11]

拉塞尔会提出一些深层次的技术问题，而马拉科夫斯基会用几分钟解释，然后回到自己的工作中。大概每隔 15 分钟，马拉科夫斯基就会让拉塞尔提出下一个问题。

"我这样坚持了好几周，耐心地看着他摆弄芯片，听他嘀咕'这为什么不起作用'。整个公司都在努力搞定新的芯片，"拉塞尔说，"尽管如此，克里斯还是在我逐步理解这些芯片的过程中给予了指导。毕竟，他就是设计这些芯片的人。他在试图挽救公司的同时教导了我。"

拉塞尔很惊讶马拉科夫斯基可以在脑海中构思整个芯片架构，并一直思考直到搞定问题。某天凌晨 2 点，一切豁然开朗。马拉科夫斯基激动地喊道："我搞定了！我搞定了！我们活下来了！"

马拉科夫斯基也已经内化了黄仁勋的偏执态度。这使得他在 RIVA 128 初代版本的冲刺研发阶段表现得颇具前瞻性：他提前在芯片硅片上预留了一些空间。现在，他可以利用预留的空间重新设计芯片，从而让老芯片也能拥有 8MB 的帧缓冲区。

"这是一项非常复杂的变更操作，需要重新布线，"他回忆道，"我们能够在金属层上动态地做出功能更改。"

他找到解决方案后，公司就立刻采用了聚焦离子束（FIB）技术，这种技术可以在微观尺度上修改芯片。FIB设备就像一个电子显微镜，但它不是用电子，而是用离子来修改芯片结构。修改后的芯片可以正常使用。这拯救了英伟达的 RIVA 系列，避免其被快速淘汰。

在这个过程中，马拉科夫斯基还启发了一位新员工。2024年，当拉塞尔在一次会议上遇到马拉科夫斯基时，他提到了他们一起在实验室的那些夜晚。

"你拯救了我，伙计。"拉塞尔说。他很感谢马拉科夫斯基让他的英伟达职业生涯有了一个坚实的开始——这个职业生涯持续了25年，直到他离开。

马拉科夫斯基谦逊地回应道："哪有的事儿，你肯定行的。"

"不，"拉塞尔笑着说道，"我当时确实不行。"

第二名就是第一个失败者

在某些情况下，英伟达对速度的极端追求可能会导致质量的下降——至少相对于黄仁勋为公司设定的高标准而言。

英伟达的企业市场营销总监安德鲁·洛根记得，当时英伟达有一款芯片在一本计算机杂志的评奖中，只获得了第二名。之前他在 S3 公司工作时，如果产品能进入前三名，S3 的高管都会感到高兴。

但在英伟达可不是这样。

"我们第一次拿到第二名时,黄仁勋严厉地对我说,第二名就是第一个失败者,"洛根说,"我永远记住了这句话。我意识到,自己在为一个认为我们必须赢得一切的老板工作。压力很大。"[12]

从各个方面来看,初代的 RIVA 128 都是一款出色的芯片。它能够以比竞争对手更快的帧率渲染高分辨率图像,甚至像《雷神之锤》这样对视觉要求极高的游戏,也能在最高质量下毫无延迟地运行。RIVA 128 也是当时体积最大的芯片,但仍能以足够快的速度生产,以满足早期的需求。即便如此优秀,英伟达团队为了能按时发布,还是做了一些技术上的妥协。在渲染特定图像如烟雾、云朵时,RIVA 128 会采用"抖动显示"——一种故意制造的噪声形式,用来打破或掩盖明显的视觉不规则性。

大量玩家注意到了这一问题,一家主流的个人电脑杂志发表了一篇揭露英伟达旗舰显卡问题的文章。文章把分别来自英伟达 RIVA 系列、3dfx 的同代显卡以及另一家公司 Rendition 的渲染图摆放在一起。英伟达的渲染图看起来模糊不清、污迹斑斑,也被杂志评论说是三者中最差的,"看起来很糟糕"。

在看到这篇文章后,黄仁勋将几位高管叫到办公室,他把杂志摊开在桌子上,质问为什么 RIVA 128 的输出会如此糟糕。首席科学家大卫·柯克解释说,他们为了按时完成芯片,在图像质量上做了一些妥协(但也挽救了公司)。这个回答让黄仁勋更加恼火。他要求英伟达的芯片不仅要在一个指标上，还要在所有的指标上都必须击败竞争对手。

这场争吵声很大，引起了沃尔特·多诺万的注意。他是那位在游戏开发者大会上看到 RIVA 128 的演示，并当场申请加入英伟达的芯片架构师。他的工作地点位于总部大楼的另一端，和黄仁勋的办公室相隔甚远，这样可以尽可能少地感受老板的怒火。他还患有严重的听力问题，每只耳朵都戴着助听器。但这一次，他无法忽视争吵的声音，于是不请自来地加入了争论。

多诺万向黄仁勋保证，英伟达的下一代芯片 RIVA TNT 系列不仅会解决抖动问题，还会在每一个关于图像质量的指标上领先于行业。他指着被杂志认为是表现最佳的 Rendition 渲染图说："RIVA TNT 的表现就会是这样的。"

这一点儿都没有平息黄仁勋的怒火，此时的他只想一个人静静。"都出去！"黄仁勋怒吼道。

胜负欲极强的小气老板

黄仁勋的竞争意识经常能激励员工做出非凡的成绩，但也能暴露出这位 CEO 小气的一面。

芯片测试员哈里·莱文在 RIVA 128 开发期间经常工作到深夜。有一次，他在英伟达总部的公共乒乓球球桌上，向黄仁勋发起了挑战。他知道黄仁勋在青少年时期曾是美国排名靠前的乒乓球选手，并且也熟悉黄仁勋在商业上的胜负欲。但莱文没意识到，黄仁勋对任何形式的竞争——无论是专业的还是娱乐的——都有着同样的胜负欲。莱文自认为是一个水平还不错的业余玩家，但他从没想到会被老板"修理"得如此惨烈。

"他简直把我打得落花流水，"莱文说，"比赛是 21 分制，而我通常只能得一两分。那真是一场闪电战。"

黄仁勋的竞争心极强，甚至他在明知和员工相比处于劣势时，也会发起挑战。首席财务官杰夫·里巴尔在高中时曾是美国排名前 50 的国际象棋选手，但他的老板无法接受有人比自己强。

"黄仁勋知道我的国际象棋实力。但作为一心求胜的人，他坚信自己比我聪明，可以打败我，"里巴尔说，"无论如何他也不可能打败我，不过他还是尝试了。"

黄仁勋试图通过"死记硬背"的方式，来缩小他和里巴尔的实力差距。他记住了许多国际象棋的开局、走法等定式，希望能占据主动，但里巴尔发现，黄仁勋的棋风过于套路化。每当看到黄仁勋的标准开局时，里巴尔就会用不寻常的走法打破黄仁勋的策略。每次黄仁勋输棋后，都会挥臂拨倒棋盘上的棋子，愤然离去。之后不久，他就会要求里巴尔和他在乒乓球桌上再大战一场。里巴尔欣然接受，他知道黄仁勋这是把竞争转移到自己更擅长的领域。

"他打乒乓球确实很厉害，"里巴尔回忆道，"我的水平只能算一般，但他会毫不留情地'复仇'。在乒乓球上击败我，可以缓解他在国际象棋上输给我的挫败感。"

联手台积电

输了国际象棋比赛并不是唯一让黄仁勋感到沮丧的事情。与其他图形芯片公司一样，英伟达只负责芯片设计和原型制作，并不负责芯片制造。芯片制造会外包给全球为数不多的几家专门的芯片制造公司。这些公司投入了数亿美元，建设无尘车间、购买专业设备、聘用技术人员将微小的硅片制作成先进的计算设备。

自英伟达成立以来，一直由欧洲芯片集团意法半导体负责英伟达的芯片制造。正如黄仁勋和其他联合创始人在与红杉资本的初次会议上发现的那样，意法半导体的声誉不佳，在面对东亚的廉价劳动力时，也难以保持竞争力。

随着现在英伟达正需要生产大批量优秀的芯片，意法半导体的缺点变得更加明显。1997 年年末，销售总监杰夫·费希尔安排客户 Gateway 2000 的团队前往参观意法半导体在法国格勒诺布尔的制造工厂。当时 RIVA 128 已经上市几个月了，游戏玩家的需求旺盛。这次本应是费希尔和英伟达的胜利之旅。

在飞往法国的途中，费希尔得知，意法半导体在生产英伟达旗舰产品时遇到了良率问题。意法半导体估计自己只能完成Gateway 2000一半左右的订购量。费希尔回忆说："我们不得不和意法半导体的人讨论，如何向Gateway 2000传达这个消息。"[13]

这次糟糕的参观，只是意法半导体发生全面危机的第一个预警，而在感恩节期间，危机真正爆发了。费希尔原本打算在印第安纳州北部的岳母家享受一段久违的假期。然而，几乎整个假期，他都在打电话把突发消息告诉戴尔和其他电脑制造商——它们原本应在冬季大卖的显卡订单无法兑现了。在和愤怒的供应商通话的间隙，他联系了黄仁勋，向他传达了意法半导体的最新消息。

"我们好不容易签下了所有这些我们梦寐以求的客户，现在我们必须保障交付。"黄仁勋吩咐道。

黄仁勋一贯督促员工不要重复犯同样的错误，现在他发誓，再也不会选择一个无法满足英伟达生产需求的芯片制造商。好在，他心中已经有了一个潜在选择。

1993年英伟达成立时，黄仁勋艰难地四处寻找芯片制造商。他当时想给全球最佳的芯片制造商台积电打拜访电话。这也是红杉资本的唐·瓦伦丁一开始就建议英伟达与之合作的公司，但电话始终没有打通。1996年，黄仁勋决定采取更加个人化的方式。他写了一封信给台积电的CEO张忠谋，询问是否可以商谈一下英伟达的芯片生产需求。这次，张忠谋回电了，两人安排在森尼韦尔进行会面。[14]

tsmc
1987 年
台湾积体电路制造股份有限公司（TSMC，简称台积电）成立于中国台湾新竹
我是台积电的张忠谋，我要联系黄仁勋。
tsmc
1995—1996 年
收到黄仁勋的信之后，张忠谋打电话到英伟达办公室。黄仁勋让所有人都安静，这样他可以听清楚张忠谋的讲话
嘿，大家安静。这可是张忠谋！
NVidia Corporation
老黄，跟我说说 3D 图形显示。你要的晶圆数量可不是小数目。你真的需要那么多吗？
老张，3D 图形显示有十分广阔的行业前景。“杀手级”应用就是电子游戏。总有一天，人人都会成为游戏玩家，而 3D 将是电脑产业的发展驱动力。
1998 年
在英伟达位于 TIROS 湾区的办公室，张忠谋和黄仁勋一起讨论商业问题。台积电为英伟达生产制造了后者最成功的两款芯片——RIVA 128 和 RIVA TNT。黄仁勋后来才得知，此时张忠谋和他的妻子索菲亚正在度蜜月
有意思，你能卖掉所有这些芯片吗？
RIVA 128 芯片 400 万颗
RIVA TNT 芯片 800 万颗
nVIDIA
1999 年
英伟达上市
2001 年
黄仁勋送给张忠谋的 70 岁生日礼物。一位睿智的探索者，发现前行的方向，指出正确的道路
2004 年
黄仁勋获得了第一届“张忠谋领导力奖”
你在成立台积电之前是做什么的？
我最初是在一家发明科学计算器的公司工作。
真酷！黄胜斌和我会在 TI-89 计算器上编程，然后玩游戏。
2004 年 5 月 9 日
张忠谋在黄仁勋的家里与他及其家人共进晚餐。张忠谋回忆起他在德州仪器公司的岁月
Computer History Museum
2007 年
黄仁勋和张忠谋在计算机历史博物馆里进行对话
2011 年
黄仁勋在第一届台积电领导力论坛上发言

图 5.1 英伟达与台积电达成合作的连环画（图片来自英伟达）

在会面期间，黄仁勋详细介绍了英伟达的未来计划。他解释说英伟达目前需要更大尺寸的芯片晶圆，而且未来几代产品的尺寸还会更大。他成功地从台积电那里获得了一些产能，从而弥补了意法半导体的产能不足。双方的关系也日益亲密，张忠谋还不时地来到森尼韦尔，在黑色小本子上记录英伟达的发展情况，以便提前安排英伟达需要的产能。甚至他在1998年度蜜月期间，还专门去了一趟英伟达。

张忠谋表示："我从这份工作中获得的最大快乐，就是看到我的客户成长、赚钱并取得成功。"尤其是对于像英伟达这样快速增长的客户，他感到格外高兴。

两位CEO及双方公司的关系，都在短时间内迅速升温，变得非常密切。与此同时，英伟达与意法半导体的关系，也几乎以同样的速度恶化。1998年2月，英伟达将台积电定为其主要供应商，此时也正值英伟达发布其最新一代芯片RIVA 128ZX。这款芯片的发布时间仅仅比英特尔推出备受关注的i740迟了11天，而且被英伟达定位成显著超越i740的竞品。RIVA 128ZX的性能优于i740，并且配备了与i740相当的8MB的帧缓冲器，每片价格为32美元，略高于英特尔的28美元标价。这款芯片被寄予厚望，被认为可以抵挡住英特尔的攻势，确保英伟达继续主导个人电脑图形芯片市场。

然而，生产问题再次出现。1998年夏天，台积电在生产RIVA 128ZX的过程中，出现了制造缺陷。这些缺陷由"钛合金"

的残留物引起，随机散布在芯片的不同部位。因此，无法确定哪些芯片有问题，哪些芯片功能正常；唯一可以确定的是，大部分的芯片受到了残留物污染。

克里斯·马拉科夫斯基再次挺身而出。

某一天，他突发奇想："为什么我们不测试每一颗芯片，在芯片的每一个部分分别运行软件呢？"

"你不可能做到这一点。"另一位英伟达高管回应道。

"为什么不行？"马拉科夫斯基反问。[15]

从表面上看，这确实是一个荒谬的建议。英伟达需要将成千上万颗芯片运送到公司总部进行手动测试。这意味着公司必须将一部分杂乱的办公室和工作区，改造成一个大型芯片测试实验室。这将是对黄仁勋"光速"准则的一次重大考验。

公司将一栋建筑改造成了大型测试流水线，配备了开放式的计算机机箱、主板和CPU。"这是一次大规模行动，"柯蒂斯·普里姆表示，"晚上11点下班路过实验室时，你会看到几十个人还在那里插芯片。"[16]

这个过程非常烦琐。普里姆回忆说，有时测试设备的问题，比如电源在下一轮测试前没有完全断开，导致一些有缺陷的芯片也通过了测试，因而他们不得不再进行一轮测试。

最初，英伟达的员工和管理层都参与了。然而，没过多久，如此大规模的精密测试的压力，令工程团队筋疲力尽。为了减轻员工的负担，黄仁勋雇用了数百名低技能的合同工，这些人因为穿着蓝色的实验室工作服而被称为"蓝衣人"。很快，蓝衣人的数量就超过了英伟达的工程师。这些额外的人手令英伟达可以在将芯片发给客户或丢弃之前，测试每一颗芯片。

英伟达的员工和蓝衣人之间，存在显著的文化和阶层差异。卡罗琳·兰德里注意到，工程师有着高等教育背景，而蓝衣人受教育程度不高，大多数为移民，他们的隔阂在不断加深。

首先，她注意到没有人愿意和蓝衣人一起吃午饭。

"我来自加拿大，我们相对更平等一些。"她说。她无视食堂里投来的不满目光，坐下和蓝衣人一起聊天。"我也会听到其他工程师对我的评论，比如'你居然和蓝衣人一起吃午饭？你怎么想的？'，这让我感到很奇怪。我无法理解这种心态。"

主要的分歧在于食物。英伟达为员工提供丰富的餐食福利：早餐、午餐、晚餐，以及糖果棒、薯片、泡面等多种免费零食。而蓝衣人——他们在以前的工作中通常没有餐食福利——会来到食堂，用袋子装走食物。每个周五，饮料和零食柜刚补完货，就会被蓝衣人一扫而空。

"有一次我在周末过来，看到有几个人拎着装满食物的购物袋，并把这些东西搬到车里。"一位英伟达的员工说道。

"在他们心里，这是免费的，不是偷东西。既然能让大家拿，那他们就拿了。"兰德里说道。

英伟达员工的抱怨非常频繁，以至于黄仁勋向全体员工发了一封邮件，主题是"把你的猪排给蓝衣人"。也就是说，如果蓝衣人想要你的午餐主菜，你就应该给他们。黄仁勋认为，英伟达员工应该感激这些蓝衣人，因为他们在帮助公司度过重大危机时起到了重要作用。与因抢光零食带来的不便相比，他们所带来的帮助的价值要大得多。

IPO 暂停，再次力挽狂澜

尽管有蓝衣人的帮助，英伟达仍无法克服生产放缓的问题。杰夫·里巴尔当初被聘为首席财务官，是为了公司的 IPO 做准备，其承销商是摩根士丹利投资银行。然而，随着芯片销售告罄，英伟达对潜在投资者的吸引力显著减弱。其季度收入下降超过一半，从 1998 年 4 月财季的 2 830 万美元，骤降至 7 月财季的 1 210 万美元。但其费用还在增加，最终导致所对应季度的净亏损额激增，从 100 万美元扩大到了 970 万美元。而仅仅 6 个月前，英伟达还创下了首次赢利的季度纪录。现在，公司正以惊人的速度亏损。

在繁荣的经济环境中，英伟达不断恶化的资产负债表仍有可能吸引合适的买家。但当时，金融危机已经在东亚和东南亚持续近一年，这也减弱了投资者对高风险 IPO 的热情。摩根士丹利决定暂停英伟达的 IPO，而这次 IPO 原本会为英伟达带来其急需的巨额资金。

里巴尔推算，按照当前的烧钱速度，公司"几周"后就会破产。[17]这简直是 RIVA 128 困境的重演。

黄仁勋不得不再次依靠自己的说服力和才干度过这一场新危机。他向英伟达的 3 位大客户——帝盟多媒体、STB Systems 和 Creative Labs——寻求过渡性融资。这 3 家公司都相信英伟达的技术实力，因为它们每年购买数百万美元的 RIVA 芯片，用于其高端显卡。黄仁勋声称，过渡性融资将为英伟达提供足够的时间和运营资金，以度过这一次暂时的困境。为了让这笔交易更加诱人，他把这些贷款变成了可转债，即当公司启动 IPO 时，这些债券也可以按 IPO 价格的 90% 转换为股权，这为几位潜在的债权人提供了比普通贷款利息更高的潜在收益。在经过 2 周的谈判后，1998 年 8 月，这 3 家公司同意给英伟达总计 1 100 万美元的贷款。黄仁勋不仅正确判断了这几位大客户对英伟达的信心，还把信心转化成了更紧密的关系。

尽管救命粮草找到了，但首席财务官里巴尔却准备离职了。他后来表示，这种压力"让我的头发都变灰了"。1998 年 10 月，里巴尔被 AMD 的前同事兼导师马尔温·伯克特挖到了日本电子公司 NEC，协助扭转显示器部门的局面。他在英伟达工作还不满 1 年，甚至都没办法兑现他在公司的股票期权。

持续领先的秘密武器

对于这次英伟达因产能挤压而濒临破产的危机,黄仁勋的回应出乎意料:他决心重组公司架构,从而更快速地把新设计推向市场。他把市场总监迈克尔·哈拉叫到办公室讨论战略。黄仁勋观察到,似乎没有一家公司能够在行业中占据永久的领先地位。有些公司如 S3、Tseng Labs 和 Matrox 曾一度领先,但通常在一两代芯片后就被取代了。

"迈克尔,我不明白,"他说,"你看看个人电脑图形行业,为什么从来没有一家公司可以保持领先超过 2 年?"[18]

现在,英伟达已经从市场挑战者变为市场领导者,黄仁勋对这个问题产生了执念。他甚至将其变成了一个笑话。他经常对英伟达的员工说:"只有寿司的生命周期比我们公司产品的长。"黄仁勋意识到,要想解决这个问题,就需要围绕业务修建坚实的护城河。

哈拉曾在英伟达的多家竞争对手那里工作,他向黄仁勋解释了市场动态。整个行业都按照电脑制造商的节奏运作,1 年更新产品 2 次,分别在春季和秋季。秋季周期尤为重要,时间从 8 月返校季持续到假日购物季。电脑制造商认为,有必要在每 6 个月后就推出一些新产品,而且给这些新产品配置最新和性能最好的芯片。它们不断寻找更好的芯片以安装在个人电脑产品中,只要有更快、质量更高的组件可以用,它们就会毫不犹豫地更换现有供应商。

包括英伟达在内的芯片制造商，通常需要 18 个月来设计和推出一款新芯片，而且通常一次只能专注于一款芯片。但是，图形技术发展如此之快，以致当芯片公司还没把芯片从设计转化为产品时，功能已经过时。

"这可不行。一定有办法解决这个设计周期的问题。"黄仁勋说。

RIVA 128 的成功表明，英伟达能够在 1 年内设计和推出一款新芯片，虽然这是在破产的威胁下全力以赴完成的。那么，英伟达能否找到一种方法，把 RIVA 128 的生产速度转化为可持续且可重复的模式呢？

几周后，黄仁勋向高管团队宣布，他已经想到了一个方法可以令英伟达领先于对手，而且持续领先。他说："我们要彻底重组工程部门，使其与市场的更新周期保持一致。"

英伟达将设计团队分为三组。第一组负责设计新的芯片架构，而其他两组与第一组并行工作，开发基于新芯片的迭代版本。这将使公司可以每 6 个月发布一款新芯片，从而匹配个人电脑制造商的采购周期。

黄仁勋解释说："我们不会失去市场份额，因为我们可以告知原始设备制造商（OEM），也就是个人电脑生产商，'这是我们的下一代芯片，它使用相同的软件，但具有新的功能，并且速度更快'。"当然，这一解决方案得以实施，不仅依赖于设计团队的重组，公司许多早期的技术决策也发挥了重要作用。

在英伟达成立初期，普里姆发明了一种"虚拟对象"架构，这种架构被集成到了英伟达所有的芯片中。英伟达采用更快的芯片发布节奏后，这一架构的优势变得更加明显。普里姆的设计中包含了一个软件驱动的"资源管理器"，它本质上是一个位于硬件之上的微型操作系统。通过资源管理器，英伟达的工程师可以用软件模拟实现一些硬件功能，而此前这些功能需要制作真实的芯片电路才能实现。虽然模拟的方式会带来一些性能损失，但也加速了创新的步伐，因为英伟达的工程师可以进行更多的尝试。例如，如果有一项新功能尚未准备好在硬件上运行，英伟达就可以通过软件来模拟实现。与此同时，当计算能力过剩时，工程师也可以剔除硬件功能而使用软件模拟，从而节省芯片面积。

对于英伟达的大多数竞争对手来说，如果芯片上的某个硬件功能没有准备好，则将导致进度延迟。但在英伟达，得益于普里姆的创新，这种情况并不会发生。"这是世界上最聪明的设计，"英伟达的市场总监迈克尔·哈拉表示，"这是我们的秘密武器。如果我们遗漏了某个功能，或者某个功能出了故障，那我们可以将它放在资源管理器中，它仍然可以工作。"[19]

杰夫·费希尔也同意这种观点："普里姆的架构，对于加快英伟达设计和制造新品的速度来说至关重要。"[20]

英伟达还进一步强化了驱动程序的后向兼容性，这一点在RIVA 128 研发时就得以实施了。不过，这是在英伟达成立前的心得：普里姆在太阳微系统公司工作时期就领悟到了这一点。他听说在一场新版 GX 图形芯片的销售会议上，演讲者告知新芯片与旧驱动程序可以兼容。如果客户将新版 GX 安装到现有的太阳工作站电脑中，它可以直接工作，无须等待新软件安装。销售团队听到这个消息后，都站起来为演讲者鼓掌。当普里姆得知销售团队的反应后，他就深刻意识到，统一驱动程序的特性解决了销售人员的痛点，也解决了客户的痛点。

"我们当时想，这个功能一定很重要，"普里姆回忆道，"后来事实证明，这对英伟达来说确实极为重要。"[21]

黄仁勋认为仿真和后向兼容驱动程序不仅是良好的技术原则，也是公司的竞争优势。他相信，拥抱这两项技术，可以让公司实施最新的加速生产计划，他称之为"三个团队，两个赛季"。黄仁勋坚信，英伟达有机会永远领先于行业对手。他一直认为，英伟达的芯片始终会是市场上最好的，而且他们团队也一直是最好的，这一点不会改变。现在，公司可以推向市场的芯片数量是之前的 3 倍，而且每一款的开发周期都不超过 6 个月，从而确保销售季内都是最领先的。即使竞争对手发布了稍好一些的产品，个人电脑制造商也不会有动力放弃英伟达转而选择其他公司的产品，因为它们知道，英伟达不但在 6 个月内就会有新芯片发布，而且省去了更换驱动程序的麻烦。

正如黄仁勋所描述的，英伟达的快速迭代意味着"竞争对手总是会落后一步"。其他的图形芯片制造商就像猎人在瞄准一个移动的目标，而不是瞄准目标前方，会有太多新一代芯片被快速推出，英伟达的竞争对手将会被彻底碾压。

黄仁勋后来表示："任何产品的第一要素都是时间进度。"[22]

到1999年年底，英伟达已经按照"三个团队，两个赛季"的策略，重组了公司的设计和生产模式。公司还建立了一种哲学，要求员工按照"光速"工作，以物理上最大可能的极限为衡量标准，而不是与其他公司或与英伟达过去的得失做比较。英伟达还有一个企业口号——"我们距离破产只有30天"。这不仅是对自满的警告，也传达了一个期望——全公司上下的每一个人都必须全力以赴，即使这意味着牺牲他们在英伟达之外的生活。

06
就是要赢

3dfx 破产

随着英伟达加速芯片生产进度并采用新的研发战略来主导图形芯片市场,竞争对手也在奋力反击。1998 年 9 月,3dfx 发起专利诉讼,指控英伟达盗用了其某种渲染方法。在这份公开诉讼的新闻稿中有一个链接,可以直接导向英伟达关于该技术的网页。作为回应,英伟达的营销团队修改了该链接页面,任何打开新闻稿里链接的人都会看到一条横幅,上面写着:"欢迎来到全球最伟大的 3D 图形公司英伟达。"

仅仅在一年前,3dfx 的领导层还自信满满,认为英伟达即将破产,甚至他们都没打算对这个苦苦挣扎的对手施加压力,但如今,局势几乎发生了翻天覆地的变化。在"三个团队,两个赛季"的战略下,英伟达可以在 3dfx 推出 1 款芯片的时间里发布 3 款芯片。

3dfx 最新的芯片 Voodoo2 于 1998 年 2 月推出，其计划推出的 2 款下一代芯片也仅处于开发周期的不同阶段。这 2 款芯片也按照其一贯夸张的风格来命名，分别是：汽油弹（Napalm），计划于 1999 年年末发布；狂暴（Rampage），计划于 2001 年发布。按照目前的速度，3dfx 高端产品的发布时间会比英伟达晚 1 年甚至更长时间。

即使发布周期已经大大晚于英伟达，3dfx 的领导层还是对产品发布没有信心。"公司的工程师希望开发的每一款产品都是完美的，"营销主管罗斯·史密斯说，"每款芯片的开发过程中都会出现功能蔓延，需求越来越多、功能越来越多，而英伟达的心态是：只需要在最后期限发布能够完成的功能，其他功能则留给下一款芯片。"[1]

3dfx 还以另一种方式为自身的成功所困。其联合创始人兼工程主管斯科特·塞勒斯表示，Voodoo2 的畅销使得公司很难管理分销渠道以及与显卡合作伙伴的关系。

"一些板卡制造商没有遵循我们的设计指南，我们因此遇到了一些质量问题，"他说，"这些问题开始影响客户满意度。"[2]

整个行业都清楚英伟达化危机为机遇的能力，而 3dfx 现在也想实现这一点。但其方法与英伟达形成了鲜明对比。

首先，为了模仿英伟达将更多芯片推向市场的策略，3dfx 宣布将在产品线中增加几款新产品。这些产品包括 Voodoo Banshee 和 Voodoo3，它们混合了 2D 和 3D 的加速器，而不是 3dfx 迄今为止生产的那种纯 3D 芯片。3dfx 的产品路线过于复杂，目标客户群体太广，并且没有计划复用一个通用的核心芯片设计。而英伟达的产品路线是通过为特定市场区域创建多个衍生版本的芯片来提高效率。

其次，3dfx 决定扩展到图形行业的一个全新领域。1998 年 12 月，它以 1.41 亿美元收购了显卡制造商 STB Systems。从理论上说，这个行为是有意义的。STB Systems 是主要的板卡制造商，3dfx 将其纳入旗下可以让公司对自己的板卡供应链有更多的话语权。而芯片和板卡都以 3dfx 的品牌销售，也可以直接在消费者心中建立品牌形象。

最后，从战略角度来看，3dfx 认为这次收购将对英伟达造成打击。STB Systems 与英伟达有着紧密的合作关系，它曾给英伟达第一笔 RIVA 128 产品采购订单，也就是黄仁勋在公司全体会议上戏剧性宣布的那笔订单。自 RIVA 128 发布以来，STB Systems 已经成为英伟达的主要板卡合作伙伴，它在之前英伟达寻求过渡性融资时还出借了一笔钱。而通过这次收购，3dfx 强行终止了 STB Systems 和英伟达的合作关系。STB Systems 宣布从此以后它的板卡将只使用 3dfx 的芯片。

"我们知道这是一个押上公司命运的战略，"塞勒斯说，"但我们觉得可以搞定。"

然而，3dfx 的所有战略举措和产品押注都失败了。由于内部缺乏 2D 芯片的专业经验，因此中端显卡的开发并不顺利。虽然

STB Systems 决定只使用 3dfx 的芯片，但其他板卡制造商不再购买 3dfx 的芯片，而纷纷转向英伟达，这也抵消了 3dfx 所谓的竞争优势。另外，塞勒斯原本以为 3dfx 能够有效地管理新收购的业务，但这完全是错误估计。在零售实体分销渠道和复杂的板卡制造供应链方面，3dfx 的高管并没有相关的管理经验。当 3dfx 收购了 STB Systems 后，其在核心芯片设计业务上的注意力反而被分散了。

最重要的是，这些举措没有一个能解决 3dfx 的主要问题，即它已经无法以必要的速度生产高性能的芯片。完美主义、管理混乱和领导层分心，共同导致 3dfx 的产出急剧放缓。Voodoo3 原计划作为 2D 与 3D 芯片发布之间的过渡中端产品，其发布时间也被推迟到了 1999 年 4 月，而 Napalm 和 Rampage 的进度更是远远落后于原计划。

"我们真的应该坚持自己的强项，"罗斯·史密斯说，"如果 3dfx 按时推出了 Napalm 和 Rampage，英伟达根本不会有这样的机会。"

不久之后，3dfx 遭遇了全面的运营崩溃。它无法管理 STB Systems 的库存，中端显卡也销售不畅，最终公司资金耗尽。2000 年年底，公司债权人发起了破产程序。12 月 15 日，英伟达收购了 3dfx 的专利和其他资产，并雇用了约 100 名 3dfx 员工。2002 年 10 月，3dfx 正式申请破产。

那些原 3dfx 工程师来到英伟达后，期待发现最终获胜的竞争对手有哪些独特的流程或技术，能让其每 6 个月就推出一款新芯片。

英伟达工程师德怀特·迪克斯回忆说,但当他们发现真相如此简单时,他们都震惊了。

"天哪,我们到这里时,还以为会有什么'秘密武器',"一位原 3dfx 工程师说,"结果发现,只是最大限度地努力工作和严格执行的时间表。"[3] 换句话说,是英伟达的企业文化决定了这一切。

用技术而非语言来挖人

为了避免公司在未来陷入功能失调,英伟达一方面完善公司的运营体系,另一方面吸引最优秀的人才。英伟达出色的产品吸引了高素质的求职者,但很多时候,英伟达还需要从竞争对手那里挖人。像 3dfx 破产时那样,可以一次性吸纳几十名工程师的机会比较稀少。于是黄仁勋和他的团队练就了从企业挖人的技巧。

1997 年,黄仁勋问迈克尔·哈拉是否认识一些愿意加入英伟达的优秀人才。哈拉提到了约翰·蒙特里姆,后者是硅图公司的首席工程师。蒙特里姆因其在图形子系统方面的工作,比如 RealityEngine 和 InfiniteReality,在业界享有盛誉。他和英伟达的联合创始人普里姆还颇有渊源:两人曾在佛蒙特微系统公司共事。

黄仁勋邀请蒙特里姆到英伟达的办公室共进午餐,并开门见山地聊了一次。"约翰,你应该考虑来英伟达工作,因为最终我会让硅图公司倒闭。"黄仁勋说。他解释道，硅图公司每年只能卖几千台工作站电脑，完全无法和英伟达相比。英伟达所在的个人电脑市场规模以数百万台计，可以享受到更好的规模经济优势。[4] 不料，蒙特里姆礼貌地拒绝了。

接着，马拉科夫斯基和英伟达的首席科学家大卫·柯克发起了又一轮挖人攻势。在另一场午餐会上，他们对蒙特里姆说："你在硅图公司所做的所有关于 RealityEngine 和 InfiniteReality 的工作，英伟达都会集成到个人电脑所用的单颗芯片中，这将彻底终结硅图公司。到那时，你希望在哪家公司工作？"[5] 但蒙特里姆不为所动。

普里姆也试过把蒙特里姆挖过来。他们在加州芒廷维尤的圣詹姆斯酒吧烧烤店会面。普里姆坚持认为硅图公司会走入"死胡同"，并劝说这位以前的老同事加入英伟达。[6] 然而，蒙特里姆仍然不为所动。

随后，黄仁勋决定采用新策略——用技术而非语言来说服蒙特里姆。他指示开发团队为最新芯片的原型制作了一个军事主题的沉浸式模拟演示，这是硅图公司展示技术的常用方法。接着，他让哈拉再次给蒙特里姆打电话，邀请他来英伟达实验室观看演示。

"这次一定会更有趣。"黄仁勋向哈拉保证。

当蒙特里姆到达时，哈拉展示了新的原型。"这不就是 Infinite-Reality 的功能吗？"他问道。

这次的推销奏效了。蒙特里姆当然很清楚，黄仁勋对硅图公司处于相对弱势的评价是正确的。他目前的雇主由于需求市场较小，只能每隔几年才开发一款新芯片。相比之下，英伟达每 6 个月就推出一个新版本。英伟达的创新速度远远超过硅图公司所能达到的水平。随着时间推移，差距将越来越大，硅图公司再也无法追赶上。更何况，这次演示很有冲击力。它彰显了英伟达的实力——拥有如此多的资源和人才，甚至可以在几周内开发出一个图形引擎，如果是蒙特里姆来做，则需要花费更长时间。而且，开发这个功能仅仅是为了招聘一个工程师。一周后，蒙特里姆就从硅图公司辞职了。

德怀特·迪克斯说，"蒙特里姆的跳槽是一个分水岭，因为许多工程师都尊敬蒙特里姆，都想和他一起工作。"在蒙特里姆加入英伟达后，每当公司发布软件开发人员或芯片工程师的职位空缺时，硅图公司的员工简历和面试请求便会像潮水一样涌来。[7]

显然，硅图公司对蒙特里姆的辞职非常不开心，也担心会有更多人才流失到英伟达。1998 年 4 月，硅图公司对英伟达提起专利侵权诉讼，指控英伟达的 RIVA 系列处理器侵犯了该公司高速纹理映射技术的专利。

尽管一些英伟达员工最初对这起诉讼感到担忧，但公司营销总监安德鲁·洛根却感到兴奋。

"《华尔街日报》刚刚在我的语音信箱里留言了，"他在诉讼宣布后对同事说，"这太棒了。我们上头条了！"

黄仁勋也赞同这一点。他走遍各个办公室，与所有人逐一握手并说："恭喜！我们刚被世界上最重要的图形公司起诉了。我们现在出名了。"

这起诉讼最终不了了之：硅图公司要想获胜，就必须证明其遭受了经济损失，而该公司引用的唯一证据居然是英伟达的内部销售预测。英伟达的律师辩称，这些预测基于大量的市场假设，而且往往不准确，因此也就不能用来衡量任何实际损害。

1999年7月，两家公司达成和解协议，而且对英伟达来说是最为有利的结果。

"我们会雇用硅图公司的50名员工，并成为其低端图形产品线的供应商。最终，我们获得了一个合作伙伴。"迪克斯说。[8] 英伟达再次赢得了硅谷最优秀的工程人才。

黄仁勋的生意哲学：粗糙的公平

随着英伟达的发展，它对供应链上合作伙伴的潜在影响力也在增加。英伟达原本可以对这些公司施压，以提高自身利润。然而，黄仁勋的商业关系理念，使公司与最关键的供应商保持了良好的关系。

当英伟达首次与台积电合作时，台积电时任运营执行副总裁蔡力行负责所有的制造事务，并担任英伟达的主要联系人，蔡力行后来成为台积电的CEO。"我为黄仁勋制造晶圆，"蔡力行说，"从一开始，他的聪明才智和魅力就显而易见。"[9]

当台积电最初与英伟达合作时，整个行业的规模都较小。据蔡力行回忆，当时建造一座8英寸晶圆厂的成本是3.95亿美元，而如今这笔资金只够买一台芯片制造机器。

短短几年内，英伟达在图形处理领域的成功使其成为台积电的第二大或第三大客户。蔡力行记得，黄仁勋很会讨价还价，不断提到英伟达的毛利率只有38%。有一次，双方产生了比较大的争议，蔡力行还特地飞到加州，与黄仁勋在一家与丹尼餐厅差不多的餐馆会面。

"我们尝试解决争议，我已经忘了具体细节，"蔡力行说，"但我记得很清楚，黄仁勋向我讲述了他做生意的哲学，简称为'粗糙的公平'。"黄仁勋解释说，"粗糙"意味着合作关系并非始终平稳，而是有起有伏，"公平"是更加关键的部分，"经过一段时间，比如几年之后，最终的结果大致是均衡的"。

对于蔡力行而言，这种说法是在描述一种双赢的合作关系，虽然并不是每次都能实现。有时一方可能在某个交易或合作中获利更多，而下一次，获利更多的可能就是另一方了。只要多年后总体上是5∶5的平衡，而不是6∶4或4∶6的失衡，那就是一种积极的关系。蔡力行回忆说，他认为黄仁勋的这个说法很有道理。

图 6.1. 1999 年,黄仁勋在他的办公桌前(图片来自英伟达)

"这些事情让我对黄仁勋这个人以及他的商人特质,留下非常深刻的印象,"蔡力行说,"当然,当我们的晶圆不能按时交付时,他也会毫不犹豫地打电话给我。我们一起面对和解决了许多难题。你会发现在过去 30 年里,再也找不到比这 2 家公司更好的合作关系。"

每股 100 美元时,我要文身

1999 年 1 月 22 日,英伟达终于上市了。随着亚洲金融危机结束以及公司财务状况的稳定,英伟达的股票对投资者充满了吸引力。

公司通过股票发行筹集了 4 200 万美元，上市当天收盘时，股价上涨了 64%，以每股 19.69 美元收盘。而此时，英伟达的市值也达到了 6.26 亿美元。[10]

英伟达总部的气氛相对平静：与其说是狂欢来临，倒不如说是如释重负。在经历了现金几乎耗光的几个季度后，这次 IPO 带来了暂时的安全感。对英伟达来说，这次 IPO 是迄今为止公司获得的最大一笔融资，金额远远超过了过渡性融资或任何轮次的风险投资。

前工程师肯尼思·赫尔利回忆 IPO 当天的感受时说："我们现在有了喘息的机会。我们筹集了一些资金，暂时不会倒闭了。"[11]

在被《华尔街日报》记者问及 IPO 的感受时，黄仁勋的回应展现的不是激动，而是坚定。"我们遇到了一些挫折，但有人告诉我，我是最难被击败的 CEO。"[12]

尽管如此，英伟达的管理层还是难得地享受了一会儿此番成就，并憧憬着未来。在一次管理层外出会议上，他们一起讨论，如果公司股票价格达到每股 100 美元（当时为每股 25 美元），每个人会做什么。市场营销主管丹·维沃利发誓，他要在腿上文上英伟达的标志；销售主管杰夫·费希尔表示会在臀部文上公司的标志；首席科学家大卫·柯克表示会把指甲涂成绿色；人力资源主管约翰·麦克索利则承诺打一个乳头穿刺。联合创始人玩得更大，马拉科夫斯基表示他会理一个莫西干发型，普里姆则承诺会剃光头，并在头上文一个英伟达的标志。

黄仁勋承诺会在左耳打耳洞。[13]维沃利把这些承诺都记录在一张纸质餐垫上，并把它装裱起来进行展示。那时，没有人想过，他们很快就要履行这些承诺。毕竟股票价格在短期内上涨3倍，几乎是不可能的。

免费送卡与半路截胡

有了IPO的资金后，英伟达开始拓展其战略合作伙伴关系。公司聘请了科技行业的资深人士奥利弗·巴尔图克来管理与微软、英特尔和AMD等大公司的重要关系。在英伟达，巴尔图克可以自由支配资金，这和他之前的工作要求截然不同，之前他开展工作时需要严格遵守预算。

巴尔图克有一位年轻同事北滨凯塔，北滨是刚毕业的大学生，他的工作是维护英伟达与主要显示器供应商的良好合作关系。北滨天性腼腆，对业务发展流程并不熟悉。有一天，在巴尔图克喝茶时，北滨走了过来，问道："维护商业关系的最好方法是什么？"

巴尔图克回答说："你拥有行业里最热门的商品，把这个优势发挥出来。"他指的是英伟达的最新显卡——GeForce。他示意北滨去联系另一位产品经理杰夫·巴柳，并在英伟达总部搜集尽可能多的备用GeForce显卡。然后，他告诉北滨："打电话给每一家显示器公司，说你要去拜访它们，并送它们一张免费的GeForce

显卡。"

令北滨惊讶的是，这一策略奏效了。显示器制造商不仅接听了他的电话，还积极回应了他的提议。他们非常期待能尽早获得英伟达的最新产品，无论通过何种方式。

巴尔图克也采用了类似的策略对待英特尔。在英特尔每年为开发者举办的论坛上，他都会带上一箱装有50张英伟达显卡的产品，然后逐一拜访每一个展位，并赠送一张英伟达显卡，鼓励他们替换现有的显卡进行试用。由于英伟达显卡具备后向兼容的软件驱动程序，因此安装和更换都更容易。这确保了开发者可以放心地使用最新的英伟达显卡，而无须担心烦琐的安装过程、频繁的崩溃或性能不佳等问题。

即使是像英特尔这样的大公司，也无法抗拒免费的英伟达显卡的诱惑。当时，英特尔每年要搭建几千台开发工作站，并将这些电脑分发给世界各地的软件开发者。大约有10家显卡制造商在争夺进入英特尔工作站的机会。最终，英伟达赢得了这份合同，不仅因为它拥有更好的产品，还因为其免费赠送显卡的策略，使得英特尔得以体验英伟达的芯片性能。

同样的策略也被用于英伟达与微软的合作。微软开发了DirectX应用程序接口，开发者通过这个接口可以在Windows系统上显示媒体和运行游戏。每次微软更新应用程序接口时，英伟达的显卡都会如期出现在微软总部。"每次DirectX有重要更新时，我们都会把英伟达显卡送过去，"奥利弗·巴尔图克说，"你甚至不需要在公司内部做资源申请。"[14]

黄仁勋的原则也很直接:"就是要赢。我们的理念是,谁能跑得更快,谁就能占领更多的市场。"

当时的英伟达仍然不是一家大公司,其员工数量约为 250 人,营收规模也不算大。在 1999 财年,英伟达的销售额为 1.58 亿美元,这与微软(198 亿美元)、苹果(61 亿美元)和亚马逊(16 亿美元)等其他科技公司相比,差距明显。但英伟达常年专注于技术领先和产品打磨,这为公司带来了一个无形但至关重要的资产——行业影响力。

自从世嘉取消 NV2 芯片合约后,英伟达就失去了游戏主机市场。然而,几年后,在 1999 年,微软暗示其正在开发自己的第一款游戏主机,并且该主机将基于 DirectX 应用程序接口构建。英伟达与微软的既有关系为英伟达的芯片进入主机市场打开了大门。双方开始了数月的合作协议谈判。

然而,没过多久,微软就变卦了。2000 年 1 月,微软和图形技术初创公司 Gigapixel 签署了一份开发合同,由 Gigapixel 为 Xbox 主机提供图形技术。Gigapixel 公司的创始人兼 CEO 是乔治·哈伯。微软向 Gigapixel 投资了 1 000 万美元,并额外投入 1 500 万美元用于开发 Xbox 芯片。乔治·哈伯还安排公司的 33 名员工搬进了位于加利福尼亚州帕洛阿尔托的微软大楼。[15]

2000 年 3 月 10 日,就在微软公开宣布 Xbox 后 2 个月,比尔·盖茨计划在游戏开发者大会上发表演讲,介绍 Xbox 并宣布 Gigapixel 为其图形供应商。盖茨还邀请了哈伯参加他的演讲，并让哈伯提前审读了他的演讲稿。在演讲稿中，盖茨会介绍 Gigapixel 与微软的合作关系将有望改变整个行业，就像当年 IBM 选择一家名为微软的小型软件初创公司，为其个人电脑提供操作系统那样。盖茨会向全世界宣布，微软选择 Gigapixel 的原因只有一个：它拥有世界上最好的图形技术。[16] 这种来自科技传奇人物的公开宣传和背书，是每个初创公司都梦寐以求的。

然而，这个梦想还没开始就破灭了。即使在微软宣布与 Gigapixel 的合作之后，英伟达依然在积极争取成为 Xbox 的合作伙伴。在谈判期间，黄仁勋和负责微软关系的英伟达高级市场总监克里斯·迪斯金，几乎每周都与微软开会。黄仁勋和迪斯金花费了不少时间来制作演示材料，有时甚至工作到深夜，第二天早上 8 点又继续奋战。他们保持了极高的工作强度，就像公司以前度过危机、冲刺开发 RIVA 128，以及开发新版本 RIVA 128ZX 以抗衡英特尔 i740 时那样。尽管这次他们不再面临破产的威胁，但他们依然全力以赴，希望能够抓住进入一个利润丰厚的新市场的机会。

这一次，英伟达的声誉已经达到了新的高度，这对他们的努力有很大帮助。

"我们在微软内部有很多支持者，"迪斯金回忆起和 Xbox 的谈判时说道，"游戏开发者纷纷站出来说，我们希望使用英伟达，因为开发更容易，风险也更小。"[17]

2000 年 3 月 3 日，就在比尔·盖茨即将在游戏开发者大会发表演讲的前一周，微软高管里克·汤普森和鲍勃·麦克布莱恩打电话给迪斯金，表示他们想重新讨论 Xbox 的合同并期待达成协议。2 天后，他们从西雅图飞往加利福尼亚圣何塞，在英伟达总部的会议室里度过了一个周末。黄仁勋、迪斯金、汤普森和麦克布莱恩达成一致，英伟达将取代 Gigapixel 成为微软的图形芯片合作伙伴，新的游戏主机将使用由英伟达定制设计的新芯片。黄仁勋和迪斯金坚持要求微软预付 2 亿美元，用于新芯片的研发，而这个金额的款项需要比尔·盖茨亲自批准。黄仁勋认为，有了大额预付款和微软 CEO 的签字，才可以锁定 Xbox 的合作，使英伟达避免遭受类似 Gigapixel 的命运。

星期一，微软的高管通知哈伯，他们决定选择英伟达。哈伯非常震惊。就在上周，他还与华尔街的投资银行家讨论了依靠 Xbox 的合作进行 10 亿美元 IPO 的可能性，甚至可能收购其他的图形芯片公司。毕竟，不只是英伟达的高管在梦想着主导市场。现在，哈伯手里除了微软同意支付的 1 500 万美元开发费用，什么都没有了。

直到今天，哈伯仍对微软的 Xbox 合同事件感到愤愤不平。"不然，今天经营一家市值万亿美元公司的人是我，而不是黄仁勋。"哈伯表示。[18]

在比尔·盖茨在游戏开发者大会上宣布英伟达将成为 Xbox 的图形芯片供应商的那一周，英伟达的股票飙升至每股 100 美元以上。英

英伟达之道　　132

图 6.2　柯蒂斯·普里姆的英伟达标志发型（图片来自英伟达）

伟达的高管发现，他们不得不兑现之前看似玩笑的承诺。马拉科夫斯基理了一个莫西干发型，费希尔、普里姆和维沃利都文了身，柯克把指甲染成了绿色，麦克索利和黄仁勋也履行了他们各自的穿孔承诺。

联合创始人普里姆辞职

20世纪90年代末，英伟达的联合创始人之一普里姆，与公司工程团队之间发生了越来越频繁的冲突。在某代芯片的开发过程中，普里姆发现了一个芯片架构中的缺陷并修复了它，但他没有告诉任何人，而是直接从公共文件服务器上删除了一些原始文档，并替换为更新的版本。在英伟达早期，他的这种工作方式是可以接受的。然而，随着英伟达已经成长为一个更大的组织，当软件团队发现普里姆删除了这些文档时，他们心态崩溃、大发雷霆，因为他们编写一些代码时仍需依赖那些原始文档。[19]

普里姆坚持认为必须修复芯片架构，工程师们则请求黄仁勋介入。在一场激烈的争论中，普里姆坚持认为，他可以随心所欲地做任何事情，因为他亲自设计了英伟达的芯片架构。

"这是我的架构。"普里姆不断重复道。

这句话在黄仁勋看来是错误的。黄仁勋希望建立一种更具合作精神的文化，英伟达的成就应当作为一个整体被认可，而不应归功于个人。每当黄仁勋从重要的商务差旅中归来，普里姆注意到他总是用"我们"而不是"我"来描述他的行动。起初，普里姆对此很质疑，心想："'我们'是什么意思？我根本不知道与代工厂谈判的事，但黄仁勋是对的，我们确实是一起完成了这一切，大家应该共同分享功劳。"

然而，当涉及芯片设计时，普里姆很容易展示出极强的占有欲。他习惯性地称其为"他的"工作、"他的"架构。黄仁勋坚持认为普里姆应该转变思路：这些都是整个公司的集体财产，事实上也是

英伟达之道　　134

如此。黄仁勋回应说："不，这是我们的架构。你没有独自做完这件事，是我们做完的。"

在得知普里姆私自决定修复芯片架构的缺陷后，黄仁勋行使了他作为 CEO 的权力，推翻了联合创始人的决定。他要求普里姆撤销这些更改，将原始文档恢复到服务器上，并且今后不得在没有通知相关人员的情况下擅自更改芯片文档。软件团队最终使用旧文档完成了代码开发，并在次年成功修复了芯片架构中的缺陷。

之后，当英伟达聘请了约翰·蒙特里姆以及一批新的 3D 图形工程师后，普里姆的行为变得更加具有破坏性，他不断地干扰产品开发。普里姆回忆说："我会妨碍产品的发布，因为我总是想让芯片变得完美，并且坚决捍卫我设计的架构，不接受任何更改。"

普里姆逐渐意识到了自己的不足。他回忆起与一位研究抗锯齿技术的图形专家的会议，这项技术被用于平滑锯齿边缘，并柔化对象与背景之间的过渡。"哇，我在太阳微系统公司时读过他的论文以模仿抗锯齿技术，"普里姆对那次演讲印象深刻，"我认输了，我根本无法与这些专家竞争。"

普里姆与黄仁勋的争执也越来越频繁且激烈，公司不得不请来一位专门的工作顾问以调解他们的分歧。经过多次争论后，黄仁勋建议普里姆离开工程团队，转而负责英伟达的知识产权和专利事务。普里姆接受了这一建议。"对于架构，我的工作实际上在公司成立后 2 年内就完成了，"普里姆说，"我又做了 5 年产业开发，后来我被调离了产品开发团队，转而负责知识产权，从而让那些从硅图公司挖来的 3D 专家可以接手，并开发出比我做的更好的产品。"

2003 年，在更换岗位后没几年，普里姆因婚姻问题请了一段长假。黄仁勋试图通过自己的人脉，帮普里姆找到最好的婚姻顾问。然而，3 个月后，黄仁勋再也无法回避员工关于联合创始人兼首席技术官去向的疑问。他要求普里姆做出选择，这也是最后通牒：要么全职回归，过渡到英伟达的兼职顾问角色，要么辞职。黄仁勋甚至建议普里姆负责一个新的移动架构项目，从而可以在退休前监督最后一个项目。然而，普里姆最终决定辞职。"我累了，身心俱疲，士气低落，我需要辞职，"他回忆道，"我一直希望自己当时能够留下。"

20 年后，黄仁勋在谈到普里姆的离职时仍然感到痛苦。当我告诉黄仁勋，普里姆认为自己没有能力跟上其他图形工程师时，黄仁勋坚定地回应道："柯蒂斯很聪明，他完全可以学会这些。"

我更强！我更快！你们无法打败我！

2000 年年初，黄仁勋与迈克尔·哈拉（当时已经从营销部门转到了投资者关系团队）开始了一场多城市的路演，目的是会见银行家、投资者和基金经理，为英伟达筹集资金。"我们和银行家一起从一个城市飞到另一个城市，"哈拉回忆道，"他们不停地问黄仁勋，'你都关注什么？你觉得什么有趣？'"[20]

黄仁勋思考片刻后回答:"《巨蟒与圣杯》。"

这是一部 1975 年由英国喜剧团体巨蟒组发行的首部电影。该影片中有一个令人难忘的场景:在瘟疫暴发期间,两个车夫拉着一辆装满尸体的车,穿过肮脏的中世纪村庄。一个车夫用木勺敲打着三角铁,大喊着:"把你们的死尸抬出来!"

一个村民要把一个老人的尸体放在车上,但老人并没有死。

"我还没死呢!"老人大声抗议。

"他说他还没死呢。"车夫说。

"呃……他很快就会死的,他病得很重。"村民回答。

"我正在好转。"老人说。

他们争论了一会儿,老人坚持说自己没死,村民和车夫却试图说服老人他应该被放在尸体车上。最后,车夫在老人的头上敲了一棒,村民顺利地将老人扔上了车。

"啊,非常感谢!"村民真诚地表示感谢。

黄仁勋觉得,许多潜在投资者提出的问题、遵循的悲观逻辑和这个场景差不多:他们认为英伟达注定会失败。

"为什么要投资一家图形公司?"投资者质疑道,"我们已经投资了 40 家这样的公司,结果它们全都破产了,为什么这次要投你们?"

投资者的悲观情绪成了路演的主题。他们希望从英伟达获得更多收益,他们也认为最终是英特尔,而不是英伟达,会凭借新芯片击垮整个图形行业。他们还预期英伟达会像之前的众多竞争对手——比如 Rendition、Tseng Labs、S3、3DLabs、Matrox 一样，走向破产。

这种态度激怒了黄仁勋，他坚信英伟达与其他任何图形公司都完全不同。黄仁勋对英伟达的介绍如下：英伟达的芯片比其他任何公司的都好，其拥有强大且可防御的市场地位，它的商业策略使其可以比其他任何芯片制造商更快地创新和发展。

最重要的是，英伟达有黄仁勋——他学会了如何管理公司并将其作为自己的延伸。公司里的每个人都和他一样，专注于同一个使命。他们都有相同的工作热情，并且以最快的速度工作，以确保英伟达始终领先于竞争对手。如果任何人动摇或怀疑，黄仁勋的一句严厉话语就能迅速让他回到正轨。

也有一些投资者确实相信黄仁勋对英伟达未来的愿景，以及他能够带领公司始终按照这一愿景发展的能力。最终，摩根士丹利在 2000 年 10 月通过二次股权和可转换债券发行，给英伟达募集了 3.87 亿美元。

这轮路演结束后，摩根士丹利的团队赠送给迈克尔·哈拉一幅彩色插画，把路演团队和《巨蟒与圣杯》的场景进行了混搭。英伟达过去的竞争对手，被描绘成了瘟疫车上的"尸体"；那些问了无关紧要的问题的投资者，则被描绘成"说'不'的骑士"；黄仁勋则是勇敢的亚瑟王，在单挑中打败了黑骑士。

"我更强！我更快！你们无法打败我！"他在画中说道。

图 6.3 英伟达和《巨蟒与圣杯》（图片来自迈克尔·哈拉）

07
创新者的窘境

"运送一整头牛"策略

在《创新者的窘境》一书中,哈佛商学院教授克莱顿·克里斯坦森认为,一家公司的成功往往孕育着这家公司未来失败的种子,这在科技领域尤为明显。他提出,每个产业的发展并非随机的,而是遵循着规律和可预测的周期。首先,初创公司会推出全新的颠覆性创新,但其产品能力不及当前市场领先公司的产品,且定位于低端市场。当前的领先公司往往会忽视这一利润较少的细分市场,而是专注于推出能维持和增加其当前强大利润流的产品。然而,颠覆性创新最终会创造出新的应用场景,而且初创公司通常能够比暂时领先的公司更快地迭代和创新。最终,初创公司会拥有更强大的产品,而暂时领先的公司发现自己陷入困境时已经晚了。例如,控制数据公司是14英寸大型主机磁盘驱动器的市场领导者,但在随后 8 英寸小型计算机磁盘驱动器的市场上，它连 1% 的市场份额都拿不到。当更小的 5.25 英寸和 3.5 英寸驱动器问世时，8 英寸驱动器的制造商也经历了类似的转变。每一次，这个周期都会重新上演，一拨又一拨的领先公司被初创公司击败。[1]

《创新者的窘境》是黄仁勋最喜欢的图书之一，他决心不让这样的命运降临在英伟达身上。他知道，竞争对手很难超越英伟达目前的高品质芯片，因为在尖端市场竞争，需要投入大量的资本和工程人才。受克里斯坦森理论的影响，他认为威胁来自低成本的参与者。

"我以前见过这种情况，"他说，"我们制造的是'法拉利'。我们的所有芯片都为高端市场设计，拥有最好的性能、最佳的三角形生成速率和多边形生成速率（每秒生成的三角形和多边形数量，用以衡量 GPU 性能）。我不想让任何对手进入市场，不想让对手成为价格领导者，然后将我们束缚在市场最底层，自己却逐步爬到市场顶端。"[2]

黄仁勋研究了其他领先公司的商业策略，以寻找如何抵御来自市场底端攻击的灵感。当他查看英特尔的产品线时，他注意到其奔腾（Pentium）系列的 CPU 有一定范围的时钟频率——这是衡量处理器性能的关键指标——但所有的奔腾内核本身都共享相同的芯片设计，在理论上具有相同的特征和能力。

"英特尔只是在制造相同的部件，他们根据速度性能分级向客户销售不同的产品。"黄仁勋说。他描述了一种机制：在高速运行中未通过质量检查的部件,可以被重新分配到以较低速度运行的地方,在这些地方那些被淘汰的部件是可以正常工作的。

黄仁勋发现,英伟达可以不再理所当然地丢弃未通过质量检测的部件。确实,虽然这些部件不适合公司"法拉利"级别的芯片,但如果它们在较低速度下功能正常,英伟达可以将它们重新封装成公司主线产品的一个能力较弱(因此更便宜)的版本。这将增加从每片硅晶圆中生产的可用部件数量,并提高公司的良率——行业衡量生产效率的标准。

在一次高管会议上,黄仁勋问运营经理:"我们封装、测试和组装一个部件的成本是多少?"

答案是1.32美元。这在昂贵的芯片制造行业中是一个小数目。

"才这么点儿?"黄仁勋难以置信地问。看来这是一个"无中生有"的、显而易见的机会。被淘汰的部件没有为英伟达创造任何收入就被扔掉,但是只要多花一点儿钱,修整这些淘汰部件,就能将其用在较低强度的芯片产线上。这样一来,英伟达可以创造出一个全新的衍生产品线,不需要昂贵且耗时的研发过程就可以赢利。该产品线可以抵御以低成本芯片为主要产品的竞争对手。通过新的低成本部件,英伟达可以轻松将其芯片价格压低,使得竞争对手不得不亏本出售。英伟达可能会在其廉价产品线上亏损,但"法拉利"级别的高端产品的销量会大大地弥补这一点。更重要的是,英伟达将避免陷入曾想要终结自己的竞争对手3dfx的陷阱,后者耗费了太多的时间和金钱开发新芯片，以致在持续创新的竞赛中落后。

该策略被称为"运送一整头牛"。这是指屠夫想方设法利用一头牛从头到尾几乎所有部位，而不是仅仅利用像里脊肉和肋骨这样的优质部位。

"这成为非常强大的工具，让我们能够微调我们的产品，"杰夫·费希尔说，"我们可以在高端产线中构建低良率部分，并在整个系列中创建四五种不同的产品。这有助于推高产品的平均售价。"[3] 这也让英伟达得以测试发烧级游戏玩家对更昂贵高端产品的需求，他们往往愿意为更高性能支付更多费用。

在英伟达采用"运送一整头牛"策略之后，几乎使其竞争对手S3公司破产，显卡行业的其他公司很快也纷纷效仿该策略。

"'运送一整头牛'是图形行业认为理所当然的事情，但这是一个重要的战略，产生了重大影响。"英伟达董事会成员坦奇·考克斯说。[4] 这是黄仁勋战略远见的证明，以及他对预见英伟达未来任何威胁的强烈渴望。毕竟，英伟达已经成为市场领导者，而不再是众多初创公司中的一家，黄仁勋知道自己背负了一个永久的使命。

"不是我认为对手试图在让我们破产，"他曾说，"而是我知道他们正在这么做。"[5]

GPU 横空出世

黄仁勋知道，单凭技术参数并不能卖出芯片，营销和品牌几乎同样重要。他的竞争对手采取了不同的方法来定位自己的产品。有些采用夸张的、超男性化的品牌，以迎合游戏玩家的自我认知，如 3dfx 的巫毒女妖（Voodoo Banshee）、ATI 的暴怒 Pro（Rage Pro）、S3 的野蛮人（Savage）和正义图形（Righteous Graphics）。其他产品则采用更技术化或工业化的命名，如 Matrox G200 或 Verite 2200。英伟达则倾向于折中，其芯片命名方式既传达技术的卓越又能引发情感共鸣，例如 RIVA TNT——RIVA 代表实时交互视频和动画加速器，TNT 则指双纹理单元（芯片同时处理 2 个纹理元素的能力）。正如一位工程师所说，对普通消费者而言，这显然是一个"与爆炸有关"的名字。[6]

在这样一个拥挤的市场中，英伟达决定打破规则，脱颖而出。1999 年，它推出了 RIVA TNT2 系列的迭代产品 GeForce 256。毋庸置疑，GeForce 256 代表了传统图形处理能力的重要进步，这是英伟达每一代新芯片的典型特征，也符合市场对英伟达每一代新芯片的预期。它具有 4 个图形渲染管线，可以同时处理 4 个像素任务。它还集成了一个硬件光影转换引擎，这意味着它可以承担移动、旋转和缩放 3D 物体所必需的计算任务，而这些任务以往通常由 CPU 完成。因此，GeForce 256 减轻了 CPU 的计算负载，使整台计算机运行得更快。

"通过安装专用硬件，你可以处理更多的几何体，并制作更有趣的画面。"前首席科学家大卫·柯克说道。

英伟达的管理团队认为，其技术性程度太高，很难向客户推介。公司内部典型的命名公式（首字母缩略词＋数字）行不通。英伟达需要更大的名头来推出这款新产品。

"我们必须找到一种方法，把这个产品定位成比市场上任何其他产品都更好的3D图形处理器，"丹·维沃利说，"这个芯片很伟大，它具有纹理处理和光影转换能力。我们必须为其收取高价。我们需要想一个办法让大家知道它有多棒。"他激励产品营销团队想出一些绝妙的点子。

产品经理桑福德·拉塞尔开始研究潜在的创意。拉塞尔喜欢与他的同事（包括黄仁勋和柯克）交流品牌、命名和定位策略。"我们从来都不是拿着PPT走进一个房间，然后把名字告诉他们，而是不断地讨论，"拉塞尔说，"我们会询问他们关于技术的问题：哪些有效，哪些无效？"[7]

拉塞尔找迈克尔·哈拉进行了30分钟的头脑风暴，商讨如何更有效地营销GeForce 256。2位高管都记得，在走出房间时他们产生了这样一个想法：把新的芯片命名为全新产品类别的第一款产品——图形处理器（GPU），它在图形渲染方面的作用就像计算机的CPU在所有其他计算任务中的作用一样。

英伟达的技术专家深知他们的芯片独一无二。然而，普通的计算机用户并未充分理解图形芯片的复杂性或其价值。CPU 听起来像是任何计算机必不可少的主要设备，而显卡只是众多外部设备之一。为图形芯片进行特殊命名，并明确将其与 CPU 进行比较，这将使图形芯片首次脱颖而出，成为一款真正出类拔萃的产品。"我记得，我们提出 GPU 概念时，迈克尔·哈拉和我身处同一个房间，"拉塞尔回忆道，"当时似乎并未意识到这一点的重要性，我们每天工作 14 小时。"

他很快将 GPU 的想法告诉了丹·维沃利，而丹·维沃利对此很感兴趣。"有时候丹会花费一段时间来接受一个新想法，但 GPU 的想法很快就得到了他的认可。"

没过几天，营销团队就决定使用 GPU 这一名称。这不仅帮助英伟达在众多图形芯片中脱颖而出，还使其更容易获得溢价。全世界都知道，CPU 的价值可达数百美元。尽管英伟达的芯片与 CPU 一样复杂，并且拥有更多的晶体管，但批发价却不到 100 美元。公司将所有芯片都标记为 GPU 后，这种价格差距就大大缩小了。

尽管如此，首次应用于 GeForce 256 的 GPU 名称，还是在英伟达工程师中引发了争议。他们指出，该芯片除非具备 GeForce 256 之前所不具备的几项功能，否则就不能真正称为 GPU。该芯片缺乏"状态机"（一种专用处理器，可以转换不同状态来执行和获取指令，就像 CPU 执行编程指令一样），不具备可编程功能。这意味着第三方开发者无法轻松自定义图形样式和特征。相反，开发者必须依赖英伟达定义的一组固定硬件功能。此外，GeForce 256 没有自己的编程语言。

营销团队辩称，下一代图形芯片已经计划采用这些功能。而且，即使没有这些功能，GeForce 256 在性能上的飞跃也是显而易见的，全世界的游戏玩家和电脑爱好者都能感受到这一点。虽然 GeForce 256 并不是真正意义上的 GPU，但它仍然可以成为一个划时代的产品。紧随其后推出的"真正的" GPU，可供外部开发人员完全编程，很快就会面世。

因此，英伟达的营销团队不顾工程师的反对，坚持使用 GPU 这一名称。"我们不需要任何人的批准。"维沃利说。他认为行业外没人真的关心技术定义。此外，"我们知道下一代产品将是可编程的。我们决定冒险，将其夸大为 GPU"。[8]

当黄仁勋在 1999 年 8 月发布 GeForce 256 时，他毫不避讳地"夸大其词"。"我们正在推出世界上第一款 GPU，"他在新闻稿中宣称，"GPU 是行业的一次重大突破，将从根本上改变 3D 媒体。它将使新一代令人惊叹的互动内容得以实现，这些内容充满生机、富有想象力且引人入胜。"

这可能是该公司首次为重大发布活动进行大规模市场宣传，而且取得了成功。维沃利决定不注册"GPU"商标，因为他希望其他公司也可以使用这个术语，意在表明英伟达开创了一个全新的产品类别。最终，"夸大"变为现实：GPU 这一名称后来成为行业标准，并帮助英伟达在接下来的几十年里销售了数亿张显卡。

维沃利对 GPU 的发布还提出了另一个想法：主动威慑竞争对手。英伟达的一名营销人员在一条通往 3dfx 总部的高速公路的立交桥上设立了一个广告横幅，以宣传 GeForce 256（那时 3dfx 还没有破产）。该横幅宣称，英伟达的 GPU 将改变世界并击垮竞争对手。州警迅速移除了这个非法设立的横幅，英伟达也因此收到了正式警告。然而，这一举动至少达到了它的目的。"这就是战争的艺术。我们想让他们失去士气。"维沃利说。英伟达正在逐步学习如何使对手屈服于自己的意志。

不计成本的投入，里程碑式的营收

现代图形芯片通过所谓的图形渲染管线进行计算，将带有对象坐标的几何数据转换为图像。该过程的第一个阶段被称为几何阶段，通过缩放和旋转计算来转换虚拟 3D 空间中对象的点和线。第二个阶段被称为光栅化阶段，确定每个对象在屏幕上的位置。第三个阶段被称为片元阶段，负责计算颜色和纹理。在最后一个阶段，即第四个阶段，把图像组合起来。

早期的图形渲染管线包含一些固定的功能阶段，每个阶段都执行一小部分固定的运算。英伟达及其竞争对手（显卡制造商）各自定义了其芯片如何处理图形渲染管线中的所有阶段，第三方开发者无法改变芯片渲染内容的方式,这意味着他们只能根据芯片设计师设定的选项来创建视觉效果和艺术风格。[9]结果是,市场上的每个游戏看起来都大同小异——没有任何一个游戏能够仅凭借视觉效果脱颖而出。

英伟达首席科学家大卫·柯克希望通过发明真正的 GPU 来改变这一状况。他的想法是引入一种名为可编程着色器的新技术。这将使图形渲染管线向第三方开发者开放,使他们能够编写自己的渲染函数,并更好地控制游戏呈现的视觉效果。这些着色器将允许开发者实时生成视觉效果,这些效果可以和影视中用最佳性能计算机生成的图像相媲美。他认为,开发者会很快在游戏中采用可编程着色器,因为他们比芯片设计师更了解如何创造最先进的视觉效果。这反过来又会吸引游戏玩家选择英伟达的显卡,因为它们将成为市场上唯一支持这种先进图形技术的显卡。这个想法的唯一问题是,只有修改英伟达芯片的设计方法,才能实现可编程着色,从而实现真正的 GPU。这将是一项既昂贵又耗时的工作,即使是对于老牌厂商也不例外。

柯克知道,黄仁勋清楚这项技术的好处显而易见,并且拥有最终决定权。他也知道黄仁勋会聚焦于成本:英伟达需要投入多少资金来创造这种技术,市场是否已经准备好接受这种技术,以及这种技术能带来多少额外收入。虽然黄仁勋最初看起来很热情,但柯克不确定这是不是一个好兆头。

"黄仁勋有一个特点，就是在他决定扼杀你的项目之前，他和你谈论时看起来很乐观。"柯克说。[10]

为了确保他的项目能够存活，柯克激发了黄仁勋对被竞争对手超越的恐惧。他指出：英伟达在固定功能图形加速方面的领先地位将不可避免地被侵蚀；传统图形芯片的固定功能操作总有一天会变得足够微型化，以至于英特尔能够将其集成到CPU的某个部分或主板芯片中，从而完全不需要独立显卡。他还表示，可编程着色器未来可能会打开游戏之外的其他市场。

"好吧，"在听到柯克的想法后，黄仁勋说，"好，我会同意的。"

2001年2月，英伟达发布了GeForce 3，其可编程着色器技术和对第三方开发其核心图形功能的支持，使其成为第一款真正意义上的GPU。柯克的分析得到了证实。GeForce 3获得了轰动性的成功。2001年第三财季，英伟达的季度收入达到3.7亿美元，同比增长87%。2001年，英伟达的年销售额已达到10亿美元，比美国历史上的任何其他半导体公司都更快地实现了这一里程碑。之前的纪录保持者博通公司用了36个季度才实现这一目标，而英伟达仅仅用了9个月就打破了这一纪录。到2001年年底，其股票价格在过去3个季度里上涨了2倍。公司当时的市值是IPO当天的20倍，这要归功于公司的战略远见、不懈的执行力，以及黄仁勋及其管理团队的"偏执狂精神"——时刻警惕来自四面八方、每时每刻都可能发生的威胁。

07 创新者的窘境　　151

英伟达的《小台灯》

英伟达业务的持续多样化推动它与苹果直接达成了合作。历史上，英伟达并未向苹果大量供货，部分原因是英伟达的产品是基于英特尔 CPU 优化的，而苹果不使用英特尔处理器。但是在 21 世纪初，英伟达赢得了一小笔合同，给面向消费者的 iMac G4 提供图形芯片。这款计算机是彩色一体机 iMac G3 的迭代产品，而后者标志着史蒂夫·乔布斯于 1998 年重返苹果。

曾成功赢得微软 Xbox 业务的克里斯·迪斯金被任命为英伟达与苹果整体销售关系的负责人。他与丹·维沃利一起制定了一项策略，将英伟达的 GeForce 芯片植入更多的苹果电脑中。关键的突破得益于一部皮克斯的经典动画短片。

当时，英伟达向个人电脑制造商推销的核心是图形演示，即展示其芯片的先进特性和原始计算能力。在过去，公司曾利用第三方游戏让用户惊叹不已。但是，随着英伟达的显卡变得更强大，旧的游戏已经无法充分展示新芯片功能的广度和深度。维沃利决定投入更多的时间和资源，为销售团队制作更好的图形演示。他甚至聘请了硅图公司的前同事马克·达利，专门改进英伟达的演示。

维沃利知道，只有英伟达充分了解其受众，图形演示才能产生最大的影响。早期的演示针对的是工程师，因为展示的是英伟达新芯片的具体特性和功能。就像 1996 年 Voodoo Graphics 在汉博奎斯特公司举办的会议上展示 3D 立方体一样，只有了解正在进行的"后台计算"，演示才能真正让人印象深刻。非工程师并不一定能理解自己看到的内容。因此，维沃利改变了演示的重点——不再是冷冰冰的图形性能展示（这相当于阅读基本指标列表），而是赋予演示更多的情感色彩。

在 GeForce 3 开发过程中的一次头脑风暴会议上，达利认为他找到了展示英伟达新芯片的最佳方式。皮克斯的 2 分钟动画短片《小台灯》曾是电脑动画的分水岭。这部关于跳动的台灯的影片在 1986 年首次发布时，展示了当时计算机生成图像的能力。制作这部影片需要巨大的计算能力。每一帧都在克雷超级计算机上构建，需要 3 个小时来渲染。以每秒 24 帧的速度计算，电脑几乎需要 75 个小时才能生成 1 秒钟的影片。达利认为英伟达应该制作一个关于《小台灯》的演示。

维沃利给他开了绿灯。"这是一个好主意，去做那个演示吧。"他说。

几个月后，达利向维沃利报告，团队进展顺利，但《小台灯》是皮克斯的资产。如果英伟达将其用于公开演示，公司将面临侵犯皮克斯版权的风险。

维沃利不想让任何事情破坏为 GeForce 3 的重要发布而准备的非凡展示。他对达利的担忧不以为然。"没关系，别担心。我会想办法解决这个问题。"维沃利说。他和大卫·柯克在皮克斯有熟人，他们会努力获得演示批准。他们的请求最终送到了皮克斯首席创意官约翰·拉塞特那里，后者导演过《玩具总动员》《虫虫特工队》，还执导了《汽车总动员》。但拉塞特拒绝了，他不愿意让皮克斯的标志性角色被用于销售图形芯片，因为这是公司标志的一部分，出现在每部皮克斯电影开头的显著位置。

与此同时，达利的团队完成了演示，效果看起来与他设想的一样令人印象深刻。维沃利心想，"如果我们把演示给史蒂夫·乔布斯看呢？"他认为，展示实时渲染版本的《小台灯》会很有效果，因为这将触及乔布斯本人职业生涯的一个里程碑时刻，广义而言，甚至是计算机发展过程中的一个重要时刻。它还将展示新芯片的强大功能，不但能够与超级计算机的图形能力相媲美，还因足够精确而得以忠实地重现一件重要的艺术作品。

维沃利和迪斯金前往苹果总部与乔布斯会面。在演示的第一部分，英伟达团队使用了与原版相似的镜头和角度展示《小台灯》。这给人留下了相当深刻的印象。乔布斯说："看起来不错。"

然后他们再次运行演示，这次维沃利开始在演示中改变摄像机的位置或角度。摄像机的移动表明，与静态视频不同，英伟达的芯片可以实时渲染整个场景。用户可以从任何角度以逼真的光照与阴影效果变换和观看场景。这下，乔布斯震惊了。英伟达的 GPU 能够实时渲染动画，不仅与皮克斯的超级计算机花费几周生成的视觉效果的清晰度相当，还提供了实时交互功能。乔布斯决定在 Power

Mac G4 电脑上提供 GeForce 3 作为高端选项。

乔布斯还询问苹果是否可以在 2001 年东京的 Macworld 展会上使用该演示。维沃利告诉他这涉及版权问题，乔布斯回复说他会与皮克斯的人联系。迪斯金和维沃利后来谈起这件事都笑了：乔布斯既是苹果的 CEO 也是皮克斯的 CEO，所以他实际上是在向自己征求许可。

大约 20 分钟后，乔布斯结束了会议，准备前往另一个会场。在准备离开时，他给英伟达团队留下了一些临别建议。"你们真应该在移动设备领域下功夫，因为 ATI 正在笔记本电脑领域打败你们。" 3dfx 倒闭后，英伟达的主要竞争对手就是 ATI。

迪斯金毫不犹豫地回答："事实上，史蒂夫，我认为你错了。"

全场顿时鸦雀无声。乔布斯紧盯着迪斯金说："告诉我为什么？"迪斯金感觉到，没有多少人敢质疑史蒂夫·乔布斯，显然乔布斯期待一个好的答案。

迪斯金确实有一个好答案。他解释说，英伟达芯片确实更耗电——比大多数笔记本电脑的耗电量还大——因为它们提供了台式电脑用户所需的更高性能。但是，英伟达可以很容易地降低芯片的性能和功耗，以满足笔记本的规格要求。迪斯金解释道，如果英伟达将芯片的时钟频率降低（以此匹配功能需求），使其与 ATI 芯片的频率相当，那么英伟达的芯片实际上将提供更好的整体性能。这并不像乔布斯想象的那样，ATI 在笔记本电脑领域击败了英伟达。

实际上，英伟达不需要为较低功耗的笔记本电脑开发一款特定的芯片，因为其旗舰产品线的降频版本就足以胜任。

"我们有更多的余地。"迪斯金总结了他的主要论点。

乔布斯又盯了他一会儿。"好吧。"他只说了这一句，会议就结束了。

30分钟后，迪斯金接到了苹果高管菲尔·席勒的电话。"我不知道你对史蒂夫说了什么，但我们需要你们整个笔记本电脑团队明天到这儿来，待上一天，审查你们的芯片。"席勒说。在几年内，英伟达在苹果笔记本电脑上的份额，从零增长到占据了苹果整个计算机产品线的约85%。迪斯金不仅证明了他自己，还证明了英伟达的芯片。这不仅归功于他的演示，还要归功于他的敏捷思维和敢于挑战科技行业中最令人生畏的人物之一的胆量。

历史上最糟糕的产品

英伟达正在从强大走向更强大。它从被击败的竞争对手3dfx那里得到100名员工；赢得了Xbox游戏主机业务订单，该订单在其生命周期内将产生18亿美元的收入；赢得了为苹果的Mac系列电脑生产芯片的合同。这些成就使英伟达获得了令人瞩目的财务增长和股价飙升。但所有的新业务都需要管理层和工程设计人员的关注，分散了公司对其核心产品GPU的注意力，进而导致了公司历史上最糟糕的一次产品发布。

2000年，ATI公司以4亿美元收购了小型图形公司ArtX，后者专注于为游戏主机开发图形芯片。ArtX的创始工程师曾在硅图公司工作，在独立创业前参与了任天堂64游戏主机的研发。ArtX还获得了为任天堂64的迭代版GameCube开发图形芯片的合同。ATI收购ArtX后，立即在主机游戏领域赢得了信誉，一批工程师随即开始研发名为R300的芯片。ATI在2002年8月上市的专用显卡Radeon 9700 PRO上使用了该芯片。

与此同时，英伟达陷入了与微软的法律纠纷。该科技巨头最近修订了与供应商的协议，内容涉及Direct3D应用程序编程接口的信息共享和知识产权。Direct3D的下一次重大升级，即Direct3D 9，于2002年12月发布，其重大改进对下一代芯片至关重要。然而，这也带来了一个问题。芯片公司在签署新协议前无法获取Direct3D 9文档，也就无法围绕其新特性开发产品。英伟达认为新的协议条款对微软过于有利，因此拒绝签署新合同，直到获得更好的条款为止。

业务问题带来了工程挑战。英伟达需要在没有获得即将推出的Direct3D技术规范的情况下设计其下一代芯片NV30。"我们最终在没有微软的明确指引下开发了NV30，"大卫·柯克说，"我们不得不猜测他们将要做什么。我们犯了一些错误。"

由于缺乏来自微软的明确指引，以及英伟达内部团队之间的缺乏协调，混乱在所难免。一位前员工还记得这样一件事：在 NV30 的开发阶段，一群硬件工程师和软件工程师站在一个隔间里，看着 NV30 差劲的性能数据。一位困惑不解的软件工程师说，这就像硬件雾着色器功能几乎被移除了一样。硬件架构师回答："哦，是的，我们把它去掉了。没有人用它。"

软件团队惊呆了。雾着色器在大多数游戏中仍然被广泛使用，因为它们允许开发者通过模糊更远处物体的细节来节省图形计算，就像在雾中一样。英伟达的硬件团队在移除之前没有征求任何人的意见，也似乎没有理解它的重要性。突然之间，英伟达的各个团队好像变成了孤岛——正是公司一开始就坚决避免的那种组织结构。

另一位英伟达员工回忆了一次类似的会议。一位硬件工程师在会议上介绍 NV30 中的不同功能列表。一位开发者关系部门的员工注意到，列表中缺少一个重要特性，即多重采样抗锯齿（MSAA）——一种平滑锯齿边缘，缓和物体线条与背景之间过渡的技术。他问："4 倍 MSAA 的情况怎么样？发生了什么？"

硬件工程师回答："我们认为这没什么大不了的。这种技术还没有经过验证。"

开发者关系部门的员工震惊了。"你在说什么？ATI 已经在产品中加入了这个功能，玩家们都很喜欢。"英伟达的工程师似乎又一次对市场需求一无所知。"NV30 是一个架构灾难，一个架构悲剧，"黄仁勋后来表示，"软件团队、架构团队和芯片设计团队之间几乎没有相互沟通。"[11]

因此，英伟达未能确保 NV30 满足当季大型游戏的所有基准。媒体评测了新图形芯片，评测的共同关注点是基准测试。在这一过程中，独立评测人会在特定的图形密集型游戏和不同分辨率下测试每秒帧数等指标。标准的基准测试为游戏玩家提供了一系列量化的参考点，使他们不需要依赖对显卡质量的主观分析（或这些显卡制造商的营销）。该芯片显然无法在消费者最关心的游戏基准测试中胜出。这是自 NV1 以来，英伟达首次推出在性能方面并非市场顶尖的显卡。

与之相反，ATI 已经签署了微软的合同，从一开始就能够对 R300 进行针对 Direct3D 9 的优化。新显卡 Radeon 9700 PRO 及其搭载的新芯片完美运行，且完全适配微软最新发布的应用程度编程接口。它能够在高分辨率下顺畅运行最新的 3D 游戏，包括《雷神之锤 3》和《虚幻竞技场》，几乎不存在任何问题。它能够以更鲜艳的 24 位色彩（浮点数）渲染像素，这是该行业上一代芯片使用的 16 位色彩的升级版。它的抗锯齿能力远胜于竞争对手，可以使得多边形更加锐利，线条更加清晰。它于 2002 年 8 月问世，正好赶上秋季返校购物潮。

英伟达的 NV30 则没有做到这一切。它在与 Direct3D 9 的兼容性上表现不佳，导致新游戏在最高图形设置下不尽如人意。它针对 32 位色彩进行了优化，在技术上超越了 Radeon 9700 PRO 上的 24 位色彩系统，但由于 Direct3D 9 不支持 32 位色彩，英伟达被迫请求其显卡合作伙伴将搭载 NV30 的新产品的发布时间推迟大约 5 个月。这一延迟使英伟达有机会在与 Radeon 9700 PRO 的竞争中更具竞争力，但也使英伟达错过了秋季发布的关键窗口。

在将基于 NV30 的 GeForce FX 显卡与 Radeon 9700 PRO 进行比较后，英伟达的工程师决定彻底修改芯片设计以提高竞争力。他们开发了一些软件，以"翻译"DirectX 的新特性到 NV30 上。"我们不得不为运行 DirectX 9 调用而做出多种尝试，"丹·维沃利说，"当调用 DirectX 时，我们必须将其转换为我们的芯片可以运行的其他功能。"

这些"调用"，即发送到 DirectX 应用程序编程接口的图形指令，需要更强的处理能力。这迫使英伟达提高 NV30 的时钟频率。由此产生的过热使英伟达不得不在芯片上方放置一个巨大的双插槽风扇，每当风扇启动时都会发出巨大的噪声。"对于使用该芯片的游戏玩家来说，这是一个可怕的体验，因为噪声太大了。"维沃利说。风扇噪声成为客户持续讨论的话题。英伟达唯一能够想到的工程解决方案是编写一个算法来改变风扇旋转的时间，但这需要时间，并且最终效果并不理想。

为了挽回公司的声誉，市场团队的一名成员建议制作一个关于风扇噪声的自嘲视频，以表明这是一个有意为之的特性。"我们只好制作了一个自嘲视频，将 GeForce FX 改装成吹叶机并用它吹落叶。我们还展示了人们用它烹饪的场景，因为它工作时温度实在是太高了。"维沃利说道。

这至少在一定程度上安抚了游戏社区，他们欣赏英伟达能够自嘲并承认失误。这也有助于减少对该显卡的负面评论。每当竞争对手试图向消费者指出 GeForce FX 有多吵时，他们都会看到英伟达的自嘲视频。

尽管该视频在公共关系上取得了胜利，但对该芯片的市场前景几乎没有帮助。与 R300 相比，基于 NV30 的显卡价格更高、发热量更大、游戏性能更差、风扇噪声更大。在关键的假日季，公司的销售额比上年同期下降了 30%，股价也从 10 个月前的最高点暴跌了 80%。英伟达正在重现 NV1 的噩梦。公司的各个团队之间失去了联系，而整个公司也不知何故失去了与核心消费者群体的联系。

黄仁勋对芯片的糟糕计划和执行不力感到愤怒。他在全公司会议上点名批评了公司的工程师。

"我想和你们聊聊 NV30。这就是你们打算制造的垃圾吗？"他大喊道，"架构师在产品组装上做得一塌糊涂。你们怎么会在事情发生之前没看到'吹叶机'的问题？应该有人举手说'我们这里有设计问题'。"[12]

批评并没有在这次会议后就结束。后来，黄仁勋邀请了当时美国最大的电子零售商百思买的一位高管与英伟达的员工谈话。[13] 这位高管花费了很多时间谈论 NV30 的糟糕表现和顾客对噪声的抱怨。

黄仁勋赞同道："他说得对。这是垃圾。"

唯一让英伟达得救的原因是，它的竞争对手没有大力施压。ATI 决定将其基于 R300 的显卡价格定在 399 美元，与基于 NV30 的显卡相同。如果 ATI 足够激进地降低 R300 的价格，该公司可能会摧毁消费者对劣质 NV30 显卡的需求，并可能让英伟达破产。德怀特·迪克斯表示，ATI 有充足的利润空间，因为与 NV30 拙劣且臃肿的设计相比，ATI 的芯片有巨大的成本优势。"如果黄仁勋是 ATI 的负责人，"迪克斯说，"他一定会让英伟达破产。"

内部威胁同样重要

黄仁勋反思了 NV30 的失败。归根结底，无论公司多么庞大，他都有责任确保英伟达的团队能够有效协作。他现在意识到，一下子将原 3dfx 工程师全面融入英伟达的要求可能过高。"NV30 是我们引入原 3dfx 员工之后第一次构建的芯片，"多年后，他总结道，"当时的组织管理并不是很和谐。"[14]

《创新者的窘境》教会了黄仁勋如何保护公司免受竞争的侵害，正如它教会了一代又一代的商业领袖一样。这本书帮助他看到来自低成本竞争对手的威胁，因此他推出了低端和中端英伟达芯片系列，这些芯片是由那些达不到顶级标准的部件制成的，无法达到顶级芯片的标准。《创新者的窘境》使黄仁勋确信，他应该使英伟达的合作伙伴多样化，不仅限于消费级台式电脑，还包括游戏主机、Mac和笔记本电脑。他进行了重大的战略投资，例如，为英伟达芯片增加可编程功能，使其成为真正的 GPU。

然而，至少在英伟达成立后的前 10 年里，黄仁勋没有领会到克里斯坦森的一个更微妙的信息。仅仅关注外部成功的衡量标准——收入、赢利能力、股价或产品发布速度——是不够的。一个真正可持续的企业同样需要花费大量精力向内部审视，以保持其内部文化的统一。随着英伟达确立自己在图形行业的主导地位，公司高管开始被其合作伙伴、投资者和财务问题分散注意力。英伟达未能看到自己内部日益增长的问题——自满。公司几乎因此而遭到毁灭。

黄仁勋以遵循不犯同样错误的原则而闻名。他暂时收起了对外部威胁的警惕，转而关注内部威胁。他解决了与微软的合同纠纷，确保他的架构师在 Direct3D 方面不必在黑暗中摸索。他确保员工不断与游戏开发者沟通，以便将对他们和游戏玩家最重要的功能始终纳入英伟达的芯片中。他要求团队确保未来推出的 GPU 都要针对最受欢迎的游戏进行优化，从而在评测的基准测试中占据主导地位。最重要的是，他推动团队以"理智的诚实"开展工作——始终质疑自己的假设，接受自己的失误，以便在问题尚未演变成像 NV30 这样的灾难之前解决它们。

英伟达勉强熬过了它的前 10 年。它取得了许多成就：技术奇迹、成功的 IPO，以及在大多数竞争对手只存活几年的行业中得以较长时间地存续。它因失败而谦逊：由 NV1 和 NV2 导致的几近破产，生产问题使得 RIVA 128 的成功发布偃旗息鼓，以及最近的 NV30 惨败预示着公司需要面对的深层次组织问题。它已经成为一家大型上市公司，面临与任何其他大型上市公司相同的挑战和"熵增"的倾向。黄仁勋必须进化为另一种类型的领导者，英伟达才能在未来 10 年取得成功。

2002

第三部分
英伟达崛起

2013年

08
GPU 时代

基于 GPU 的通用计算

之前有一篇关于云计算的博士论文，首次提及了一项推动英伟达成为万亿美元市值公司的技术。马克·哈里斯是来自北卡罗来纳大学教堂山分校的一名计算机科研人员，他希望找到一种方法，能利用计算机更精确地模拟复杂的自然现象，如流体运动或大气云层的热力学过程。

2002 年，哈里斯观察到，越来越多的计算机科学家开始在非图形应用中使用 GPU，例如英伟达的 GeForce 3。运行模拟的研究人员报告称，与使用只依赖 CPU 的计算机相比，使用 GPU 的计算机在速度上显著提升。但是，要运行这些模拟，计算机必须学会如何将非图形计算重构为 GPU 可以执行的图形函数。换句话说，研究人员已经破解了 GPU。

为此，他们利用 GeForce 3 的可编程着色器技术来执行矩阵乘法，这个技术最初是为了给像素上色而设计的。这一功能通过一系列数学计算，将 2 个矩阵（基本上是数字表）相结合，从而创建一个新矩阵。当矩阵规模较小时，使用常规计算方法执行矩阵乘法相对简单。但随着矩阵越来越大，相乘所需的计算复杂度也呈立方增长，同时它们解释现实世界问题的能力也在增强，这些问题涉及的领域非常广泛，包括物理学、化学和工程学等。

"实际上，GPU 是我们偶然的发现，"英伟达科学家大卫·柯克说，"图形处理很难，因此我们建立了一个超级强大且灵活的巨型计算引擎来处理图形。研究人员看到了这些浮点运算能力以及通过隐藏在某些图形算法中的计算能力来编程的可能性。"[1]

然而，将 GPU 用于非图形需要一套非常特殊的技能。研究人员不得不依赖专为图形着色设计的编程语言，包括 OpenGL 和英伟达的 Cg（C for graphics），后者于 2002 年推出，在 GeForce 3 上运行。像哈里斯等足够敬业的程序员，学会了如何将他们的实际问题"翻译"成上述语言可以执行的函数，并很快发现如何将 GPU 的能力用于理解蛋白质折叠、确定股票期权定价，以及从磁共振成像扫描中组合诊断图像等领域。

学术界最初用一些冗长的术语来描述 GPU 用于科学的做法，如"将图形硬件应用于非图形应用"或"利用专用硬件实现代替用途"。哈里斯决定创造一个更简单的术语："基于 GPU 的通用计算"（简称"GPGPU"）。他创建了一个网站来推广这个术语。一年后，他注册了网站 GPGPU.org。在网站上，他撰文介绍这一新兴趋势，并和他人交流，讨论使用 GPU 编程语言的最佳方法。GPGPU.org 迅速成为研究人员交流的热门网站，每个研究人员都想利用英伟达新设备的强大功能。

哈里斯对 GPU 的浓厚兴趣，为他在英伟达公司赢得了一份工作。获得博士学位后，他跨越大陆搬到硅谷，加入了他曾学习如何破解其显卡产品的英伟达。他惊讶地发现，自己创造的"GPGPU"这个术语在公司内部得到了广泛使用。"英伟达公司的人看到了产品潜力，并使用了这个我组合得有点傻乎乎的缩写。"哈里斯说。

虽然哈里斯并不知道，英伟达招募他就是为了让 GPGPU 在公司更容易被接受和被使用。黄仁勋很快就意识到，GPGPU 有可能将 GPU 的市场扩展开来，而不仅限于计算机图形处理。"也许最重要的一些影响和早期迹象表明，我们应该继续拓展的是医学成像领域。"他说。[2] 然而，所有 GPGPU 工作必须通过 Cg 进行——这是英伟达专属的，并且仅针对图形功能进行优化的语言——这个现实成为 GPGPU 被广泛使用的障碍。为了扩大市场需求，英伟达必须使其显卡更容易编程。

哈里斯了解到，英伟达内部有一个芯片团队正在进行一个代号为 NV50 的秘密项目。大多数芯片设计与当前的架构只有一到两代的差距。NV50 则是英伟达正在开发的最具前瞻性的芯片，几年之内它都不会发布。它将拥有自己的专用计算模式，以便其 GPU 更容易访问非图形应用。它将使用 C 编程语言的扩展，并且 NV50 将启用并行计算线程来访问可寻址内存——从本质上讲，使 GPU 能够辅助 CPU，实现科学、技术或工业计算中可能需要的所有功能。

英伟达将这种芯片的编程模型称为统一计算设备架构（CUDA）。借助 CUDA，无论是图形编程专家，还是科学家和工程师，都可以利用 GPU 的计算能力。CUDA 还可以帮助他们管理复杂的技术指令网络，从而可以在 GPU 成千上百个计算单元上执行并行计算。黄仁勋相信，这将使英伟达的触角扩展到科技行业的每一个角落。未来改变公司的将是新软件，而不是新硬件。

让 CUDA 对所有人可用

在 CUDA 早期发展中，有 2 个至关重要的人物，分别是伊恩·巴克和约翰·尼科尔斯。尼科尔斯是硬件专家，他于 2003 年加入英伟达，成为公司早期 GPU 计算功能的硬件架构师。他与芯片团队密切合作，确保将重要特性纳入 GPU 中，比如更大的内存缓存和不同的浮点运算方法。尼科尔斯明白，如果英伟达希望推动 GPU 计算的普及，就必须提高性能。（2011 年 8 月尼科尔斯因癌症去世，很遗憾他未能看到自己在 CUDA 上的工作大获成功。他被许多英伟达内部员工视为公司的无名英雄。)"没有约翰·尼科尔斯，就没有CUDA。他是我们公司最具影响力的技术专家，最终促成了CUDA的诞生。"黄仁勋说，"他在去世之前一直致力于CUDA的工作，是他向我解释了CUDA的真正含义。"[3]

巴克从事软件开发工作。他曾在英伟达实习，后来前往斯坦福大学攻读博士学位。在学习期间，巴克开发了BrookGPU编程环境，为基于GPU的计算提供了专用语言和编译器。他的工作引起了美国国防研究机构"美国国防高级研究计划局"（DARPA），以及他的前雇主英伟达的关注。后者获得了巴克所研发技术的部分授权。2004年，他被英伟达聘用。[4]

早期的CUDA团队规模小且紧密。巴克的软件团队由3名工程师组成：尼古拉斯·威尔特和诺兰·古德奈特，他们负责开发实现CUDA驱动程序API；诺伯特·尤法负责编写CUDA标准数学库。其他人则专注于硬件编译器，这些编译器将人类可读的代码转换为计算机可执行的机器代码。其中，理查德·约翰逊设计了英伟达的并行线程执行语言（PTX）架构规范，为CUDA设计的虚拟硬件编译器奠定了基础；迈克·墨菲为CUDA构建了Open64（x86-64架构）PTX编译器；在2007年年底加入的维诺德·格罗弗则负责编译器驱动程序的开发。

2个小组的密切协作至关重要。"任何计算机架构都包含软件和硬件两个方面。CUDA不仅仅是一款软件，"英伟达数据中心业务的前总经理安迪·基恩表示,"它既是机器的展现形式,也是访问机器的方式,因此两者必须一起设计。"[5]

最初的计划是仅在英伟达的 Quadro GPU 上推出 CUDA,这些 GPU 专为高端科学和技术工作站设计,但也存在一定风险,所有新技术都面临"先有鸡还是先有蛋"的问题。如果没有开发者基于新芯片开发出应用程序,用户就没有理由去购买它。而如果没有大量的用户,开发者就不愿意为新平台开发软件。从历史上看,当一家公司的产品被双方都接受并采用时,就像 ARM 公司推广其为移动电话设计的 ARM 芯片架构、英特尔推广其为个人计算机设计的 x86 处理器所取得的成绩一样,那结果通常是数十年的市场主导地位。而那些未能使双方都采用的产品,如 Power 的个人电脑(及其 RISC 处理器)和数字设备(及其 Alpha 架构),在几年内就逐渐淡出了计算机历史的舞台。

第一印象很重要。如果英伟达最初只针对高端工作站发布 CUDA,而且不提供足够的软件支持,那很可能会导致开发人员将其视为仅适用于少数专业技能领域的专业工具。"你不能只把技术扔过去,就指望人们去采用它,"市场营销高管李·赫希表示,"你不能仅仅说,'这是我们的新 GPU,尽情使用吧。'"

相反,英伟达必须做两件事情:让 CUDA 对所有人可用,并且使其适用于一切领域。黄仁勋坚持要求在英伟达的全部产品线中推出 CUDA,包括 GeForce 系列游戏 GPU,从而以用户相对可负担的价格被广大用户认可。这将确保用户可以把 CUDA 与 GPU 画等号，或者至少与英伟达的 GPU 画等号。黄仁勋明白，重要的不仅是推出新技术，还要让技术在市场上随处可见。使用 CUDA 的人越多，这项技术成为标准的速度就越快。

"我们应该把这项技术推向所有领域，让它成为基础性技术。"黄仁勋告诉 CUDA 团队。

此举耗资巨大。英伟达在 2006 年 11 月推出了 NV50，随后官方正式更名为 G80，用于 GeForce 系列显卡，并同时推出了 CUDA。G80 是英伟达第一款具有计算功能的 GPU 芯片。它拥有 128 个 CUDA 内核，用来支持 CUDA 功能。通过使用硬件多线程特性，GPU 能够在这些内核上同时运行多达数千个计算线程。相比之下，英特尔当时的"酷睿 2"CPU 最多只有 4 个计算内核。

英伟达在研发 G80 上投入了大量时间和巨额资金。与每一代 GeForce 芯片只隔了 1 年相比，开发这款 GPU 计算芯片花费了 4 年。它的成本简直是天文数字，高达 4.75 亿美元，约占英伟达那 4 年总研发预算的 1/3。[6]

这还只是一个版本的兼容 CUDA 的 GPU。英伟达为了让所有 GPU 都兼容 CUDA 投入了大量资源，这导致其毛利率从 2008 财年的 45.6% 下降到 2010 财年的 35.4%。在英伟达增加对 CUDA 投入的同时，全球金融危机也摧毁了消费者对高端电子产品的需求，以及企业对 GPU 工作站的需求。这两个压力综合导致英伟达的股价在 2007 年 10 月至 2008 年 11 月暴跌超过 80%。

"CUDA 为我们的芯片增加了大量成本。"黄仁勋承认道。[7] "只有少数客户使用 CUDA，但我们让每款芯片都兼容 CUDA。你可以回顾历史，看看我们的毛利率。它开始时就很差，后来变得更糟。"[8]

尽管如此，但黄仁勋坚信 CUDA 的市场潜力，即使投资者要求他进行战略调整，他也仍然坚持自己选择的路线。"我相信 CUDA，"他说，"我们确信，加速计算将解决正常计算机无法解决的问题。我们必须做出这样的牺牲。我对它的潜力深信不疑。"

G80 发布后，尽管得到了如《连线》和 *Ars Technica* 等科技读物的好评，但 G80 仍未能获得市场的广泛关注。[9] G80 发布一年后，约 50 名金融分析师来到了位于圣克拉拉的英伟达总部，想听听黄仁勋和公司的投资者关系团队如何解释：当所有迹象都表明英伟达走上了错误的道路时，为什么华尔街依然应该继续相信它。

整整一个上午，管理层都在详细介绍其将高性能 GPU 计算扩展到工业和医学研究应用等新市场的计划。公司估计，尽管当时的 GPU 计算市场几乎为零，但在未来几年内会增长至 60 亿美元以上。特别是，英伟达预见到了由 GPU 驱动的企业数据中心的需求，并聘请了曾在多家初创公司从事硬件业务开发和产品营销的安迪·基恩，由他来领导专注于这个领域的新部门。上午的介绍结束后，很显然，分析师对 CUDA 依然持怀疑态度，认为它对英伟达的利润率产生了负面影响。

午餐在停车场的帐篷里进行：由三明治、瓶装水和汽水组成的自助餐。来自纽约哈德森广场研究机构的分析师丹尼尔·厄恩斯特拿了一些食物，坐在一张空桌子旁。不久后，其他分析师也坐了过来，最终黄仁勋也来了。其他分析师开始向这位 CEO 提出一些短期财务问题。由于英伟达即将转向使用新的制造技术来生产后续芯片，分析师想知道 CUDA 对公司利润率的具体影响。这些提问，都是黄仁勋在当天早些时候已经提及的内容，他也尽职地重申了公司的官方指引，即在短期受到研发的影响后，公司的长期利润率最终会上升。分析师对此并不满意，他们只想关注接下来的几个月，而不是接下来的几年。

厄恩斯特感到黄仁勋正变得沮丧且即将离开，于是他决定问一些不同的问题。"黄仁勋，我家有一个两岁的女儿。我买了一台新的索尼 A100 数码单反相机，并定期将照片下载到我的 Mac 电脑上，再用 Photoshop（一款修图工具）做一些简单的编辑。但当我这样做时，只要一打开这些高分辨率图片，我的 Mac 电脑就会变慢。在我的 ThinkPad（一种计算机品牌）上，情况会更糟。GPU 能解决这个问题吗？"

黄仁勋的眼睛亮了起来。"Adobe 是我们的合作伙伴，但先别写这个，因为还没发布。使用 CUDA 的 Adobe Photoshop 可以指示 CPU 把任务转给 GPU，从而让 Adobe 运行更快速，"他说，"这正是我今天所谈的即将到来的'GPU 时代'。"

这个回答至少让厄恩斯特感到印象深刻。他意识到 CUDA 并非一时的潮流，而可能是英伟达未来的核心。他对其他分析师提出的关于公司财务情况的问题不以为意。他很高兴看到英伟达愿意牺牲短期利润，来抓住 CUDA 的巨大上升空间。"GPU 时代"将创造如此多的机会，而黄仁勋认为自己的使命就是让英伟达做好准备，以便抓住这些机会——即便没人能确切知道这些机会将是什么。其他一切，包括对企业财务的关切，都是次要的。

但是，黄仁勋的愿景要与市场现实相匹配并非易事。英伟达解决了产品和生产问题，现在黄仁勋要求他的团队想方设法为 CUDA 创造市场 ——"提供整体解决方案"，正如他所说。这需要对从娱乐到医疗再到能源的每个行业进行系统分析，而且，不仅要分析潜在需求，还要想清楚如何在每个领域通过特别的、基于 GPU 的应用来满足那些需求。如果开发者还不清楚如何使用 CUDA，那英伟达就要教会他们。

从零开始建立新市场

几年来，英伟达公司的首席科学家大卫·柯克一直会收到来自全国各地顶尖大学的请求，希望得到这家芯片制造商的赞助。

英伟达看到了一个既能帮助高校，又能推动其 GPU 应用的绝佳机会。在进行了一些特定捐赠后,柯克联合加州理工学院、犹他大学、斯坦福大学、北卡罗来纳大学教堂山分校、布朗大学和康奈尔大学等高校,共同制订了一项计划。英伟达将向这些学校提供显卡和财务捐赠,作为回报,这些学校将在图形编程课程的教学中使用英伟达硬件。"这并非完全无私,"柯克表示,"我们希望它们在教学中使用我们的硬件,而不是 AMD 的硬件。"[10]

该计划解决了英伟达在大学捐赠项目中一直存在的问题。每当英伟达进行现金捐赠时,大学都会收取管理费,从而降低了捐赠对实际研究的影响。而通过采用这个以硬件捐赠为主的模式,英伟达能够确保让学生而非管理人员,从公司的援助中获得最大收益。

早些时候,英伟达建立了实习计划,来自合作学校和其他学校的一些最优秀的学生,可以在公司积累一些工作经验,并有可能转为未来的正式员工。比如,CUDA 工程师伊恩·巴克就是通过这个途径接触到英伟达的。

柯克希望在 CUDA 发布后,也能用和芯片捐赠一样的方式进行推广。他和同事大卫·利布基发起了一个名为"CUDA 卓越中心"的新项目,如果学校承诺教授一门关于 CUDA 的课程,英伟达将提供兼容 CUDA 的机器。柯克走访各所大学,告诉学生、教授和系主任,他们需要改变计算机科学的教学方式,因为并行计算会越来越重要。在一年的时间里,他周游世界,做了 100 多场演讲,有时一天要做多场。然而,还是无人问津。

"没有人知道如何用 CUDA 编程，也没有人为此投入精力，"柯克说，"没有人想听这些。我简直是在四处碰壁。"

最终，他向理查德·布拉胡特介绍自己的想法，后者是伊利诺伊大学香槟分校电气与计算机工程系主任。布拉胡特告诉柯克，这的确是一个好主意，但他补充说，如果柯克是认真的，那他应该自己去教这门课。

柯克最初的反应是拒绝。当时，他住在科罗拉多州的山区，根本不想去伊利诺伊州，更别说教书了，但布拉胡特说学校会为他搭配一位经常获得教学奖的顶级教授胡文美。"你们两个可以一起教这门课，一定会成功的，胡文美会告诉你如何教学。"他说。终于，柯克同意了。

2007 年，柯克每隔一周都会从科罗拉多州飞往伊利诺伊州来讲课。在学期结束时，学生们组织了 CUDA 研究编程项目，并发表了他们的工作成果。全国各地的研究人员纷纷开始索求柯克和胡文美的讲座以及教学材料，于是他们录制了课程，并把视频和笔记放在网上供免费观看。

次年，英伟达将伊利诺伊大学香槟分校命名为"首个 CUDA 卓越中心"，并为学校资助了超过 100 万美元，以及 32 台 Quadro Plex Model IV 系统（每套系统配备 64 个 GPU）——这是英伟达制造的最先进的机器。

"大卫·柯克和胡文美是传道者，"比尔·达利，也就是柯克后来的继任者、英伟达的首席科学家,如此说道,"他们在全国各地教授课程,基本上是在传播 GPU 计算的'教义',而且这确实很有效。"

其他学校听说了柯克的课程,也开始探索如何开展并行计算教学。然而,由于柯克的课程是该领域的第一门课,因此没有常规的教学大纲或标准,也没有教科书可用。因此,柯克和胡文美写了一本书——《大规模并行处理器程序设计》,该书于 2010 年出版,销售了数万本,并被翻译成多种语言,在数百所学校中使用。这是 CUDA 吸引注意力和人才的重要转折点。

在为 CUDA 建立了学术培训渠道后,英伟达开始推动其在非学术研究人员中的使用。2010 年,除了学术计算机科学和电气工程系的研究人员,几乎没有人使用 GPU 进行科学研究。然而,游戏带来了希望的曙光。个人电脑游戏,尤其是第一人称射击游戏,可以越来越逼真地模拟物理现象。当使用 GPU 的传统图形加速功能时,这些游戏可以计算出子弹的飞行轨迹——从子弹经由枪口射出的那一刻,到风对其飞行轨迹的影响,再到击中混凝土墙后产生的碎片飞溅。所有这些应用都依赖于矩阵乘法的各种排列组合,这与解决复杂科学问题时所使用的数学原理相同。

英伟达生命科学行业商务拓展部门负责人马克·伯杰,负责拓展 GPU 在化学、生物学和材料科学中的应用。他采用了与我们在第 6 章中讲述的奥利弗·巴尔图克相似的策略,后者当时负责提高英伟达在科技行业潜在合作伙伴中的知名度。

首先,伯杰向研究人员赠送了 GPU,并阐述了英伟达在创建 CUDA 的基础软件库和工具方面所做出的重大投资。尽管公司可能对科学用户进行的特殊计算并不熟悉,但它意识到这些用户更愿意把时间花费在设计实验而非构建基础数学库上。因此,除了显卡,伯杰还提供开发者工具,这不仅加速了 CUDA 的普及,还帮助他与科学家建立了牢固的关系。

"我成了圣诞老人,向所有开发人员赠送了大量的 GPU,每个人都喜欢圣诞老人。"他说。[11]

此外,他开始举办为期 2 天的年度技术峰会,以此促进英伟达员工与科学家的交流和学习。来自生命科学行业的数十名研究人员——包括化学工程师、生物学家、药理学家,以及支持他们的软件开发人员——不仅从美国各地,甚至从欧洲、日本和墨西哥远道而来,聚集在圣克拉拉。在峰会的第一天,英伟达的工程师向与会者介绍了 CUDA 即将在软硬件方面的改进计划。随后,科学家和开发人员可以提出自己的反馈意见。

"我们的工程师并非千里眼,"伯杰说,"他们不知道冰球将滑向何方。曾经有一段时间,在开发者提供的反馈中,10 多个功能都被纳入 CUDA 或硬件中。"

科学家和研究人员对这种透明度和倾听意愿表示赞赏。"他们把我们视为宝贵的资源,"加州大学圣地亚哥分校的生物化学教授罗斯·沃克说,"我们可以告诉他们,'我们需要这个功能',然后他们会改变芯片的设计或将其添加到 CUDA 中,而英特尔是永远不会这样做的。"

黄仁勋本人也喜欢参加峰会,并与 CUDA 的实际用户坐在一起,听取他们的见解。在第一次年度会议上,他做了主题演讲,回忆起他进入行业的早期时光。当他开始从事芯片设计时,他必须设计硅片,将其从工厂取回并在显微镜下查看哪里有缺陷。"他对我们来说有着真实的亲切感……他及其团队正模拟着在分子水平上发生的事情。"伯杰说。

黄仁勋接着转向解释仿真如何改变芯片行业。他是第一代能够在芯片制造前进行大量虚拟调试的工程师之一。黄仁勋强调,这也是 CUDA 所承诺的为科学带来的变革。在实验室里通过手工来设计和测试新药的过程既昂贵又耗费人力,而现在他们可以用软件虚拟地完成这一过程。使用 CUDA 驱动的 GPU 可以使他们的研究变得更便宜、更快,并且减少人为错误的可能性。

这对英伟达来说是新的领域。黄仁勋自从与普里姆和马拉科夫斯基在圣何塞东部的丹尼餐厅首次会面以来,就一直强调清晰界定市场机会和制定新业务战略的重要性。甚至在 1993 年,他也必须说服自己,如果要放弃稳定的工作共同创办英伟达,就必须确信个人电脑图形领域存在年收益 5 000 万美元的机会。为了让公司在 NV1 和 NV2 失败后生存下来,他必须重新校准英伟达的战略,以瞄准市场的最前沿。如今来看,机会确实是清晰的:尽管个人电脑图形领域竞争激烈，但几乎没有人制造真正优秀的芯片，这将是英伟达的利基市场。为了避免陷入企业过时的无限循环，也就是前一年销量最好的公司在第二年就会被超越，黄仁勋必须推动团队在每个设计周期内推出 3 款芯片，而不是只推出 1 款。为了使公司的收入来源多样化，避免某一领域需求疲软导致整个业务陷入困境，他积极拓展新市场：进军游戏机图形市场，即使微软最初为其 Xbox 签署了另一家图形芯片合作伙伴；进入苹果麦金塔系列，尽管英伟达在 Mac 架构方面的经验不多；甚至进入其最初回避的专业工作站市场，推出了针对计算机辅助设计优化的 Quadro 系列产品。

现在，黄仁勋已亲自见证了一项全新的计算科技——GPU 的发明，并且必须从零开始建立市场。他意识到，这将是一个巨大的商机——它不仅能在游戏领域，还能在商业、科学和医学领域释放巨大的潜力。为了实现这一潜力并打造市场，黄仁勋必须开发一套全新的技能，并教会公司、投资者和他自己，在这样一个总是期望短时间内出现下一个伟大事物的行业中，保持耐心和坚持不懈的价值。

助力学术资源的公平分配

罗斯·沃克教授创建了一个新的 GPU 应用案例，即用于一个名为"辅助模型构建和能量精化"（AMBER）的生物技术程序。该程序可以模拟生物系统中的蛋白质，已经成为学术界和制药公司研究新药时最常用的应用之一。它最初是为高端计算机设计的，因此使用范围仅限于世界上资金最雄厚的研究小组。但沃克发现，这个程序也可以在消费级 GPU 的协作下正常运行。这使得它成为生物科学中使用最广泛的工具之一。该软件拥有 1 000 个以上的大学和商业许可证，并且每年在 1 500 篇以上的学术出版物中被引用。AMBER 的成功归因于该程序与英伟达 CUDA 架构的兼容性。

沃克在帝国理工学院获得了化学学士学位和计算化学博士学位。随后，他在位于圣地亚哥的斯克里普斯研究所担任博士后研究员和研究科学家，其研究重点是针对酶反应的计算模拟软件。有一天晚上，在酒吧里，他遇到一些来自圣地亚哥超级计算机中心的员工。

"我们认识你，"他们说，"作为使用了我们所有算力的人，你的名字被写在我们的白板上。"

沃克被邀请担任该中心生物科学领域的负责人，该中心位于加州大学圣地亚哥分校。他接受了这个职位。尽管他继续从事 AMBER 的工作并被任命为教授，但他对学术研究过程越来越失望，尤其是在涉及宝贵的计算资源分配时。

沃克是委员会的委员之一，该委员会负责审查提案，并将该中心计算机的使用时间分配给获胜的研究小组。在每次会议上，通常有 50 个研究提案需要阅读，因而大多数委员只会花费几分钟来讨论一个提案。这让他感到沮丧。"我知道人们花费了 3 个月，付出了心血、汗水和泪水来撰写这些提案，而我们却只花费了 5 分钟来决定它们的命运。"沃克说。大多数提案被否决了：资助率徘徊在较低的个位数。

更糟糕的是，沃克发现超级计算机上的算力分配往往倾向于那些已经成功的人和小组。例如，著名科学家克劳斯·舒尔滕开发了能够将蛋白质和病毒结构模拟到原子水平的计算模型；格雷格·沃斯开发了"多尺度理论"算法，这种算法能够模拟复杂生物分子系统的行为。这些人往往会被优先考虑。

"他们能够发表那些著名的论文，是因为他们得到了超级计算机的时间资源，"沃克说，"其他拥有伟大想法但从未得到这些时间资源的人，则无法产生影响。这不取决于你的科学研究有多好，而是你能否获得计算时间资源。"这是一个悖论：获得超级计算资源的唯一途径似乎是已经拥有这些资源。

沃克回忆起他曾有一次拒绝了舒尔滕的申请。在 2009 年 H1N1 病毒流行期间，舒尔滕请求紧急优先使用超级计算机进行分子动力学模拟。沃克很清楚，任何探索性的研究都需要数年才能研制出药物，因此并不会改变流感大流行的结果，但他的决定被推翻了，他相信这是因为舒尔滕可以调动一些政治资源。

对沃克来说，资源有限、政治因素和学术界官僚主义共同形成了一个瓶颈，限制了整个领域的进步。而他遇到的不过是这个现状中的一个案例。他感到沮丧，他希望计算能力能够随需应变。但如果一切研究都要依靠少数功能极其强大但价格极其昂贵的超级计算机来运行，那就没有办法改变现状。沃克看到了对某种新技术的需求，这种技术可以使计算能力更加普及。"这就是我的动力。"沃克说。

沃克最初考虑委托定制设计用于 AMBER 优化的 ASIC。尽管比超级计算机便宜，但是它们的成本依然高达数万美元，而且研究人员还必须花费更多的钱来构建专用机。即使他能找到设计者和制造商，大多数研究人员也负担不起这些 ASIC 芯片。而那些买得起的人，已经有使用超级计算机的便捷途径。

接下来，沃克考察了游戏机，并认为索尼 PlayStation 系列是最好的选择，但他又遇到了麻烦。虽然 PlayStation 足够便宜，但很难破解索尼控制台的硬件和软件。沃克无法将其用于非游戏用途。

尽管如此，关于 PlayStation 的思考给了他一个想法。即使他从未成功破解控制台，但他对图形能力的调查使他确信，消费级图形芯片足以运行 AMBER。他所需要的只是一个可以实际编程的开放平台。然后他意识到，实验室里同事们用于创建 3D 可视化的那些工作站电脑，都配备了与 PlayStation 中的 GPU 相同级别的高端 GPU。尽管这些工作站电脑的费用高达数万美元，但离他想要运行 AMBER 的消费级硬件又近了一步。也许它们可以用作概念验证。

沃克首先尝试使用伊恩·巴克创建的 Brook 编程语言。他在由英伟达的主要竞争对手 AMD 销售的 Radeon 系列显卡上进行了第一次测试，但这些显卡的软件不成熟，也不容易编程。然后，他开始与英伟达讨论使用 CUDA 架构运行分子动力学模型。

这真是天作之合。沃克发现 CUDA 的编程环境更易于使用，英伟达则看到了将其业务扩展到科学计算领域的机会。英伟达为沃克提供了技术资源，帮助他重新设计 AMBER，使其不仅能够在 CUDA 上运行，还能充分利用其计算能力。"我们从第一天起就决定将所有内容迁移到 GPU 上，以至于 CPU 变得无关紧要。"沃克说。

2009 年，沃克发布了第一个支持 GPU 的 AMBER 版本，其运行速度比之前的版本快了 50 倍。

沃克打破了学术官僚的垄断，实现了使计算能力公平化的梦想。CUDA 使科学家们能够在可负担得起的硬件上进行重要实验，而不是依赖少数精英大学里昂贵又稀缺的超级计算资源。历史上首次，数万名使用 AMBER 的博士后毕业生，可以在自己的硬件上、按自己的节奏开展重要的科学计算实验，而不必与各自领域的杰出人物竞争——这是一场他们注定会输掉的竞争。学生们在个人电脑上配备几张英伟达 GeForce 显卡，就等于用合理的价格获得一台高性能的计算机。"你可以花 100 美元买一个 CPU，再花 500 美元买 4 块 GeForce 显卡，就能拥有一台工作站，而且性能可以与一整个机架式服务器相媲美。这是一场变革。"

在英伟达2010年的年报中,英伟达把AMBER的成功列在"高性能计算"产品讨论之首。它被列在所有重大公告之前,包括与惠普的合作,GPU驱动的用于石油勘探的新"地震软件套件"的发布,以及GPU在欧洲一家领先的金融机构投资银行部门中的使用,等等。为了进一步巩固沃克与英伟达的关系,公司于2010年11月任命他为CUDA学者项目的成员,该项目用来表彰那些在各自学科内使用CUDA、提升平台知名度等方面做出"杰出工作"的研究和学术领袖。正如黄仁勋所预言的那样,GPU正使先进计算变得更普及且更便宜,反过来也使AMBER这样的程序变得更加普及。AMBER的广泛采用,则改变了整个分子动力学领域开展研究的方式。

英伟达的本质是商业公司

然而,沃克与英伟达之间仍存在分歧。沃克习惯于与学术机构打交道,这些机构的主要目标是推动科学知识的发展。而英伟达是一家商业公司,要实现营收目标,还要取悦投资者。公司高管也没想到沃克能以如此低廉的价格让AMBER运行。英伟达的高性能计算部门开始建议科学家使用公司的高端Tesla通用显卡,这些显卡的零售价约为2 000美元——价格是沃克倾向于使用的GeForce显卡的4倍以上。公司声称,这个推荐是因为GeForce系列缺乏错误校正功能，会积累微小但有害的数学错误，从而对 AMBER 的输出结果造成影响。Tesla 系列所具备的自检和自校正功能，在较便宜的 GeForce 显卡上并不可用。

沃克对此并不认同。他进行了一系列测试，证明尽管 GeForce 系列缺乏错误校正功能，但并未对 AMBER 的输出造成任何问题。然后，他开始证明一个几乎相反的事实：Tesla 系列的错误校正特性，至少对于 AMBER 而言是多余的。他联系了一些在洛斯阿拉莫斯国家实验室工作的人——这个实验室是美国能源部最重要的研究设施之一，也是原子弹的研发地——让他们使用 Tesla 显卡进行相同的测试，以观察这些显卡究竟需要修正多少错误。而在所有测试中，便宜的 GeForce 显卡和昂贵的 Tesla 显卡在性能上并无差异。显然，在他看来，英伟达将 AMBER 视为一个增加显卡销量的机会，而不仅仅是推进分子模拟技术的机会。

英伟达的辩解是，测试结果并不可靠。"但是我有数据证明你可以相信这些测试结果，"沃克说，"我们进行了为期 2 周的模拟，没有看到一个校验错误。这里的环境几乎是最恶劣的，在山顶上，紧挨着核实验室，辐射量是美国境内最高的，但仍然没有出现任何错误。"

沃克与英伟达之间的冲突升级了。首先，英伟达改变了其游戏显卡的数学精度，这对个人电脑游戏几乎没有影响，但对于依赖这些显卡进行高级计算的研究工具来说，可能会产生灾难性的影响。作为回应，沃克和 AMBER 开发者想出了绕过精度变化的办法，这样他们就可以继续在 GeForce 显卡上运行模拟，而不会出现任何精度问题。随后，英伟达对其供应商实施 GeForce 显卡的采购控制，使像沃克这样的人很难一次性购买大量的显卡。沃克在面向 AMBER 全球用户的邮件中抨击了这一举措，称之为"一个非常令人担忧的趋势，可能会伤害我们所有人，对我们的科学生产力和整个领域的发展造成严重影响"。

沃克对英伟达试图从他身上榨取更多钱的行为越来越感到沮丧，尤其他已经做了如此多的工作，使 CUDA 成为不再仅限于资源充足的开发者和学者的利基产品。如果英伟达将 CUDA 的使用限制在售价数千美元的显卡上，CUDA 就不会如此成功，因为使用 CUDA 几乎与定制设计 ASIC 的成本一样高。

"英伟达成功的关键，是让 CUDA 可以在 GeForce 显卡上运行，使贫穷的科学家可以与拥有数百万美元计算机的科学家一样，开展相当的工作。"他几年后告诉我，"一旦达到临界量，他们就逐渐收紧了对 GeForce 显卡的限制，导致使用 CUDA 越来越难。"

沃克后来加入了制药和生物技术公司葛兰素史克，担任科学计算主管。他的第一项工作就是建立一个数据中心集群，使用了成千上万张 GeForce 显卡，而每张显卡单价仅约 800 美元。

这引起了英伟达健康护理部门副总裁金伯利·鲍威尔的注意。金伯利给沃克打电话说："你现在在葛兰素史克，你需要购买我们的企业级产品。"

"不，"沃克反驳道，"我应该做对我的雇主最有利的事，这是我的职责。"

努力工作并不能免受批评

黄仁勋对英伟达的激进销售策略毫无歉意。事实上，他坚持认为，销售人员对所有客户，无论其规模大小，都要采取同样的立场。

德里克·摩尔被誉为业内最佳销售人员之一，英伟达从 ATI 挖走了他。他记得接到一位英伟达高管的电话："过去一年，你一直在向我们施压，因此我们想知道你是否愿意为英伟达工作？"[12]

摩尔负责面向大型计算机公司如惠普的企业销售，后者为个人电脑和笔记本电脑系列购买了大量的 GPU。英伟达希望摩尔可以把客户也一起带来，并愿意为此付出丰厚的报酬。在 ATI 工作时，他的年薪约为 12.5 万美元，在 2004 年时已经远高于销售代表的平均薪水。而在招聘过程中，英伟达给他的薪酬报价几乎是他原来的 2 倍。

摩尔很快意识到为什么会有这样的待遇。当他在 ATI 工作时，曾在晚上 7 点左右经过英伟达总部，看到办公楼里人头攒动。与他同行的经理说："哦，他们一定在开夜间会议。"

如今他自己来到了英伟达，也意识到所谓的"夜间会议"实际上是常态，而不是例外。他开始定期在周末工作，这是在 ATI 时从未发生过的。他记得自己被迫在平安夜参加电话会议，讨论销售业绩下滑以及公司如何做才能恢复业务。没有真正属于他的个人时刻。然而，他意识到公司对他的要求也同样适用于其他所有人，甚至黄仁勋也是如此，这就令牺牲自我变得更加容易。"有一种奉献和努力工作的精神贯穿于整个公司，"他说，"工作热情是会传染的。"

努力工作并不总能让他免受黄仁勋的批评。加入英伟达几年后，摩尔与惠普服务器部门的合作已经使针对惠普的年销售额从 1 600 万美元增加到 2.5 亿美元。有一天，惠普服务器集团的 2 位高管来到英伟达总部。因为他们的级别很高，黄仁勋便询问摩尔是否需要自己参加会议。摩尔欣然同意。

服务器业务比一般企业销售的风险更高，英伟达销售的这些显卡通常用于承担关键任务的企业应用，因此需要更加可靠。此外，这类客户也更爱打官司。惠普高管询问，如果出现故障，英伟达是否会为其提供无限索赔保障——基本上要求英伟达承担全部法律风险。摩尔对此感到意外，他并不知道惠普高管会进行法律谈判。他也很庆幸黄仁勋能在会议中回答这个突发问题。

黄仁勋指出了无限责任的问题。图形芯片只是服务器的一小部分，因此英伟达无法赔偿整个服务器的价值。这意味着要承担巨大且不合理的财务风险。相反，他提议英伟达的赔偿可以与更具体的内容（如惠普每年和英伟达的合作总额）挂钩。如果惠普每年在显卡上的采购额为1 000万美元，那么英伟达将在出现组件故障时承担最高1 000万美元的赔偿。担保金额会随着业务规模的增加而增加。惠普高管当场接受了该协议，摩尔对这个结果也很满意。

会后，他走向黄仁勋，说："感谢你出席会议。我非常感激。"

然而，黄仁勋却以不同的方式看待这次会议。"结果是好的，但德里克，让我来告诉你，你在这个事件中的失败之处。"

这番话令摩尔感到震惊。"我吓坏了。"他回忆道。

"失败在于你没有提前告诉我这家公司要谈什么，"黄仁勋说，"没有人喜欢这样的'惊喜'。不要再让这种事情发生了。"

黄仁勋把他的销售人员称为英伟达的"绿色贝雷帽"（美国陆军特种部队的称号）。他需要销售人员独当一面，富有侵略性。摩尔没有达到黄仁勋对这一角色的期望——让每个销售人员都成为"自己账户的CEO"。当与客户会面时，销售人员需要比客户自己更了解客户的业务和需求。他们必须预测客户愿意为英伟达的优质产品支付多少费用。黄仁勋则会提供所需的各种资源：精英先锋部队背后的"增援部队"。

"增援部队"之一就是英伟达的开发技术工程师，他们是英伟达产品的顾问和实施专家。有时，他们会拜访客户，修复出现的问题，或找出方案让某个程序在英伟达的GPU上更好地运行。这些工程师将确保尽可能多的合作伙伴知道如何最大限度地发挥英伟达显卡的作用。

所有这些都需要客户支付额外费用。英伟达从不打折售卖芯片，也不和竞争对手打价格战，除非这么做能得到某种回报——例如，合作伙伴销售的电脑上的标签或开机闪屏上的徽标等。

"我们不以成本定价。我们不认为自己的产品是商品，"摩尔的销售领导告诉他，"我们相信我们为客户带来了卓越的价值，为我们的品牌创造了价值。"

CUDA 生态构建英伟达的"护城河"

黄仁勋不喜欢将 CUDA 战略描述为构建"护城河"。他更愿意从英伟达的客户角度来看；他谈到公司如何努力创造一个强大的自我强化"网络"，来帮助 CUDA 用户。实际上，CUDA 是一个令人难以置信的成功故事。如今，已有超过 500 万 CUDA 开发者、600 个 AI 模型、300 个软件库，以及 3 700 多个 CUDA GPU 加速应用程序。市场上大约有 5 亿个与 CUDA 兼容的英伟达 GPU。该平台还支持后向兼容，这意味着开发者可以确信，他们在编写软件上的任何投资，也都可以在未来的芯片上发挥作用。"在英伟达基础上构建的所有技术创新都会累积起来，"黄仁勋说，"如果你在早期就介入，并帮助生态系统与你一起取得成功，那么最终你会拥有网络中的网络,以及所有这些开发者和所有围绕你发展起来的客户。"[13]

英伟达从一开始就大力投资于深度学习,投入大量资源创建支持 CUDA 的框架和工具。这种主动的做法,在 21 世纪 20 年代初 AI 爆发时获得了回报,因为英伟达已成为全球 AI 开发者的首选。开发者希望尽快构建 AI 应用,同时将技术风险降到最低,而英伟达平台上出现问题的可能性相对较小,因为十多年来,用户社区已经修复了错误或找出了优化方法。而其他 AI 芯片供应商从未真正有过机会。

"如果你有基于 CUDA 和英伟达 GPU 构建的 AI 应用,那么转向 Cerebras、AMD 或其他任何平台都是一项巨大的工程,"Amicus. ai 的工程负责人、英伟达前研究科学家利奥·塔姆表示,"这不仅仅是将程序移植到不同的芯片上。这并不容易。作为用户,我可以告诉你,它们从未完美运行过。不值得这么做。我的初创公司已经有 99 个问题需要处理,我不想再多一个问题。"

英伟达早早看到了机会并抓住了它。英伟达前硬件工程总监阿米尔·萨拉克指出,英伟达非常迅速地把重要的 AI 软件库集成到了 CUDA 中,使开发者可以轻松使用该领域的最新创新,而无须浪费时间构建或整合自己的软件工具。

"如果你想编写一个新的 AI 模型或算法,CUDA 为你提供了高度优化且随时可用的库组件,你根本不用深入研究各类琐碎细节,例如把这个比特从这里移到那里等。"萨拉克说。[14]

英伟达的做法,除了被称为构建竞争"护城河",很难再找到更合适的描述。英伟达制造了一种通用 GPU,这代表了自 CPU 发明以来,在计算加速领域的首次重大飞跃。CUDA 作为 GPU 的可编程层,不仅易于使用,还在科学、技术和工业领域开辟了广泛的功能。随着越来越多的人学习 CUDA,他们对 GPU 的需求也不断增加。到了 2010 年代初,曾一度看似奄奄一息的通用 GPU 市场,有了复苏的迹象。

黄仁勋的战略智慧,确保了竞争对手很难打入一个由英伟达创建且实际上基于其专有硬件和软件的市场。

英伟达当前的地位——在芯片设计商中,在全美国乃至全球经济中——看起来都是无懈可击的。正如阿米尔·萨拉克所言:"护城河就是 CUDA。"

09
磨炼造就伟大

我不喜欢放弃别人，我宁愿磨炼他们

创建 CUDA 并开启 GPU 通用计算时代的英伟达，与 1993 年在丹尼餐厅初创的英伟达，有许多共同之处。它仍然最看重技术技能和竭尽全力的态度。它所做的战略决策依然是为了长期发展，而不是试图在短期内刺激股价。它仍然以一个领先企业在动荡行业中所必需的偏执来运作，总是试图在公司开始走向没落和淘汰之前就纠正方向。其 CEO 仍然直接管理公司，深度参与产品决策、销售谈判、投资者关系等事务。

然而，黄仁勋与员工的关系发生了变化。2010 年的英伟达，已经不再是一个只有几十名员工的初创公司。初创时期，黄仁勋可以安排与每位员工面对面交流的时间，无论他们的级别或岗位如何。而到了 2010 年，公司有 5 700 名员工，其中许多人在位于圣克拉拉的总部工作，公司在北美、欧洲和亚洲也有分支机构。[1] 黄仁勋了解到，随着来自四面八方的人加入，公司文化往往会衰微，而文化的衰微可能会影响产品质量——正如公司从基于NV30的GeForce FX 5800 Ultra上的"吹叶机"风扇中所学到的那样。当公司规模较小时，黄仁勋总是尽可能多地给予员工直接反馈，从而持续强化他的原则，并确保每个人都清楚他的期望。然而，在新的、规模更大的英伟达，他发现很难始终如一地与所有员工进行沟通。

黄仁勋决定在一些大型会议中直接批评员工，以便让更多人能从每个错误中汲取经验。

"我就在那儿这样做了，我在所有人面前给出反馈，"他说，"反馈就是学习。为什么只有你一个人应该学到这些？既然因为你犯的一些错误或做的傻事，才造成了现在的状况，那我们所有人都应该利用这个机会，汲取经验。"

黄仁勋在所有场合都展现了他标志性的直率和急躁。他经常不分场合直接训斥某人长达15分钟。"他一直都是这样。不仅是在全公司会议上，在一些较小的会议或协调会议上也是如此，"一位英伟达前高管说，"他不能放任不管。他就是要让它有点儿惩罚性。"

一个著名的例子发生在英伟达推出Tegra 3芯片时，当时公司正首次进军手机和平板电脑市场。在2011年的一次全体员工会议上，当黄仁勋对工作进行点评时，他要求摄影师将镜头锁定Tegra 3的项目经理迈克·雷菲尔德，并不断放大镜头。当每位观众都清楚地看到了雷菲尔德的脸时，黄仁勋开始批评他。

"迈克，"他说，"你必须搞定Tegra芯片。你必须把Tegra芯片做好。伙计们，这是一个不会做业务的例子。"

"这是我见过的最尴尬、最羞辱人的事情。"另一位英伟达前员工说。当被问及此事时，雷菲尔德后来在一封电子邮件中说"那不是我唯一一次被黄仁勋'踢屁股'"，并在评论末尾加上了一个笑脸。Tegra芯片发布后不满一年——比原定发布计划晚了近8个月——他就离开了英伟达。不是被炒鱿鱼，而是自愿辞职。

黄仁勋有时的严厉做法是有意为之。他知道人难免会失败，尤其是在高压行业。他希望为员工提供更多证明自己的机会，也相信他们在任何情况下都只需要一两次"顿悟时刻"，就能自己解决问题。

"我不喜欢放弃别人，"黄仁勋说，"我宁愿磨炼他们，让他们变得伟大。"

这种方式并不是为了炫耀他比员工聪明多少。相反，他认为这是防止自满的方法，大家的时间最好是花费在解决下一个问题上。表扬有时候是一种干扰，最致命的错误是回顾过去的成就，仿佛它们能保护你免受未来的威胁。

前销售和营销高管丹·维沃利记得，在英伟达为GeForce 256

举办的一次营销活动的第二天,他开车去办公室时接到了黄仁勋的电话。"发布会进行得怎么样?"黄仁勋问。然后,维沃利滔滔不绝地讲了5分钟,他认为这次活动的每一个环节都很成功。"嗯,嗯,嗯。"黄仁勋说。随后维沃利停止了汇报,黄仁勋问:"你能做得更好吗?"

"他就是这么说的。没有'好样的',也没有'干得好'。没有这些。你觉得自己做得有多好并不重要,"维沃利说,"感到自豪是可以的,但最重要的是努力改进。"[2]

黄仁勋对自己也一点儿都不宽容。销售高管安东尼·梅代罗斯回忆起一次会议,显露出黄仁勋的一个习惯,甚至可以说是自我批评的积极实践。

"我永远不会忘记这个经历。我们做得非常出色,刚刚打破了季度纪录。然后,在我们的季度评审会议上,黄仁勋站在我们面前。"[3]

黄仁勋说的第一句话是:"我每天早上照镜子时都会说,'你很糟糕。'"

梅代罗斯感到震惊,一个如此成功的人怎么还会有这种想法。无论是好还是坏,黄仁勋都希望英伟达其他所有人对自己的本职工作采取同样的态度。做好自己的工作,不要太自满于过去,要专注于未来。

扁平化的架构有助于培养卓越

黄仁勋做事直接的风格，也在公司成长过程中塑造了英伟达的公司架构。早期，英伟达因为内部协调不力，几乎自毁前程——芯片的策略与市场需求不符，例如NV1；或者一款优秀的芯片却因制造方面执行不力而受阻，例如RIVA 128；又或者与关键合作伙伴的争端导致一系列技术问题，最终导致整个芯片系列的失败，例如NV30。在以上三种情况中，黄仁勋并没有将失败归咎于外部因素，而是仅仅归咎于英伟达无法摆脱的自身困境。"当我们还是一家小公司时，"他说，"我们就存在严重的官僚主义，办公室政治无处不在。"[4]

随着时间推移，黄仁勋思考着如何从零开始创建一个理想的组织。他意识到他会选择一个更扁平化的架构，以便员工能够更加独立地行动。他还发现，扁平化的结构可以淘汰那些不习惯独立思考、完全依赖指示才会行动的低绩效人员。"我想创建一家能吸引优秀人才的公司。"他说。[5]

黄仁勋认为，传统的金字塔式企业架构——顶层是高管团队，中间是中层管理人员，底层是基层工作员工的模式——与培养卓越背道而驰。他不会采用金字塔式结构，而是将英伟达重塑为更像计算机堆栈或短圆柱体的结构。

"第一层是高级人员，"黄仁勋说，"你几乎不需要对他们进行管理，他们知道自己在做什么，他们是各自领域的专家。"黄仁勋不想在他们的职业指导上花费时间——因为他们中的大多数人已经达到了职业生涯的巅峰。因此，至少在涉及开放性话题时，他很少与他的直接下属进行一对一的会议。相反，黄仁勋专注于为他们提供来自整个组织的信息，以及他自己的战略指导。这将确保业务的每个部分都能协调一致，使黄仁勋以真正增加价值的方式管理更多的高管。

英伟达目前的结构与大多数美国公司的结构形成鲜明对比，这些公司的 CEO 一般只有少数几个直接下属。在 2010 年代，黄仁勋的"高层管理团队"中有 40 名高管，每个人都直接向他汇报，这一数字后来已超过 60。[6] 他坚决拒绝改变他的管理理念，甚至当有新董事会成员加入英伟达，并建议他聘请一位首席运营官以减轻他的行政负担时，他也拒绝了。

"不，谢谢。"黄仁勋总是如此回答。"这是确保每个人都了解情况的好方法。"他补充道，他指的是与公司大部分员工的直接沟通。[7]

高层管理团队中的大量高管，促进了透明和知识共享文化的形成。他们和公司最基层的员工之间没有太多层级，因此组织中的每个人都可以协助解决问题，并为潜在的问题提前做好准备。

前营销高管奥利弗·巴尔图克对英伟达同事的反应速度印象深刻，尤其与他前公司的同事相比。"最大的区别是如果你想完成某件事，你只需要问别人一次，事情就办成了，"他说，"完全不用问第二次。"[8]

数据中心业务前总经理安迪·基恩回忆道，有一次黄仁勋在白板上解释公司主要竞争对手的传统结构，他称之为"倒 V 形"。这就是大多数公司的构建方式。"你成为经理，然后建立你的倒 V 形结构并保护它。在成为副总裁后，你手下就有了更多的倒 V 形结构。"黄仁勋说道。

基恩说，在其他公司，与比自己直属上级还高一两级的高管交谈是不受欢迎的。"没有人喜欢这样。简直疯了，对吧？"他说，"但英伟达从来不是那样的。"基恩自己每月与直属上级交谈一两次，但每周会与黄仁勋交谈两三次。"黄仁勋创建了一家他可以直接管理的公司，"他说，"英伟达与其他公司之间存在巨大的文化差异。"[9]

基恩还对英伟达的开放程度感到惊讶。他以总经理级别加入公司，但被允许参加每次董事会会议和场外董事会活动。对一般的 CEO 来说，只有八九个人在会议室里参加大型行政会议，黄仁勋的会议室里却座无虚席。"每个人都能听到他对高管团队说的话，"基恩说，"这让每个人都保持同步。"

当有重要信息需要分享，或业务方向即将改变时，黄仁勋会同时告诉英伟达的每个人，并征求反馈意见。"事实证明，通过大量的直接汇报，而不是一对一的方式，'我们'使公司变得扁平化，信息传递迅速，员工被赋予了权力，"黄仁勋说，"这种架构设计得很好。"

使命才是老板

许多大型公司被划分为多个业务单元,分别由互相竞争的高管进行管理。这些单元被锁定在长期的战略计划中,必须为了资源而相互争斗。因此,大多数组织往往行动缓慢,优柔寡断。大型项目因等待公司多个利益相关者和各层级的批准而停滞不前。任何一个有话语权的人,都可以通过玩弄内部政治,凭借自己一个人的力量就拖慢进度。当事情进展不顺时,公司必须裁员以满足预算目标,即使这些员工是顶尖人才。所有这一切都助长了短期思维和内部的信息囤积。传统的公司架构没有将公司塑造成一个单一的、凝聚的团队,反而会营造一种不良环境,将优秀人才赶走。

正如黄仁勋所说,"你想要一家公司,规模足够大以便能把业务做好,但在这一前提下,又要尽可能地小",而不是被过度管理和流程拖累。

为了实现这一目标,他决定不依赖那些把管理作为唯一工作的长期职业经理人,而是要创建一个更加灵活的系统,可以使英伟达始终聚焦于业务目标。尽管黄仁勋眼光长远,但他还是摒弃了长期战略规划的方式,因为他认为这种方式会迫使公司坚持一条既定的道路,即使有理由改变时也固守旧路。

"战略不是言辞,而是行动,"黄仁勋说,"世界是动态变化的,因此我们不会建立定期规划的系统,而是在不断变化中持续规划。"

他告诉员工，他们最终的老板是使命本身。这个观念意味着所有的决策都是为了客户的利益，而不是为了提升高管的职业生涯。"'使命才是老板'的观念非常有意义，因为我们在这里是为了实现特定的使命，而不是为某个组织服务，"黄仁勋说，"这会让人们专注于工作，而不是专注于组织或层级。"[10]

在"使命才是老板"的理念下，黄仁勋会在每个新项目开始时指定一个领导者，称为"机长"（PIC）。"机长"直接向黄仁勋汇报。他发现，与传统的部门架构相比，这种方式更能激发责任感，也更能激励人们把工作做好。

"每个项目都有一个'机长'。不管黄仁勋在何时谈论任何项目或交付任何成果时，他都需要有一个明确的负责人。没有人可以躲在'某某团队在做那个'的后面，"前财务主管西蒙娜·扬科夫斯基说，"每件事都必须附带一个名字，必须知道谁是'机长'、由谁负责。"[11]

作为承担这种责任的回报，"机长"可以享受黄仁勋般的权威，并在整个公司中获得优先支持。黄仁勋将英伟达的员工按职能集中分组——销售、工程、运营等——他们被视为一个通用的人才池，而不是按业务单元或部门划分。这使得具备合适技能的人可以根据需要被分配到各个项目中。这也有助于缓解美国企业中普遍存在的员工职位不安全感。

"英伟达不会不断解雇和重新雇用员工，"全球现场运营负责人杰伊·普里说，"我们会充分利用现有的员工，并将他们重新引导到新的任务中。"[12] 在英伟达，经理们被灌输的理念是，不要有领地意识，也不要觉得他们"拥有"自己的员工，而是要习惯于员工在任务组之间的流动。这种做法避免了大型公司的内部摩擦。

"经理们不会觉得因为拥有大团队而获得权力，"普里继续说，"在英伟达，你通过完成惊人的工作来获得权力。"

黄仁勋发现：这些变革使英伟达变得更加快速、更加高效；形成决策也更加快速，因为员工无论级别如何，都有权参与每个决策。争论是基于信息、数据的质量和价值，而不是基于领导者对晋升或奖金的需求，也不是基于领导者迫使他人顺从自己的权威。

最重要的是，扁平化的架构使黄仁勋可以把宝贵的时间用于解释其决策背后的理由，而不是用来裁决内部的各种争斗。他不仅将扁平化视为英伟达战略对齐的关键，使每个人都专注于使命；还将扁平化视为培养基层员工的机会，向他们展示高级别的领导者应该如何思考问题。"让我来解释一下为什么我这么做，"黄仁勋说，"这种管理过程确实可以赋予人能力。"

员工不断接触到黄仁勋及其决策过程，当然也包括他公开训斥高管和"机长"的行为。他将那些可能令人痛苦的时刻视为公司效率的提升：关起门来提供一对一的私人反馈、安排单独的会议，会拖慢他和公司的速度，同时也剥夺了初级员工的学习机会。

"我不会把人叫到一边，"他说，"我们不是为了不让别人难堪而优化，而是为了公司能从错误中学习而优化。如果一个领导者无法承受轻微的尴尬，那么他们可以来找我交谈，但这种情况从未发生。"[13]

"五大事项"电子邮件法

会议上不可能聊到所有的事情。对于如此庞大且分布广泛的组织，黄仁勋需要某种方式来掌握英伟达内部的情况，从而确保每个人都有正确的优先事项。在其他公司，高管会依赖下属提交正式的工作进展汇报。但英伟达的管理层认为，正式的工作进展汇报往往由完全净化过的信息组成，以致毫无用处。任何涉及争议的东西——当前的问题、预期的障碍、人事问题——都会被删除，取而代之的是向上级呈现一幅和谐的景象。

因此，黄仁勋要求组织中每个层级的员工向他们的直属上级和高管发送电子邮件，详细说明他们正在做的五大事项，以及他们最近在市场上观察到的情况，包括客户痛点、竞争对手活动、技术发展和项目延误的潜在可能性。"理想的'五大事项'电子邮件有五个要点，每个要点的第一个词必须是动词，而且还得是类似于'最终确定'、'构建'或'确保'这样的动词。"早期员工罗伯特·琼戈尔说。[14]

为了让自己更容易筛选这些电子邮件，黄仁勋让每个部门按主题标记它们：云服务提供商、原始设备制造商、医疗保健或零售。这样，如果他想查找关于某个事项的最近所有邮件，如超大规模服务商，那他通过关键字搜索就能轻松找到。

"五大事项"电子邮件成为黄仁勋的重要反馈渠道。它们使他能够提前发现市场中的变化，这些变化对于初级员工来说可能是显而易见的，但他或高级管理团队还未察觉。当被问及为何喜欢"五大事项"流程时，黄仁勋告诉员工："我在寻找微弱的信号，强信号很容易被捕捉到，但我希望在它们还是微弱信号时就能发现、拦截。"对于他的高级管理团队，他的话更加尖锐。

"不要误会我的意思，但你们可能确实没有足够的敏锐度和能力，去发现一些我认为非常重要的事情。"[15]

每天，黄仁勋会阅读大约100封"五大事项"电子邮件，快速了解公司内部正在发生的事情。周日，他会专门安排更长的时间来阅读这些邮件，通常还会喝上一杯他最喜欢的由单一麦芽酿造的高原骑士威士忌。这是他喜欢的放松方式："我喝一杯威士忌，然后处理电子邮件。"

"五大事项"电子邮件也成为新市场机遇的洞察来源。当黄仁勋对一个新市场感兴趣时，他通过这些电子邮件近乎实时地塑造了他的战略思维。例如，在阅读了几封讨论机器学习趋势的"五大事项"电子邮件后，黄仁勋得出结论，公司的行动不够迅速，无法充分利用这个市场。"我一直在关注这个领域。我认为我们在一种叫作RAPIDS（基于GPU加速的数据科学平台）的技术上投资不足。"前高管迈克尔·道格拉斯回忆道。黄仁勋迅速告诉他的员工，需要在开发RAPIDS CUDA库上增加更多的软件工程师，这成为在GPU上加速数据科学和机器学习工作负载的重要资源。

在黄仁勋的推动下，英伟达的电子邮件文化始终如一地兴盛。"我很快学到的一件事是，如果你收到他的电子邮件，你就要行动起来。"道格拉斯说。[16]"没有什么事情会被搁置。也没有什么事情会继续恶化。你必须做出回应，并推动这些事情向前发展。"人力资源前主管约翰·麦克索利说道。[17]

黄仁勋经常在收到电子邮件后几分钟内就回复，并希望员工最迟在24个小时内回复，而且回复必须是深思熟虑且有确凿数据支持的。那些未达到他的高标准的回复，会收到他典型的讽刺回应："哦，是那样吗？"

由于黄仁勋闪电般的反应速度，员工也学会了战略性地安排他们发送"五大事项"电子邮件的时间。"如果你在星期五晚上发送，你总会提心吊胆，因为黄仁勋会在星期五晚上就回复你，"一位前员工说，"而这会毁了你的周末。"[18]因此，大多数员工会在星期日深夜发送他们的"五大事项"电子邮件，此时黄仁勋基本上会坐在家里的办公室，手里拿着威士忌。这样，他们周一一上班就可以执行黄仁勋的指令。

生命科学联盟前经理马克·伯杰在发送他的第一封"五大事项"电子邮件时，就无意中触及了黄仁勋关于"五大事项"电子邮件的所有不满。伯杰在邮件中预测了他所在市场的 GPU 销售额。黄仁勋认为英伟达在生命科学领域没有取得足够的进展，现在他又看到伯杰的分析缺乏严谨性。于是，黄仁勋质问伯杰有没有花心思和罗斯·沃克教授交流，后者在加州大学圣地亚哥分校的超级计算中心建立了一个科学家实验室。

伯杰承认他没有咨询过沃克，他认为学术界不会了解 GPU 在研究实验室的具体使用情况。黄仁勋大发雷霆，并命令伯杰找出一个可以收集更多信息的方法。

这次经历让伯杰深受震撼，并使他成为一个更好的员工。"与黄仁勋相处的一个特点是你不能糊弄他，"伯杰多年后回忆道，"一旦你糊弄了，你的信誉就没了。而合适的回答应该是，'我不知道，黄仁勋，但我会查清楚的。'"[19]

充分认识到错误后，伯杰立刻联系了沃克。两人共同设计了一份调查问卷，主要针对其他使用 GPU 的生命科学学者。完成调查需要 30 分钟，因此，伯杰提供了参与抽奖赢取游戏 GPU 的机会来激励科学家完成调查。伯杰和沃克收到了 350 位科学家的详细回复，包括他们安装的软件、建模项目的规模、他们希望从英伟达获得的功能，以及他们的背景信息。这是一笔宝贵的数据，当伯杰在后续会议中进行展示时，黄仁勋终于满意地认为，伯杰已经对他负责的市场进行了尽职的调查。

白板展示胜于 PPT

黄仁勋一直在努力实现《星际迷航》中瓦肯人的心灵融合——让员工的思维与他自己的思维完全融合。正如我们在引言中所见，他在向公司其他人展示他的思考过程时，最喜欢的工具就是白板。

黄仁勋对白板的偏爱不同于美国其他公司的内部交流方式，后者通常会通过一系列 PPT 呈现信息，观众往往会不加质疑地接受。黄仁勋一直讨厌这种会议的静态性，几乎没有机会协作或深入地讨论议题。

黄仁勋会在白板上勾勒出如何组织特定市场，如何加速特定产品的增长，以及特定案例中涉及的软件或硬件技术栈。他的白板创造了一种特殊类型的会议——专注于解决问题，而不是回顾已经完成的事情。"当黄仁勋加入会议时，他会从最重要的问题开始，然后逐步解决其他问题。"杰伊·普里说。[20]

与"五大事项"电子邮件不同，白板会议从一开始就是英伟达的常规实践。公司目前主要的两栋总部大楼——奋进号（Endeavor）和旅行者号（Voyager），就是按照鼓励协作的方式设计的，并分别于 2017 年和 2022 年建成。每栋大楼都有一个完全开放的工作空间，几十个会议室里都有满墙的白板。公司希望各个级别的员工都尽可能多地使用这些白板。

例如,每个季度,黄仁勋都会在一个大型会议室里召集几百名英伟达的总经理开会。每位总经理都必须走到会议室的白板前,讨论各自的业务。总经理要用白板讲述他们的业务情况,解释他们的工作,并面临对他们基本假设的挑战。黄仁勋坐在第一排,其他高管坐在他旁边,他会向站在白板前的人提出详细的问题,这些问题通常需要在白板上进一步讨论。

"实际上,这并不是业务回顾,而是面向未来的。"安迪·基恩回忆道。黄仁勋将季度业绩视为最终计分卡,为几个月或几年前做出并实施的决策打分。他希望每个人不断深思他们当时为何能够做出更好的决策,以及他们将如何利用这些经验在现在和未来做出更好的决策——尤其是涉及分配资源和制定战略时。即使业绩数字很好,他也希望人们保持进取。"会议总是关于如何做得更好。总有一种动力不断地推动、推动、推动。"基恩说。

白板会议可以帮助高管提炼出事物的本质。他们都从一个空白的白板开始,他们必须忘记过去,专注于现在的重要事项。"每次会议都是围绕白板开展,"英伟达前高管大卫·拉戈内斯说,"这是一次互相交流。在你使用白板时,黄仁勋会走到另一块白板旁写下他的想法。他想看看你的理解和你的思考方式,从而调整自己的想法。"[21]

会议结束时,黄仁勋会总结团队在白板上激发出的新想法,以确保在方向或职责上不会有任何误解。

下属发现，黄仁勋期望他们随时准备好使用白板进行讨论，即使他们在出差时也是如此。每当迈克尔·道格拉斯与黄仁勋一起出差时，他都会确保他们的每个目的地都有一块大白板，有时他甚至不得不在当地租用或购买一块。"如果需要5个人才能勉强把白板搬进来，那白板的尺寸就是正确的，"道格拉斯说，"黄仁勋需要用完白板的所有空间。"[22]

除了优质的威士忌，黄仁勋另一个为数不多的喜好是白板马克笔。他坚持使用只在中国台湾销售的12毫米宽的凿尖型马克笔。他希望坐在后排的员工能看到他写的字和画的图表。英伟达员工必须随时准备好这些马克笔。

黄仁勋对英伟达盛行的白板文化并不感到稀奇，即使这种沟通方式看起来像是一种倒退的选择。"我们必须使用白板，因为我没有投影仪，没有电视，不喜欢PPT，所以我们只是交流和画图。"他耸耸肩说道。[23]

但这背后的意义不止于此。白板迫使人们既严谨又透明。它要求人们每次站到白板前时都从零开始，因此人们必须尽可能全面地、清晰地阐述自己的想法。当有人没有想清楚，或基于错误假设进行逻辑推理时，这一点就会立即显现。因为这与PPT演示不同，PPT演示可以通过漂亮的格式和误导性的文字隐藏不完整的思路。但在白板上，这些无处可藏。而且当你完成展示后，无论你的想法有多么精彩，你都必须把它们擦掉，然后重新开始。

英伟达成为一家成熟的公司，并不只是因为其收入规模、内部结构，以及员工的集体智慧。当黄仁勋学会如何持续地让组织远离内部政治导致的功能障碍和混乱时，它就变得成熟了。通过诸如直接公开反馈、"五大事项"电子邮件，以及在白板上而不是在 PPT 上展示想法等机制，英伟达为员工提供了强大的武器，使他们能够在不断追求准确性和严谨性的过程中，对抗群体思维和惰性。正是这些运营原则使英伟达能够迅速行动，抓住新机遇。

英伟达如果没有从早期的、更传统的形式中进化，就不会发明 GPU 或创造 CUDA，即使有黄仁勋的领导，它可能也不会存续到第二个 10 年。英伟达最终创造的组织动态，与美国大多数公司所谓的"最佳实践"完全相反，这使英伟达在永远残酷的市场中不但能生存下来，而且能蓬勃发展。

10
工程师思维

科技公司需要技术型 CEO

在我职业生涯的早期，我从咨询行业转行，加入了一家小型科技基金公司担任股票分析师。我还记得第一次参加华尔街大型投资会议时的场景，当时我很期待 CEO 主题演讲后的问答环节。在与已故的杰拉尔德·莱文的一次会议上，当时他担任新合并的美国在线时代华纳公司的 CEO，我问了一个基本的、带有一些质疑意味的战略问题，即该集团计划如何利用美国在线的技术和平台。莱文的回答让我目瞪口呆。他没有给出有力的回答，而是开始滔滔不绝地讲述美国在线公司即时通信产品的威力和功能，还使用了大量的流行术语，使我很难理解。

作为一个科技爱好者，我曾经组装了几台电脑，并在当时的互联网上花费了不少时间，我很清楚，莱文对美国在线产品的实际运作方式知之甚少。我不禁怀疑，一个技术知识如此有限的业务主管，怎么能管理世界上最大的媒体和技术公司之一？

然而，正如我很快了解到的那样，莱文并非个例。激进投资者卡尔·伊坎有一个理论：美国大部分企业在选择新CEO的过程中存在管理混乱。他称之为反达尔文主义——与自然选择的残酷过程完全相反，后者只允许最适应的物种生存和繁衍。[1]

伊坎观察到，有能力的高管经常被边缘化，取而代之的是更讨人喜欢但能力较差的人，这个现象源于公司内部的行为激励机制。那些晋升到公司高层的人，就像大学兄弟会的会长一样。他们与董事会友好相处，对现任CEO也不构成威胁。他们不是天才，但他们和蔼可亲，尤其当你心情不好时，他们总能陪你喝一杯。正如伊坎所说，这些人物（他们大多是男性）"不是最聪明的，不是最机灵的，也不是最佳的，但很讨人喜欢，也还算可靠"。

CEO希望自己能长期留在公司。因此，很显然，他们不愿带领一个更聪明且有可能取代他们的直接下属。他们倾向于选择一个略逊色于自己的人。当CEO最终离职时，善于逢迎的高管往往会因与董事会的关系融洽而被提升，延续"劣币驱逐良币"的循环，这位新任CEO也开启了类似的周期。

在过去的几十年里，我见过多个有商业背景而非技术背景的高管成为大型科技公司CEO的例子，就像杰拉尔德·莱文和美国在线时代华纳公司一样。结果却通常是平庸的，甚至更糟糕。

微软的史蒂夫·鲍尔默就是一个经典的例子。鲍尔默的职业生涯开始于宝洁公司的市场经理,后来他在斯坦福大学攻读工商管理硕士,然后于 1980 年加入微软。他是比尔·盖茨雇用的第一位业务经理;他曾担任运营、销售和企业高管,但在技术方面几乎没有任何实践经验。

他在科技领域的声誉不佳。《华尔街日报》的前专栏作家沃尔特·莫斯伯格曾讲述了他与苹果公司 CEO 史蒂夫·乔布斯的一次谈话。[2] 莫斯伯格坐下来准备采访乔布斯时,乔布斯却先问起他最近一次去微软采访的情况。乔布斯饶有兴致地询问他,鲍尔默是否仍然牢牢掌控着这家软件巨头公司?当莫斯伯格予以肯定答复时,乔布斯停顿了一下,然后振臂高呼道:"太好了!"莫斯伯格进一步解释说,虽然乔布斯非常尊重盖茨,但几乎毫不尊重鲍尔默。

乔布斯是对的。在鲍尔默的领导下,微软错过了转型至移动计算的契机,还进行了一系列糟糕的收购,包括 aQuantive 公司和诺基亚。在鲍尔默担任 CEO 的 14 年里,微软的股价下跌了 30% 以上。

此前,苹果公司也遇到过类似的问题,公司 CEO 同样是商业背景多于技术背景。乔布斯在 1985 年被苹果公司董事会排挤出局,取而代之的是百事公司前营销专家约翰·斯卡利。斯卡利在初期取得了一些成功,他提出了以越来越高的价格销售越来越好的电脑的战略。但随后他在科技产品上做出了一系列错误决策,例如,推出个人数字助理"苹果牛顿",并在20世纪90年代初为Mac选用了PowerPC处理器。技术创新的停滞使苹果公司在10年后濒临破产。

尽管鲍尔默和斯卡利比任何人都更擅长销售不同版本的Windows系统或昂贵的PowerBook笔记本电脑,但他们无法预知技术的下一步发展方向。苹果公司甚至无法将其操作系统升级到现代标准,直到后来收购了乔布斯的NeXT,后者的技术成为Mac OS X的基础。

英特尔则是另一个案例。鲍勃·斯旺于2016年加入英特尔并担任首席财务官,2年后他升任CEO。斯旺是财务背景出身,他之前在eBay公司以及IBM前销售员H.罗斯·佩罗创立的电子数据系统公司担任首席财务官。在斯旺的领导下,英特尔在向更先进的芯片制造技术和下一代处理器发展过程中屡次延误,导致其落后于竞争对手AMD。更糟糕的是,斯旺的主要精力都集中在执行数十亿美元的股票回购计划和发放数十亿美元的股息上,以此来抬高公司股价,这导致研发投资的资金被抽调。英特尔的表现是如此糟糕,以致其各项业务的市场份额大幅下降,并失去了市场的领导地位,还把CPU领域的领先地位让给了AMD。当时的AMD由苏姿丰领导,相比之下,苏姿丰拥有强大的工程背景。

事实证明,斯旺也是一位糟糕的经理和资源分配者。与英伟达类似,在2010年代末,英特尔在AI方面投入巨大。2016年,英特尔为了开发AI芯片,以4.08亿美元收购了深度学习初创公司

Nervana Systems。2017 年，英特尔聘请了 AMD 图形芯片部门前负责人拉贾·科杜里来负责 GPU 研发。2019 年，英特尔以 20 亿美元收购了以色列的 Habana Labs 公司，进一步扩大了公司的人工智能产品组合。但英特尔缺乏连贯的战略，并且同时开展了多个独立的人工智能相关芯片项目，反而分散了资源和注意力。

这种状况在很大程度上是因为斯旺对英特尔的技术业务并不熟悉。由于缺乏相关知识，他无法就公司的发展重点做出明智的决定，也不知道谁应该真正负责这些决定。相反，据一位英特尔前高管说，他太容易受精彩演示的影响，即使这种演示没有任何现实依据。

在斯旺的领导下，英特尔做出了一系列糟糕的产品决策。在人工智能方面，英特尔关闭了 Nervana Systems 公司，尽管这家初创公司的产品很有前景，而且几乎已经准备就绪。相反，公司转而与 Habana 合作开展人工智能业务，实际上浪费了前几年的开发时间。

在英特尔收购 Habana 后，英伟达的 GPU 工程负责人乔纳·阿尔本评论了英特尔的人工智能计划："英特尔的人工智能战略就像投飞镖。他们不知道该做什么，但觉得需要买点什么，所以他们什么都买。"[3]

2021 年，斯旺辞去了英特尔 CEO 一职，他的继任者是帕特·格尔辛格，后者拥有令人印象深刻的工程背景。格尔辛格上任后的首要决策之一就是停止股票回购。

CEO 数学

英伟达之所以能规避类似的陷阱，是因为它拥有一位技术型 CEO——黄仁勋。"当你遇到黄仁勋，就算市场上还有其他几十家图形公司，你也会意识到这是一个你想与之合作的人，"英伟达的早期投资者之一、至今仍在董事会任职的坦奇·考克斯说，"他之所以出色，是因为他是工程师兼计算机科学家。"[4]

前产品经理阿里·辛纳德回忆起自己曾参与开发的一款 Wi-Fi 产品，这款产品一直没有发布，部分原因是黄仁勋的极度严谨。

"黄仁勋令人敬畏，"辛纳德说，"你去参加产品会议，但他对产品的了解比你还多。"[5]在产品会议期间，黄仁勋明确表示，他了解各种 Wi-Fi 标准的所有技术细节。虽然该产品对英伟达的战略并不关键，但黄仁勋仍然抽出时间掌握了相关技术和规格。"他了解一切。在我们参加的每次会议上，他可能都是准备最充分的人。"

黄仁勋活跃于英伟达内部众多主题电子邮件讨论组，通过这种方式跟上趋势、扩展知识。在"深度学习"邮件列表中，工程师会讨论人工智能的最新技术发展，黄仁勋则习惯转发一些自己感兴趣的文章。"你很清楚黄仁勋在想什么。"英伟达前高级研究科学家利奥·塔姆说。[6]

前市场营销高管凯文·克鲁韦尔回忆起在路上遇到黄仁勋的情景，当时他们都前往参加 2016 年 12 月在西班牙巴塞罗那举办的神经信息处理系统大会。机器学习和神经科学领域的专家会在这个学术会议上展示最新的研究成果。这个会议不像计算机图形图像特别兴趣小组年会或游戏开发者大会那样为公众所熟知——可以说，神经信息处理系统大会更加专业、硬核。

克鲁韦尔知道会议并没有安排黄仁勋发言，便问他来参加会议做什么。黄仁勋回答说："我是来学习的。"[7]

英伟达的 CEO 并没有指派别人代表他出席会议并做笔记，而是亲自出席会议来了解人工智能的最新发展。他想深入参与这一领域，便参加各种会议，与演讲者、学生和教授交谈。后来，他开始聘用许多在会议上认识的人。

黄仁勋曾多次表示，如果对技术本身没有深入了解，他就无法有效履行自己的职责。"我们必须理解技术的基本原理，这样你才能直观地了解行业将如何变化，"他说，"我们的推断能力和前瞻性非常重要，因为技术日新月异，但我们仍然需要几年时间来打造一个优秀的解决方案。"[8] 只有具备各领域的专业知识，才能决定支持哪些项目，估算这些项目需要多长时间，然后合理分配资源以获取最佳的长期回报。[9]

过于深入细节也有一个坏处：可能导致决策瘫痪。一个优秀的领导者必须及时做出决策，即使决策不够精确。黄仁勋很早就在一门工程课程中学到了这一点，这门课程由俄勒冈州立大学的唐纳德·阿莫特教授负责教学。阿莫特在上课时总是使用整数。

"我讨厌这样,"黄仁勋说,"我们使用指数和现实世界中精确到小数点后3位的数字。"[10]然而,如果过于精确会使阿莫特变慢,所以阿莫特拒绝这种精确;例如,他会将0.68四舍五入为0.7。他教导学生不要忽视大局。"这曾经让我抓狂,但多年来我学会了,虚假的精确毫无意义。"

黄仁勋把整数法则也用于英伟达的运营中。他的员工半开玩笑半亲切地称之为"CEO数学"。这使他能够进行大局战略思考,而不为细节所困扰。他可以快速确定一个新市场的规模,以及其为英伟达带来利润的潜力,然后将更多的精力投入分析竞争格局和制定进入策略等更复杂和直观的任务上。正如坦奇·考克斯所指出的,"用电子表格获得任何你想看到的东西很容易,但黄仁勋能熟练使用'CEO数学'对他自己来说是一个巨大的成长"。[11]

黄仁勋对数学的处理方式——直接、简洁,并面向大局——也是他与英伟达员工进行更广泛沟通的方式。由于英伟达的一切都在他的职责范围内,因此他必须高效地对外传递信息。根据杰夫·费希尔的说法,"他的电子邮件简短而优美。有时甚至太短了"。[12]

"他的电子邮件就像俳句一样。"布赖恩·卡坦扎罗认同道。[13]

这个比喻恰如其分。这种三行的诗歌体,常常难以理解或模棱两可——这对新员工来说是一个挑战,他们难以适应黄仁勋电子邮件沟通的简洁性。即使是资深员工,也经常要花费数小时讨论黄仁勋的某封电子邮件到底是什么意思,当他们无法在内部达成一致时,他们会去找黄仁勋问清楚。

然而，就某种程度而言，这正是黄仁勋所希望的。英伟达大多数高层领导者认为，黄仁勋希望员工能对他的指示做出正确的判断。他并不想控制每一个决策；事实上，过分详细的规定可能会扼杀他想要培养的独立性和行动倾向。相反，他希望确保他们已经尽职尽责，并考虑了所有可能的影响。卡坦扎罗强调，黄仁勋的方法不仅仅是他的个人喜好。

"我们都很忙，"卡坦扎罗说，"我们的电子邮件多得看不完。我们要传达的核心信息是，你应该对你工作汇报的对象抱有同理心。不要只是把所有东西都扔给他们，而是要以一种能激发他们兴趣的方式给他们，如果他们愿意，他们可以询问更多的细节。黄仁勋正在试图帮助我们成为一个更有效率的公司，并谨慎占用彼此的时间。如果你想在一个大型组织中发挥影响力，就不要浪费别人的时间。"

你必须让自己对工作着迷

黄仁勋工程背景的最纯粹体现是他看似无限的工作能力。在他看来，在商业中，职业道德比智力更重要。"你有多聪明并不重要，因为总会有人比你更加聪明。"他说。而在一个全球化的世界里，"你的竞争对手不会睡觉"。[14]

黄仁勋也不会松懈。作为领导者，他在战略眼光、对图形学和加速计算的理解以及管理组织的能力等方面越来越成熟，而且在他担任 CEO 的 30 年间，始终不变的是他对长时间工作和最大努力的承诺。

一位运营高管声称，英伟达并不是一家 7×24 的公司，而是一家 8×25 的公司。"我不是开玩笑。我凌晨 4:30 起床，然后一直工作到晚上 10:00，"她说，"这是我的选择。并不是每个人都适合。"

另一位产品经理指出，许多员工不愿意接受这种磨炼，几年后就会离开。这位产品经理倾向于在上午 9:00 之前到达办公室，很少在晚上 7:00 之前离开。回家后，他每晚 10:00~11:30 都保持在线状态，从而确保与中国台湾的合作伙伴交谈。"周末时，如果你不能在 2 个小时内回复电子邮件，那就必须告诉团队你无法回复的原因。"他说。当回顾自己的日程时，他发现在过去一年中，几乎有一半的周末不是在出差就是在办公室加班。

英伟达的极端工作文化来源于 CEO 黄仁勋对工作的全身心投入，他对任何不尽职的人都不以为然。"实际上，我不知道有哪位成功人士对待工作的态度是'这只是工作。我从上午 8 点工作到下午 5 点，我就要回家了，下午 5:01 我就放手不管了'。"黄仁勋曾说，"我从来不知道有谁凭这样的状态也能获得巨大的成功。你必须让自己对工作着迷。"[15]

每当黄仁勋难得休假时，员工们反而更加提心吊胆。因为他往往会坐在酒店里写更多的电子邮件，给他们带来比平时更多的工作。在英伟达早期，迈克尔·哈拉和丹·维沃利曾试图对这种情况进行干预。他们给黄仁勋打电话："伙计，你在做什么？你在度假！"

黄仁勋回答说："我正坐在阳台上，看着我的孩子在沙滩上玩耍，同时写电子邮件。"

"出去和你的孩子一起玩吧！"他的下属坚持道。

"不，不，不，"黄仁勋拒绝道，"这正是我可以完成大量工作的时候。"

黄仁勋说，他去看电影时从来记不住电影内容，因为他一直想着工作。"我每天都在工作。我没有一天不工作。如果我不在工作，我就在想着工作，"黄仁勋说，"对我来说，工作就是放松。"[16]

黄仁勋对任何工作量不如自己的人都缺乏同情心，他也不认为自己因为全心投入英伟达而错过了生活中的任何东西。2024年，《60分钟》节目采访了黄仁勋，当被问及有员工说黄仁勋是一个完美主义者，替他工作要求很高且很不容易等话题时，他没有反驳，而是表示同意。

"本该如此。如果你想做非凡的事情，那就不会轻松。"

在我多年的商业报道生涯中，无论是作为一名咨询顾问、分析师，还是作为一名商业作家，我从未见过像黄仁勋这样的人。在图形学领域，他是先驱；在残酷的科技市场中，他是幸存者。他已经担任CEO超过30年——截至本书撰写时，他是标准普尔500指数中目前任职时间第四长的CEO，仅次于伯克希尔-哈撒韦的沃伦·巴菲特、黑石集团的苏世民和再生元的伦纳德·施莱费尔。在科技行业，黄仁勋在英伟达的任期比杰夫·贝佐斯在亚马逊的 27 年、比尔·盖茨在微软的 25 年，以及史蒂夫·乔布斯在苹果的第二任期 14 年还要长，而且他们都已经不再担任 CEO。黄仁勋正逼近由拉里·埃里森在科技领域创下的纪录。埃里森是甲骨文公司的联合创始人，在甲骨文公司担任 CEO 的时间长达 37 年，2014 年后又回到了首席技术官的职位。

使黄仁勋与几乎所有其他竞争对手区分开来的因素容易被理解，但很难被复制。他挑战了以往对高管角色的划分——要么是精通技术但商业素养不成熟的 CEO、创始人，要么是有商业头脑但缺乏技术专长的经营者。黄仁勋则展示了一个人可以同时担任这两种角色。事实上，在技术含量极高的半导体行业，他的双重角色可能是成功的关键。这也是他与英伟达几乎是共生关系的原因。在许多方面，他就是英伟达，而英伟达就是黄仁勋。英伟达已经发展成为拥有数万名员工和数十亿美元收入的跨国公司。

当然，这一现实引发了一个问题：当黄仁勋和公司不再合而为一时会发生什么？这个问题可能在一段时间内仍不会得到答案，但这毕竟迟早会发生。

一步深渊，一步天堂

没有比这更高的赌注。

黄仁勋总是提醒员工，公司只要做出一个错误的决定，就可能会走向淘汰。与公司时敌时友的英特尔的发展历史已经清晰地展示这一风险。

1981年，IBM推出了IBM个人电脑，彻底改变了计算世界。这家电脑制造商为个人电脑做出了两个关键选择，决定了整个行业的发展。第一是选择英特尔8088芯片作为个人电脑的处理器；第二是选择由当时小型初创公司微软开发的MS-DOS作为个人电脑的操作系统。然而，IBM犯了一个重要的战略错误。当时，公司对其规模和分销能力充满信心，因此没有锁定英特尔和微软产品的独家使用权。很快，硬件相同但价格更低的"兼容个人电脑"的克隆机占领了整个市场。戴尔和惠普等个人电脑制造商将IBM排挤出了由IBM自己所创造的产品市场，IBM最终在2005年将其个人电脑部门出售给了联想。

IBM的战略错误使微软和英特尔紧密合作。在过去的40年里，这两家公司主导了计算机行业。这种合作关系最终被称为"Wintel"，这是将微软的Windows操作系统和英特尔的x86处理器结合而成的一个新词。

"Wintel"是分析师所说的"锁定效应"的一个例子。公司将许多业务流程建立在定制应用程序上，而这些程序的运行需要微软Windows系统，以及由英特尔x86处理器驱动的服务器。一旦这种情况发生，就很难切换到其他操作或计算系统上，比如苹果公司的 Mac 生态系统。企业无法轻易将为 Windows 编写的数百万行代码移植到另一个芯片架构上。重新编写那些基于专用 Windows 库和实用程序的软件，将是一项艰巨的任务。首席信息官认为这项任务太复杂，也不值得冒技术风险。

然而，随着微软和英特尔对颠覆性新技术的反应不同，它们的命运开始分化。2014 年，在萨提亚·纳德拉接任微软 CEO 后，公司开始转型，并积极押注云订阅软件和云计算的崛起，从而使得微软在云计算领域仅次于亚马逊云科技公司，稳居第二。

相比之下，英特尔错过了两个时代性的机遇：智能手机处理器的出现和人工智能的崛起。2006 年，史蒂夫·乔布斯问英特尔当时的 CEO 保罗·欧德宁，是否愿意为即将发布的 iPhone 提供处理器。欧德宁做了一个致命的决定——他拒绝了。这个决定导致英特尔错失了后来的智能手机芯片市场。"苹果对一款芯片很感兴趣，他们提出了一个价格，而且一分钱都不加，那个价格低于我们预计的成本，所以我无法接受，"欧德宁在 2013 年接受《大西洋月刊》采访时说，"如果我们做了那单生意，世界会变得大不一样。"[17]

同样在 2006 年，英特尔将其 XScale 部门以 6 亿美元出售给美满科技公司。XScale 部门正在开发为移动设备设计的低功耗 ARM 架构处理器。这一举动导致英特尔在智能手机处理器市场崛起之前，就失去了重要的技术专长。（ARM 公司的主要业务是将其非常适合移动设备的、低功耗芯片架构设计授权给半导体公司和硬件制造商，包括苹果和高通，2023年ARM公司重新在股票市场上市。）

雪上加霜的是，英特尔在其核心业务中接连犯错。英特尔迟迟没有购买和引入来自荷兰公司阿斯麦（ASML）生产的新型芯片制造设备，该设备采用了被称为极紫外线光刻（EUV）的先进芯片制造技术，而且英特尔在基于EUV的生产技术上的投资也不足。因此，在生产更先进的芯片和大规模生产能力方面，英特尔落后于台积电。2020年，当英特尔宣布7nm制造技术再次延期后，许多客户放弃了英特尔，转而选择了其竞争对手如AMD，后者设计芯片并委托台积电制造。同年，苹果将其Mac处理器供应从英特尔的产品替换成了苹果内部设计的基于ARM架构的芯片，这些芯片之前用于iPhone，现在已广泛用于整个Mac系列产品线。

至于GPU，英特尔现任CEO帕特·格尔辛格遗憾地表示，公司未能用自家产品打入这一领域，并与英伟达竞争。"我曾负责一个叫作Larrabee GPU的项目，当我被排挤离开英特尔后不久，这个项目就被取消了，"他说，"如果那些事情没有发生，今天的世界会有所不同。"[18]

格尔辛格曾是该项目的推进者，也一直是英特尔企业计算部门的负责人。他在2009年离开英特尔加入数据存储公司EMC。Larrabee GPU项目在2010年被取消，而英特尔直到2018年才重新启动其GPU项目。

当英特尔一错再错时，英伟达则专注于开启GPU时代。在黄仁勋的领导下，公司在 CUDA 上进行了大量投资，从而使其成为人工智能开发者的基础生态系统。英伟达还进行了明智的收购，包括高速网络领导者 Mellanox，从而完善公司的数据中心计算产品线。英伟达顶住了华尔街要求降低成本、增加利润的压力，做出了这些决定。而华尔街的这些要求，正是英特尔拒绝采用 ARM 架构和 GPU 时所考虑的原因。这是创新者的窘境的一个实例：英特尔作为当时的市场领导者没有抓住、利用新技术，结果导致更敏捷的英伟达颠覆了其整个商业模式。

到目前为止，每个主要的计算时代都见证了一个现象：技术偏爱于那些能够开发出市场领先平台的大玩家，即所谓的"赢家通吃"。"Wintel"在个人电脑领域的主导地位，就是英伟达在 AI 硬件和软件领导地位的范本。在 2023 年 8 月的一份报告中，杰富瑞公司的分析师马克·利帕西斯估计，"Wintel"联盟在个人电脑时代占据了整个行业营业利润的 80%；随着互联网的兴起，谷歌占据了 90% 的搜索市场；苹果在智能手机行业时代占据了行业利润的近 80%。[19]

这段历史或许表明，人工智能时代的大部分收益将归英伟达所有。CUDA 与唯一能够运行 CUDA 的芯片——英伟达 GPU 的结合所产生的效用，就像微软 Windows 操作系统和英特尔的 x86 处理器在个人电脑蓬勃发展时期所实现的"锁定效应"一样。正如企业建立在 Windows 系统库之上，人工智能模型制造商和企业也建立在 CUDA 软件库之上。

当然，英伟达也有可能像 IBM 和英特尔一样，踌躇不前并且错失新一轮的计算浪潮。如果英伟达希望在行业仍有一席之地，就必须保持警惕。格尔辛格赞扬黄仁勋从未放弃对加速计算愿景的坚持。"我非常尊敬黄仁勋，因为他始终忠于自己的使命。"格尔辛格说。但这不仅仅是战略愿景的问题。英伟达仍继续像一家科技公司那样运作，而不是像投资工具。它不会因专注于利润率和盈利而牺牲对创新的开发，即使这些创新可能会拖累英伟达的利润。[20]

"只有持续投资研发，我们才能持续有一席之地，"黄仁勋说，"在我的行业里，如果你不投资研发，那么很快就会被淘汰。"

换句话说，黄仁勋相信在高度技术化的芯片行业中，创新工程远比财务指标更加重要。这一信念也许就是黄仁勋与同行最大的区别。

2013年

第四部分 迈向未来

II
点燃人工智能革命的火花

GPU 成功的秘诀在于并行计算

2005 年，英伟达的首席科学家大卫·柯克正在考虑做出改变。他在 1997 年年初加入英伟达，当时正值 RIVA 128 芯片的开发阶段，而这款芯片也拯救了公司。从那时起，他参与指导了多个芯片架构的推出，见证了英伟达数次在濒临倒闭和重新定义市场从而取得成功之间跳转。他需要从长时间的工作和压力中解脱出来，但他需要找到一个值得信赖的接班人。柯克知道，在产业界很难找到能符合他和黄仁勋对英伟达首席科学家高要求的人选。但柯克还是看中了一位学者，他拥有令人印象深刻的资历。问题是，公司如何将他从当前职位上吸引过来？

比尔·达利教授在计算机科学领域的成就已无须更多证明。他是一个活传奇：1980 年从弗吉尼亚理工学院获得电气工程学士学位后，他进入贝尔实验室工作，参与研制了一些最早的微处理器。1981年，在贝尔实验室工作期间，他获得了斯坦福大学的电气工程硕士学位，随后于1983年攻读加州理工学院的计算机科学博士学位。[1] 达利在论文中研究了并行数据结构——一种在计算机上结构化信息的技术，从而使信息可以被多个计算线程同时使用。达利的论文评审委员会中有一位成员是理查德·费曼，费曼是诺贝尔奖得主、理论物理学家和量子力学先驱。如今，达利所研究的技术被称为并行计算，而英伟达整个先进处理器系列都基于这一技术。

获得博士学位后，达利在麻省理工学院任教。其间，他既研究过最先进的超级计算机，也研究过使用现成部件的廉价机器。在剑桥度过了11年后，达利回到斯坦福大学，担任计算机科学系主任，并最终被任命为 Willard R. 和 Inez Kerr Bell 工程学教授，这是该校备受追捧的一个捐赠教授职位。

柯克在21世纪初期就注意到了达利的工作成果，并邀请他担任 Tesla 芯片架构的顾问，该架构最终驱动了 GeForce 8 系列。可编程的 GeForce 3 是英伟达首款"真正"的 GPU，而 GeForce 8 是第五代产品，但它是首款真正采用并行计算技术的 GPU。这也是双方长达6年合作的第一步。

"这是一个漫长而缓慢的招聘过程。一旦我们吸引了他，我们就可以慢慢地把他拉进来，"柯克说，"比尔是另一个不可或缺的重要人物，因为他是并行计算领域的大师。他整个职业生涯都在做这件事……他对并行计算应该如何运作有着清晰的构想。"[2]

2008 年，达利休了一个长假来考虑自己的下一步去向。第二年，柯克如愿以偿，说服了达利转到产业界。达利辞去了斯坦福大学的教授职位，全职加入了英伟达，准备将他的理论研究成果应用于商业领域。

柯克聘请达利不仅是为了让达利接替自己首席科学家的职位——这个职位在整个公司承担着很多重要职责——还因为他知道达利可以加速英伟达 GPU 技术的发展。

在计算机发展的前 50 年里，计算机内部最重要的芯片是 CPU。CPU 是一个通才，能够执行各种各样的任务。它以极快的速度从一个任务切换到另一个任务，并且可以为每个操作分配强大的处理能力。然而，由于 CPU 内核数量有限，每次只能处理少量的运算线程，因此，能同时处理的操作数量很少。

相比之下，GPU 则是用来执行量大但并不复杂的任务。它包含数百甚至数千个微小的处理内核，能够将任务分解成众多更简单的操作，然后并行执行。虽然 GPU 的通用性不如 CPU，但在许多应用中，其处理速度远超 CPU。[3] GPU 成功的秘诀在于并行计算，也就是比尔·达利所开创的领域。

在"Nvision 08"大会上——这一年在圣何塞举办，面向图形爱好者而非行业内部人士——电视节目《流言终结者》的主持人杰米·海尼曼和亚当·萨维奇应英伟达的邀请做了一场演示。他们

Ⅱ 点燃人工智能革命的火花　**239**

表示，英伟达邀请他们设计一个关于 CPU 和 GPU 的差异的实用演示，萨维奇将其形容为"有点儿像一节关于 GPU 如何工作的科学课"。[4] 他们在台上摆放了两台机器，让机器用不同的方式来完成相同的任务——绘制图画。

第一台机器叫作"莱昂纳多"，是一个遥控机器人，它有一对类似坦克的履带，上面安装了旋转臂，旋转臂上又安装了一把彩弹枪。海尼曼操纵着机器人移动到舞台上一块空白画布前，然后根据预先编程的算法开始射击彩弹。在 30 秒内，"莱昂纳多"用单一的蓝色彩蛋绘制了一个清晰可辨的笑脸图像。萨维奇解释说，这就是 CPU 完成任务的方式——"一系列独立动作，一个接一个，依次执行"。

第二台机器被称为"莱昂纳多 2 号"，更像是 GPU。它是一个庞大的装置，上面装有 1 100 个相同的管子，每个管子装有一个彩弹。这些管子连接到两个巨大的压缩空气罐中，可以同时发射所有彩弹。与"莱昂纳多"花费近半分钟才画出一个简单笑脸相比，"莱昂纳多 2 号"用了不到 0.1 秒就在整个画布上绘制了一幅蒙娜丽莎的全彩图像。"这有点儿像一个并行处理器。"海尼曼用他标志性的面无表情的方式说道。

渲染计算机图形是一项计算密集型任务，但它远没有重新计算 100 万个单元电子表格中的每一个数学公式那么复杂。因此，要提高计算机在渲染图形方面的效率，一个最有效的方式就是为计算机提供更多专用内核，这些内核可以并行处理更多的软件线程，而且所有这些内核都经过了优化，专注于图形处理相关的小任务集。为了更好地执行其设计目标，GPU 不需要更多灵活性或更强的计算能力，它只需要更高的吞吐量。

随着时间的推移，CPU 和 GPU 的区别越来越模糊，尤其是在人们发现 GPU 擅长的矩阵数学在计算机视觉、物理模拟和人工智能等多个领域都有广泛应用之后。因而，GPU 已经成为一种更加通用的芯片。

让深度学习发挥作用的三样东西

达利加入英伟达后不久，便重新部署公司的研究团队，从而更专注于并行计算。他参与的第一个大型项目和互联网上的猫咪照片有关。

达利在斯坦福大学的前同事、计算机科学教授吴恩达正在与谷歌大脑项目合作——这是 Alphabet（谷歌母公司）的一个人工智能研究实验室，后来并入 DeepMind（谷歌旗下的人工智能公司）——他们在寻找可以通过神经网络进行深度学习的更好方法。不同于早期需要人类"教导"才能识别内容的神经网络，深度学习神经网络是完全自主的。例如，吴恩达的团队向他们的深度学习网络提供了 1 000 万张从 YouTube（优兔）上随机选取的静态图像，并让这个网络自行决定哪些模式因频繁地出现而需要被"记住"。该模型学习了大量和猫有关的视频和图像，从而可以在无须人工干预的情况下，独立开发出一张猫脸的合成图像。从那时起，它就能够可靠地识别那些不在训练集中的猫的图像了。[5]

对于达利这样的计算机科研老兵来说，这是一个临界点。"深度学习要发挥作用，必须有三样东西，"他说，"第一是核心算法，它自 20 世纪 80 年代以来就已经开发。虽然也有像 Transformers 架构这样的改进，但总体来说已经存在了几十年。第二是数据集。你需要大量的数据……标注数据集是 21 世纪初出现的，随后李飞飞组建了 ImageNet 数据集。这是一项巨大的公共服务，因为有了这样一个庞大的公开数据集，许多人能够做非常有趣的事情。"[6]

吴恩达的工作展示了将众所周知的算法应用于足够庞大的数据集可以产生巨大的力量，而且深度学习模型的能力远不止识别猫的图像。谷歌大脑神经网络拥有超过 10 亿个参数，能够识别成千上万种不同的形状、物体，甚至面孔。[7]吴恩达需要谷歌，因为后者能为他提供深度学习所需的丰富数据集，而且也恰好是世界上最大的内容库之一（YouTube 自 2006 年也归属于谷歌）。即使是吴恩达所在的斯坦福大学，由于其巨额研究预算，也无法为他提供这样的训练素材。谷歌也并非无私奉献：作为交换，谷歌保留了将吴恩达基于这些数据开发的一切成果进行商业化的权利。

然而，硬件，也就是达利所认为的"让深度学习发挥作用的第三样东西",事实证明更难解决。吴恩达使用了谷歌的一个数据中心,通过将2 000多个CPU串联起来,共计超过1.6万个计算内核,从而构建了自己的深度学习服务器。[8]吴恩达的壮举,着实令人印象深刻。但他现在面临的挑战,与罗斯·沃克在圣地亚哥超级计算中心面临的挑战如出一辙:尽管他的概念验证工作可能令人兴奋,但这个模式的深度学习依然远超大多数公司可承担的范围。即使是资金充足的研究团队也无法购买数千台昂贵的CPU,更别说租用一个可以为如此庞大的计算系统提供存储、供电和冷却的数据中心。为了真正释放深度学习的潜力,硬件必须变得更加经济实惠。

达利离开斯坦福大学加入英伟达后一直与吴恩达保持联系。某天他们共进早餐时,吴恩达透露了他在谷歌大脑项目的工作情况。他描述了如何成功将深度学习理论应用于现实世界:无须人工标记或干预,也可以自动识别照片中的物体。吴恩达详细说明了他的方法,即结合了YouTube视频片段的广泛数据集与数万个传统处理器的算力。

达利对此印象深刻。"那真的很有趣。"他说。然后他做出了一个将改变人工智能发展轨迹的论断。"我打赌GPU在这个方面会做得更好。"[9]

达利指派了英伟达的同事布赖恩·卡坦扎罗,来帮助吴恩达的团队使用GPU进行深度学习。卡坦扎罗拥有加州大学伯克利分校的电气工程和计算机科学博士学位。达利和卡坦扎罗相信,深度学习模型所涉及的计算任务可以被分解成更小、更简单的操作，从而使 GPU 能更高效地执行。他们进行了一系列测试，证明了他们的观点确实可行，但这仅仅是理论上的。实际面临的挑战是，深度学习模型非常庞大，无法在单个 GPU 上运行，因为单个 GPU 只能处理拥有 2.5 亿个参数的模型，这只是吴恩达的谷歌大脑模型中的一小部分。虽然把 4 个 GPU 集成在一个服务器上是可能实现的，但将多个 GPU 服务器"连接"起来从而提高整体处理能力，在当时从未尝试过。[10]

卡坦扎罗的团队用 CUDA 语言编写了一个新的优化程序，以实现在多个 GPU 之间分配计算，并管理它们之间的通信。这些优化使得吴恩达等人仅用 12 块英伟达 GPU 就完成了原本由 2 000 个 CPU 完成的工作。[11]

根据达利的说法，卡坦扎罗已经证明，通过一些高技能的软件工作，GPU 就可以提供"点燃人工智能革命的火花"。"你可以把算法看作燃料，把数据集看作空气，一旦有了 GPU，就可以使这两者相互作用；没有 GPU 的话，那就无从谈起。"[12]

由于 CUDA 优化工作，卡坦扎罗与黄仁勋有了第一次直接接触。"突然间，黄仁勋对我正在做的工作产生了极大的兴趣。他给我发邮件，问我在尝试做什么，深度学习是什么，它是如何工作的，"卡坦扎罗回忆道，"当然，还有 GPU 在实现这一目标中可能扮演的角色。"[13]

黄仁勋当然想卖出更多的 GPU，但要实现这一点，他需要找到推动 GPU 被广泛采用的"杀手级应用"。深度学习有潜力成为这样的应用，但前提是有人能够展示除了识别家养宠物，GPU 还有其他用途。

最佳公关：反其道而行之的 AlexNet

在卡坦扎罗帮助吴恩达开发深度学习神经网络的同时，多伦多大学的一个研究团队发现，深度学习神经网络在解决最具挑战性的计算机视觉问题上超越了当时最好的软件。

这一里程碑的根源可以追溯到 2007 年，当时普林斯顿大学的新晋计算机科学教授李飞飞开启了一个新项目。那时计算机视觉领域致力于开发最佳模型和算法，因为人们普遍认为，设计了最好的算法就一定会得到最准确的结果。李飞飞颠覆了这一假设，她提出即使没有设计出最完美的算法，只要用了最好的数据集进行训练，也会得到最好的结果。[14] 收集足够多的数据是一项艰巨任务，为了给研究团队成员提供良好的开端，李飞飞开始编制图像目录，每个图像都根据其内容进行手动标注。经过 2 年的工作，这个数据库的图片已经超过 300 万张，并且拥有 1 000 个不同且互斥的类别，范围从具体的事物（喜鹊、气压计、电钻），到广泛的概念（蜂巢、电视、教堂）。她将自己的数据库命名为 ImageNet，并以研究论文的形式向学术界公布。起初，几乎没有人阅读这篇论文，也没人关注她试图引起注意的研究工作。因此，她联系了牛津大学，该校维护着一个类似于 ImageNet 的数据库，并赞助欧洲每年一次的计算机视觉研究竞赛。她询问牛津大学是否愿意在美国发起类似的比赛，数据库则选用 ImageNet。牛津大学同意了，于是 2010 年首届 ImageNet 大规模视觉识别挑战赛正式举办。[15]

比赛规则很简单：参赛模型会被随机输入来自 ImageNet 的图片，必须正确地将它们进行分类。2010 年和 2011 年的两届竞赛结果并不理想。在首届竞赛中，有一个模型几乎将每张图片都错误分类，没有任何团队的正确率超过 75%。[16] 第二年，参赛团队的平均成绩有所改善——表现最差的参赛团队也正确分类了大约一半的图片，但依然没有团队的正确率超过 75%。

在 2012 年第三届竞赛中，多伦多大学教授杰弗里·辛顿和他的两名学生伊利亚·苏茨克维和亚历克斯·克里泽夫斯基提交了他们的参赛作品 AlexNet。其他参赛团队都是先开发算法和模型，再进行优化以适应 ImageNet；AlexNet 团队则采取了相反的方法。他们使用英伟达 GPU 支持了一个小规模的深度学习神经网络，然后输入 ImageNet 的图片，让其"学习"图片并自行建立图片与其关联标签的关系。他们并没有打算编写最佳的计算机视觉算法；实际上，他们一行计算机视觉代码也没有写。相反，他们尽己所能地编写了最好的深度学习模型，并相信它可以自行解决计算机视觉问题。

"从 Fermi 那代开始，GPU 的性能就已足够强大，你可以在合理的时间内完成一个规模可观的神经网络，以及处理规模可观的数据。"达利说道。他提到的是 2010 年首次发布的 GeForce 500 系列芯片架构。"所以 AlexNet 在 2 周内就完成了训练。"[17]

结果令人震惊。大多数竞争对手的正确率仍然在 75% 左右，但 AlexNet 几乎正确分类了 85% 的图片，而且是基于深度学习的强大能力自行完成的。AlexNet 的胜利为英伟达带来了巨大的公关效应，因为辛顿和他的学生仅需一对售价几百美元的、现售的消费级 GPU，就取得了这样的成绩。从此以后，AlexNet 让英伟达与公认的人工智能历史上最重要的事件之一永远绑定。

"当亚历克斯·克里泽夫斯基和伊利亚·苏茨克维发表他们的 ImageNet 论文时，它真的震惊了全世界，"卡坦扎罗说道，"人们常常忘记这是一篇系统性论文。他们没有讨论如何理解人工智能的一些花哨的新数学概念。相反，他们所做的是使用加速计算，并大幅扩展了应用于图像识别这个问题的数据集和模型。这最终产生了非常好的效果。"[18]

亚历克斯·克里泽夫斯基和伊利亚·苏茨克维的工作激发了黄仁勋对人工智能的兴趣。他开始频繁与比尔·达利交谈，并集中讨论深度学习，尤其是 GPU 驱动的深度学习对英伟达来说是一个巨大的机会。高管团队内部对此进行了多次激烈的争论。黄仁勋的几位关键副手都反对进一步投资深度学习，认为这只是昙花一现，但黄仁勋否决了他们的意见。

"深度学习将会非常重要，"黄仁勋在 2013 年的一次高管团队会议上说道，"我们应该全力以赴。"

All IN 人工智能，重塑英伟达

尽管黄仁勋并未完全意识到，但他在英伟达发展的前 20 年里，其实一直在为这一刻做准备。他聘用了他能找到的最佳人才，包括从竞争对手和合作伙伴那里"挖墙脚"。他建立了一种文化——重视技术才能、全力以赴，以及最重要的是对公司全心投入。他建立的英伟达，就像是他自己专注而深远的思维的镜像。现在，他将使出浑身解数，带领英伟达抵达科技行业的中心——这家公司的硬件将助推人工智能驱动的未来。

第一步是为人工智能项目分配更多人手和资金。卡坦扎罗估计，之前只有少数几人在从事与人工智能相关的项目。随着黄仁勋意识到摆在英伟达面前的机会巨大，他利用"一个团队"的理念迅速重新分配资源。

"整个公司都要彻底改变，绝对不是一两天的事，"卡坦扎罗回忆道，"而是用了几个月的时间，在这期间，黄仁勋对机器学习越来越感兴趣，开始提出越来越深入的问题，然后鼓励公司全力投入机器学习中。"[19]

在"全体投入"之后,英伟达发布了一系列专为人工智能市场设计的新功能。黄仁勋已经做出一个重大且昂贵的决定,那就是让公司的整个硬件产品线都与CUDA兼容,从而可以让研究人员和工程师根据他们自己的特定需求使用英伟达GPU。现在,他要求达利提出以人工智能为重点的改进方案。

黄仁勋在一次公司全员会议上宣布了战略重点的转变:"我们需要将这项工作视为我们的最高优先级。"[20] 黄仁勋解释说,公司必须让合适的人投入人工智能工作。如果他们目前被分配到其他项目,他们就要改变工作重点,因为这比他们正在做的任何事情都更重要。[21]

卡坦扎罗把他GPU优化的工作转化为英伟达的一个软件库——CUDA深度神经网络(cuDNN)。这成为公司第一个针对人工智能优化的软件库,后来发展成为人工智能开发者的必备工具。它与所有领先的人工智能框架兼容,并允许用户无论进行任何GPU任务,都能自动采用最有效的算法。"黄仁勋很兴奋,"卡坦扎罗说道,"他希望尽快将其产品化并推向市场。"

另一个有前景的措施是调整英伟达GPU执行数学运算的精度。当时,公司GPU支持32位(单精度浮点,FP32)或64位(双精度浮点,FP64)数学精度;这两种数学精度类型对于许多科学和技术领域来说都是必需的。但深度学习模型并不需要那么高的精度,它们只需要GPU执行16位浮点计算即可,因为在训练过程中,这些网络对计算误差并不那么敏感,有一定的抗性。换句话说,英伟达 GPU 执行的数学运算过于精确,这也使得深度学习模型的运算速度要慢得多。为了让 GPU 运行得更快并让这些模型更高效地运行,2016 年达利让所有英伟达 GPU 都支持了 16 位浮点计算。

真正的任务是制造专为人工智能优化的定制硬件电路。当英伟达转向人工智能时,其架构师已经在开发下一代 GPU,即 Volta。新系列已经开发几年了,此时对芯片设计进行任何微小改动都是昂贵且困难的。但在黄仁勋的劝说下,达利意识到,如果公司现在不尝试制造基于人工智能优化的芯片,可能几年后就再也没有机会了。

尽管架构团队处于开发过程的后期阶段,但是达利说:"整个团队——GPU 团队、黄仁勋和我——同意显著增加对人工智能的支持。"这种"支持"包括开发一种全新的微型处理器,名为张量内核,并将其集成到 Volta 中。在机器学习中,张量是一种数据容器,可以编码多个维度的信息,特别适用于图像和视频等复杂内容类型。由于内容维度的丰富性,因此基于张量的计算需要大量的处理能力。而最有趣的深度学习形式——如图像识别、语言生成和自动驾驶——需要使用越来越大、越来越复杂的张量。

就像因为 GPU 能更有效地处理一小部分任务,所以 GPU 比 CPU 的计算有所改进一样,张量内核可以实现对传统 GPU 的改进,也是因为它们被优化为以更高效率来运行更加专业的任务子集。用达利的话来说,它们是"矩阵乘法引擎",专为深度学习而生。配备张量内核的 Volta GPU,其训练深度学习模型的速度比采用标准

CUDA 内核的 GPU 快 3 倍。[22]

所有这些创新和改变都需要付出运营成本。在距离原定的流片时间表——芯片进入生产前的最后一步——仅剩几个月时,达利和他的团队完成了对 Volta 系列的最后调整。对于芯片制造商来说,如果不是因为最后一刻发现重大缺陷而是出于主动选择这样做,这几乎是闻所未闻的。

"当时我们需要决定芯片的面积,因为我们认为不断发展的人工智能将成为一个巨大的市场,"达利回忆道,"事实证明,这是一个正确的决定。我认为这是英伟达的真正优势,我们能够做到这一点。"[23]

从某种意义上说,英伟达在做它一直在做的事情:发现一个巨大机会,并在其他人意识到其潜力之前,争分夺秒地将产品推向市场。黄仁勋在人工智能军备竞赛的早期就意识到,竞争不只是看谁能制造出最快的深度学习芯片,同样重要的是如何让这一切——硬件和软件基础设施——协同工作。

"拥有可以扩展这些模型的架构和注意力机制,确实是行业的启动器。"黄仁勋在 2023 年回忆道。[24]

达利同意黄仁勋的评价。"更重要的是尽早建立整个软件生态系统。"他说,"英伟达希望生产各种软件,使人们更容易在 GPU 上高效地进行深度学习。"提供一个现成的框架和支持软件库,可以让第三方开发者、研究人员和工程师,在想到人工智能时顺理成章地首选英伟达。

CUDA不仅使英伟达在人工智能学术研究人员的专业圈里声名鹊起,它的下一代硬件也将及时面世,让那些先驱者在商业市场上一试身手。很快,人工智能的重心从斯坦福大学、多伦多大学和加州理工学院转移到初创公司和知名科技公司。辛顿和李飞飞最终加入谷歌;吴恩达曾在百度担任首席科学家——百度最初是中国最大的搜索引擎,现在是一个科技集团;辛顿的学生伊利亚·苏茨克维与人共同创立了深度学习公司OpenAI,这家公司将人工智能革命带入公众视野。

上述这些人都有一个共同点,那就是他们在学术生涯中都曾使用英伟达GPU进行开创性研究。当他们将人工智能从一个晦涩难懂的学术领域转变为全球焦点时,也创造了对新芯片、人工智能服务器和数据中心的巨大需求,而此时英伟达仍是他们的首选。

比尔·达利和布赖恩·卡坦扎罗的工作,让黄仁勋捕捉到了新技术潜力的早期信号。黄仁勋确信,人工智能将在10年内创造"我们几十年以来所看到的软件和硬件潜在市场总量(TAM)的最大规模扩张"[25]。黄仁勋在几年内就以人工智能为中心重塑了英伟达,以"光速"般的强度来实施调整。事实上,只有采取极端措施——对抗全行业普遍转向静态组织的趋势、漫长的开发周期和压缩研发支出——黄仁勋才能帮助英伟达做好准备,在人工智能"地震"般爆发时抓住这一时机。即便如此,没有人——甚至黄仁勋本人——知道整个科技界将会产生多么剧烈的震动。

12
有史以来最好的收购之一

"最令人畏惧"的对冲基金

英伟达和右舷价值基金的发展历史是交织在一起的,后者也许是世界上最著名的激进投资对冲基金。然而,这一点鲜为人知。

杰夫·史密斯是右舷价值基金的创始人,他在纽约长岛大颈镇长大。1994年,他从宾夕法尼亚大学沃顿商学院获得了经济学学位,并随即开始了他在投资银行领域的职业生涯。后来,他加入了一家名为 Ramius Capital 的小型对冲基金,该基金最终与 Cowen Group 合并。[1] 2011年,史密斯和他的两位合伙人将右舷价值基金作为独立基金剥离出来,该基金的目标是"专注于挖掘那些表现不佳的公司的价值,为全体股东谋取利益"[2]。

根据2014年《财富》杂志的一篇文章,史密斯因其激进的投资风格,迅速在美国商业界获得了"最令人畏惧的人"称号。[3] 当时，右舷价值基金管理的资产超过了 30 亿美元，年均回报率达到 15.5%。它在 30 家不同公司的董事会里更换了 80 多位董事，包括生物技术公司 SurModics 和美发沙龙公司 Regis。尽管右舷价值基金在 2012 年美国在线董事会增选董事的代理权争夺战中遭遇了一次罕见的失败，但它仍然继续将目光投向更大的目标。

2013 年年底，右舷价值基金做出了迄今为止最引人注目的举动：该基金宣布已累计持有全美最大的全服务连锁餐厅达登饭店 5.6% 的股份，成为其最大股东。

达登饭店是诸如橄榄花园、红龙虾、长角牛排馆等全美连锁品牌的所有者和运营商，其销售额多年来一直在下滑。为此，达登饭店决定完全剥离红龙虾品牌，理由是海鲜成本在不断上升。[4] 然而，史密斯不同意这一决定，他认为达登饭店的困境应归咎于其管理不善，并且剥离红龙虾的行为实际上会破坏而非创造股东价值。达登饭店已经拥有生存所需的一切，除了优秀的领导力。

2014 年 9 月，右舷价值基金发布了一份近 300 页的 PPT 演示文稿，提出了拯救达登饭店的方案。这份 PPT 在美国媒体引起了巨大关注。商业记者注意到该提议的语气特别尖锐（"达登饭店多年来一直管理不善，……急需扭转局面"），其他人则对其中一些节约成本的建议嗤之以鼻，例如，要求服务员在分发不限量面包棒时不要那么慷慨。[5] 但右舷价值基金的计划既全面又合乎逻辑——即使是关于面包棒的建议，也是为了增加员工与客人的接触次数。右舷价值基金还表示，它关心达登饭店的品牌，不仅仅是出于财务原因。"达登饭店在我们心中有特殊的位置。"其中一页 PPT 上写道。[6] 这家对冲基金将情感和严谨相结合，赢得了达登饭店股东的支持；右舷价值基金获得了代理权投票的胜利，并更换了公司整个董事会（12 个人）。达登饭店的 CEO 很快辞职，公司实施了右舷价值基金批准的扭亏为盈的计划。史密斯的胜利巩固了他既缜密又强硬的声誉。

在右舷价值基金大获全胜的前一年，史密斯对英伟达采取了一个不那么广为人知的行动。

2013 年年初，英伟达的股东开始感到不满。股价连续 4 年基本持平，业绩表现也喜忧参半。在当时截至 1 月的季度中，销售额同比增长了 7%，但盈利下降了 2%。

英伟达财务状况良好，拥有约 30 亿美元的净现金，对于公司当时 80 亿美元的总市值而言，这是显著的好资产。然而，其增长率仅为个位数，也导致市盈率（P/E）仅为 14 倍。右舷价值基金认为，英伟达剔除手中的现金后被严重低估了，其核心资产有更大的增长空间。该基金迅速行动：美国证券交易委员会 13F 文件显示，在截至 2013 年 6 月的季度中，该基金累计持有英伟达股票 440 万股，价值约 6 200 万美元。

英伟达的一些高管对于右舷价值基金成为公司股东感到不高兴。一位英伟达资深高管表示，公司董事会非常担心这家激进的基

12 有史以来最好的收购之一

金会迫使公司重组董事会，并让英伟达减少对 CUDA 等项目的投资——就像这家基金入主达登饭店的第二年就启动的那种大刀阔斧的重组一样。另一位英伟达高管说，右舷价值基金想获得一个董事会席位，但董事会拒绝了。

尽管如此，双方的关系也从未变得过于对立。"我认为双方关系还从未达到我所称的危机程度。你知道 DEFCON 1 吗？"一位英伟达高管说道。他说的 DEFCON 是美国军方用于核战争的警戒系统。DEFCON 5 表示和平，而 DEFCON 1 意味着核战争迫在眉睫。"双方关系到了 DEFCON 3 的程度。"

右舷价值基金团队多次与黄仁勋和英伟达其他领导者会面，讨论战略问题。多年后回顾这笔投资，史密斯表示，右舷价值基金主张采取积极的股票回购计划，并减弱非 GPU 项目的重要性，如手机处理器等。[7] 会议结束后，右舷价值基金并没有施加额外的压力。最终，这家基金期待的股票回购也如愿以偿。2013 年 11 月，英伟达发布了两个公告：一是承诺在 2015 财年前回购 10 亿美元股票；二是授权再额外回购 10 亿美元股票。随后几个月，英伟达股价上涨了约 20%，而右舷价值基金在次年 3 月卖出了其在英伟达的持仓。

英伟达与右舷价值基金远非敌对关系，在这段短暂的时期里，双方似乎合作得还不错。

"黄仁勋给我们留下了深刻印象。"史密斯说道。

黄仁勋回忆起与右舷价值基金的会议时，并不记得他们特别讨论了哪些事。不知不觉间，右舷价值基金已经不再是公司的投资者了，但右舷价值基金对芯片行业和英伟达的影响并未就此结束。

69 亿美元赢得竞标

1999 年，几位以色列技术高管共同创立了迈络思公司（Mellanox Technologies），埃亚勒·沃尔德曼成为其 CEO。迈络思采用"InfiniBand"标准为数据中心和超级计算机提供高速网络产品，并迅速成为行业领导者。其收入增长显著，从 2012 年的 5 亿美元增长到 2016 年的 8.58 亿美元。然而，高额的研发支出导致其利润率非常低。

2017 年 1 月，右舷价值基金收购了迈络思 11% 的股份。它公布了一封信，批评沃尔德曼及其团队在过去 5 年令人失望的表现。尽管半导体行业指数已经上涨了 470%，但迈络思的股价下跌了。其营业利润率只有同行平均水平的一半。"迈络思是过去一段时期表现最差的半导体公司之一，"右舷价值基金在信中写道，"边缘改变和小幅优化的时代早已过去。"[8]

经过与董事会的漫长讨论，右舷价值基金和迈络思在 2018 年 6 月达成协定。迈络思将任命 3 位由右舷价值基金认可的成员进入董事会，并在迈络思没有达到某些未公开的财务目标时，给予对冲基金额外的未来权利。即便获得了这些让步，右舷价值基金仍保留了通过发起代理权争夺以取代沃尔德曼的权利。迈络思可以选择将自己卖给另一家公司，只要这种做法比作为独立公司运营能带来更好的资产回报。这也就为芯片行业历史上最具影响力的交易之一奠定了基础。

2018年9月，迈络思收到了一份来自外部公司的非约束性收购要约，价格为每股102美元——比当时76.90美元的股价溢价了近1/3。迈络思现在完全进入了被竞价收购的状态。它聘请了一家投资银行寻找其他竞标者，最终将潜在买家名单扩大到7家。

据另一名英伟达高管称，当迈络思成为可收购对象时，黄仁勋并没有考虑收购它。但是，他很快就看到了这一资产的战略重要性，然后决定英伟达必须赢得这场竞标，并在10月加入了竞购。

最终，名单缩小到3家主要竞标者：英伟达、英特尔和赛灵思。赛灵思主要制造工业用途芯片。3家潜在买家进行了为期数月的竞标战，英特尔和赛灵思的出价高达每股122.50美元。英伟达的出价为每股125美元，略高于其他两家。2019年3月7日，英伟达以69亿美元全现金的出价赢得了竞标。

几天后，英伟达和迈络思公开了这笔交易，并与分析师和投资者进行了电话会议。

"让我告诉你为什么这对英伟达很有意义，以及我为什么对此感到兴奋。"黄仁勋说道。他谈到了高性能计算需求的增长——包括人工智能、科学计算和数据分析的工作负载都需要巨大的性能提升，而这只能通过 GPU 加速计算和更好的网络技术来实现。他解释说，人工智能应用最终会需要成千上万台服务器相互连接并协同工作，而迈络思行业领先的网络技术将是实现这一目标的关键。

"新兴的人工智能和数据分析工作负载需要数据中心规模的优化。"黄仁勋说道。他预测，计算将不仅限于单一设备，整个数据中心都将成为计算机。

典型的英伟达式成就

仅仅几年后，黄仁勋的愿景就得到了验证。

2024 年 5 月，英伟达披露，迈络思在一个季度内创造了 32 亿美元的收入，比 2020 年年初迈络思还是上市公司时的表现增长了 7 倍以上。距离英伟达一次性支付了 69 亿美元收购迈络思仅仅过去了 4 年，迈络思每年产生了超过 120 亿美元的收入，并以 3 位数的速度增长。

"坦白说，迈络思是激进投资者送给我们的美妙礼物，"一位英伟达资深高管说道，"在你与人工智能初创公司交谈时，只要谈到扩展计算能力和让一切高效运行，那么你就绕不开迈络思的网络技术 InfiniBand。"

布赖恩·文图罗是 CoreWeave 的联合创始人兼首席技术官，该公司是领先的 GPU 云计算提供商，同时也是英伟达的客户。他认为，InfiniBand 技术是最小化延迟、控制网络拥塞和使工作负载高效运行的最佳解决方案。

从某种角度来看，迈络思对英伟达而言是一个意外收获。黄仁勋一开始并未完全意识到这一点。然而，英伟达发现并看清了其中的机会后就决定积极竞购迈络思。这是一笔非常划算的交易，尽管结果取决于当新业务成为公司的一部分后，英伟达的执行能力如何。从这个角度来看，迈络思也是一个典型的英伟达式成就：在别人没有行动时，英伟达就果断出击，而且迈络思帮助英伟达实现了在人工智能领域的崛起并成为主导者。

"这绝对会被载入史册，这是有史以来最好的收购之一，"英伟达全球现场运营负责人杰伊·普里说道，"黄仁勋意识到，数据中心级别规模的计算需要非常好的高性能网络，而迈络思在这个方面是全球最领先的。"[9]

看到英伟达在过去 10 年里取得的所有成就后，右舷价值基金的杰夫·史密斯也有一个定论。

"我们本不该退出这一阵地的。"

13
未来之光

与核心利润背道而驰的长期研究小组

  光是一个极其复杂的自然现象。有时候它表现得像一种粒子，有时候它又表现得像一种波。有时候它会从物体表面上反射，有时候它会穿透物体而散射，有时候它会被物体完全吸收。与物体在空间中的运动或物体与另一物体碰撞时的变形不同，光并不受单一物理原理的支配。我们从睁开眼睛的那一刻起就生活在光中：我们凭借直觉就知道光在现实生活中是如何"工作"的。

  因此，光可能是计算机图形学中最重要的视觉元素，也可能是最难再现的元素。没有好的光照效果，图像会显得平淡、刺眼或不真实。而有了好的光照效果，图片可以像古代大师的作品一样——即使在简单的构图中，也能展现出情感和戏剧性。一个艺术家或摄影师可能需要一生来掌握如何控制作品中的光线。在很长一段时期，计算机似乎永远无法达到同样的技术水平。

大多数早期的计算机图形学无法创造出逼真的光照效果，因为即使是当时最先进的处理器也难以完成相关的计算。最好的渲染算法只能以简单的方式模拟光的物理特性，从而产生纹理平淡、阴影模糊和不自然的反光。即使在过去 20 年间，大部分图形领域有了稳步提升——甚至 GPU 的发明使得图形渲染几乎全方面地变得更好、更高效——但光照模拟仍然难以处理。

然后，大卫·利布基出现了。1998 年，利布基从北卡罗来纳大学教堂山分校获得了计算机科学博士学位，他希望将计算机图形学作为自己的学术事业。他在弗吉尼亚大学担任助理教授 8 年，但他发现自己对缓慢的工作节奏越来越感到沮丧。每当他的团队发明了一种新的粒子渲染或物体纹理映射图形技术时，论文评审程序都会耗时 6 个月以上，那时他和团队发明的技术就会过时。利布基的论文评审完就立即过时的原因在于英伟达：英伟达不断推出新的 GPU 功能，而且比利布基团队在实验室所发明的更胜一筹。"我在那段时期感到非常泄气，甚至考虑过完全离开学术界。"他说。[1]

出乎意料的是，利布基接到了英伟达首席科学家大卫·柯克的电话。柯克对利布基的工作很熟悉。"我们正在英伟达建立一个长期研究小组，"他说，"你感兴趣吗？"

利布基并没有因为英伟达一直超越他的工作而怀恨在心。相反，他意识到自己想要加入计算机图形学的领先组织——尤其是这也许意味着他可以帮助英伟达确定未来的发展方向。

2006年，他成为当时新成立的英伟达研究部门的第一位员工。在工作的最初几周，利布基与英伟达的系统架构师兼老朋友史蒂夫·莫尔纳共进午餐，他询问莫尔纳英伟达的研究小组应该做什么。例如，研究小组是否应该围绕申报专利来开展工作？莫尔纳思考了一会儿说："我不认为英伟达是某种知识产权的堡垒。我们的优势只是比别人跑得快。"

这是一个中肯的观点。英伟达之所以能始终处于创新的最前沿，主要是因为其卓越的运营和战略纪律。英伟达拥有快速的产品发布周期和清晰的优先级意识，而资助没有明确商业目标的探索性研究并不在其优先事项之列。英伟达研究部门似乎与公司的核心竞争力背道而驰。

柯克之所以支持新部门的成立，正是因为他看到了计算机图形学中最复杂的问题本来就需要进行长时间持续研究，而商业化需要更长的时间。利布基入职几周内就迎来了3位新同事。在他们与柯克的第一次团队午餐会上，他们询问从哪里着手开展工作。柯克没有明确表示，而是让他们自己决定工作内容。不过，他提供了一些基本的工作原则：专注于对公司重要的事情；项目需要产生重大影响；专注于那些在英伟达常规业务过程中不会出现的创新——那些只有通过专注、长期的工作才可能实现的创新，而这类工作并非公司其他部门的目标和职责。

内部孵化器与"登月计划"

光线追踪——一种模拟光线在虚拟场景中反弹或穿透物体的技术——正是一个符合柯克工作原则的项目。理论上，光线追踪意味着光照效果会比目前市场上所有可用的都更逼真。然而，实际上，光线追踪对计算机硬件的要求极高，以至于当时的硬件都无法胜任。

当时的普遍观点认为，由于 CPU 可以执行更广泛和更多样化的计算，因此它在光线追踪方面比 GPU 更有优势。英特尔的内部研究小组就大力推广这一观点：由于光在现实世界中的行为复杂，因此只有 CPU 才能准确模拟。

但是，英伟达研究部门在成立后的 6 个月内进行了实验，结果表明，GPU 不仅已经强大到足以处理光线追踪计算，还能比当时的 CPU 速度更快。利布基很兴奋，因为这或许可以解决计算机图形学中长期存在的问题以及带来商业化前景。因此，他安排了研究部门与黄仁勋的第一次会议。

通常情况下，在有黄仁勋出席的会议上，演讲者只能得到几分钟的连续发言时间，之后就进行互动讨论。然而这一次，黄仁勋却听了整整 1 个小时的发言。"我觉得他对我们非常有耐心，给了我们表达的机会。"利布基说。

在利布基发言结束后，黄仁勋给出了几条反馈意见。黄仁勋认为光线追踪技术在游戏市场的潜力显而易见，但他也建议利布基及其团队不要忽视其他领域。例如，光线追踪可以用来推广英伟达的 Quadro 工作站显卡——尽管这种显卡销量不高，但价格高昂，因此大约占据了公司利润的 80%。而进入那些专业和技术市场，最终将会对公司更为有利。

在得到黄仁勋对光线追踪值得投入的认可后，利布基接下来参加了英伟达 GPU 工程团队的设计会议。关于如何实现光线追踪所需的计算能力，包括 GPU 核心处理器的更改等问题，利布基和团队有几个想法。他们已经习惯自由的学术讨论，因此他们认为工程师会接受类似的讨论方式。"我们出现在了 Fermi 芯片架构会议上。"利布基说。他指的是当时英伟达正在开发的一代芯片。"我们希望可以在同一个 CUDA 内核上运行一系列线程。"

像黄仁勋一样，负责 Fermi GPU 的架构师也接纳了新同事及其非正统的、非公司化的行为。"这成本相当低。我认为我们可以做到。"GPU 工程主管乔纳·阿尔本说道，但他有一个条件——"我们需要根据数据来做这些决定"。

英伟达研究部门理解了阿尔本的意思，并学到了重要一课。虽然即兴的想法是可以接受的，但如果要做出重大决定，GPU 硬件团队就需要证据来证明投入时间和资源是合理的。"你不能只是说这是显而易见的，也不能只是说这是个好主意。"利布基说。

在接下来的 1 年里，研究人员专注于寻找这些证据。他们采用了概念验证技术，并创建了算法来证明 GPU 用于光线追踪在成本和效益上是划算的。这项工作不仅仅让研究人员感到兴奋。当时作为实习生的布赖恩·卡坦扎罗记得，黄仁勋也参加了 2008 年的一次光线追踪研究部门会议。在那次会议中，他没有提问，也没有带电脑，只是听团队讨论了 1 个小时的光线追踪。

大卫·柯克对团队的成果深信不疑，他推动英伟达管理层迅速采取行动，将利布基的想法付诸实行。第一步是收购在光线追踪方面具有特定专长的初创公司。英伟达追踪并收购了两家公司：总部位于柏林的 Mental Images 和位于犹他州的 RayScale。利布基和柯克飞往犹他州，向 RayScale 的联合创始人皮特·雪莉和史蒂夫·帕克展示了光线追踪在 GPU 上的运行效果远超他们当时使用的 CPU。

RayScale 被英伟达收购后，其员工与英伟达研究部门合作，为 2008 年计算机图形图像特别兴趣小组年会创建了一个演示。1991 年，也是在这个会议上，柯蒂斯·普里姆向世界展示了他的飞行模拟器 Aviator，并以此向人们展示了计算机图形技术的可能性。随后，英伟达经常参加该会议。经过近 20 年的发展，英伟达准备好展示计算机图形的下一个进化阶段了。英伟达团队展示了一个由 GPU 驱动的演示，一辆流线型、闪亮的跑车在城市中穿行，城市里充满了只有光线追踪才能产生的各种光照效果：曲面反射、锐利阴影、扭曲反射和运动模糊。

"这是公司的一个转折点，是一件重大事情的开始，"利布基回忆道，"GPU 无法进行光线追踪的说法在这次演示中被彻底驳倒了。"

几位英特尔的员工在现场观看了演示。之后，他们走到英伟达研究团队面前，询问这个演示是否真的在 GPU 上运行。当利布基确认后，他看到英特尔员工开始在黑莓手机上疯狂地打字。此后，英特尔的研究团队再也没有发表关于在 CPU 上进行光线追踪的论文。

次年，英伟达在计算机图形图像特别兴趣小组年会上推出了 OptiX。OptiX 是一个为 Quadro 显卡开发的、基于 CUDA 的完全可编程光线追踪引擎，可以加速光线追踪以用于照片级渲染、工业设计和辐射研究。为了支持这次发布，史蒂夫·帕克和原 RayScale 的员工从研究部门脱离出来，加入了英伟达的核心业务部门。

"我们一直将英伟达研究部门视为一个孵化器。如果某个技术成功了，我们会把它推出孵化器，变成一个产品。"利布基说。

仅仅 3 年，英伟达研究部门就从一个从事探索性计算项目的小组转变为公司可靠的新商业机会来源。然而，使光线追踪大众化还有很长的路要走。英伟达在 2008 年计算机图形图像特别兴趣小组年会上展示的演示，仍然超出了消费级显卡的能力范围。虽然 OptiX 使工程师能够更快地渲染光线追踪场景，但由于计算量太大，除非场景非常简单，否则光线追踪无法实时完成。于是，公司决定暂时搁置在游戏中推进光线追踪应用的计划。

2013 年，大卫·柯克再次找到了利布基。"我们需要重新审视光线追踪，"柯克说，"让它成为图形领域的核心，我们需要做些什么？"柯克认为是时候在游戏中实现实时光线追踪了。

利布基对这个前景感到非常兴奋，于是他在 2013 年 6 月 10 日向英伟达所有员工发送了一封电子邮件，这封邮件后来被称为光线追踪"登月计划"。"有一段时间，我们一直在规划关于光线追踪的新举措，"他写道，"如果光线追踪的效率提高 100 倍，我们能做些什么？要做到效率提高 100 倍，我们需要做些什么？"

利布基并没有夸大这个挑战的规模。只有实现这样的效率提升，才有可能在更便宜的消费级显卡上实现实时光线追踪。要实现这一点，就需要开发新的算法和创建新的专用硬件电路，还需要用新的视角来挖掘 GPU 技术的潜在可能性。

关键贡献来自位于赫尔辛基的英伟达团队，他们被圣克拉拉的员工称为"芬兰人"。蒂莫·艾拉的前公司于 2006 年被英伟达收购，他因此加入了英伟达，成为赫尔辛基的第一位英伟达员工。随着时间的推移，艾拉和他的同事组成了一支内部突击队，负责解决英伟达最棘手的研究问题。现在他们接受了挑战，研究在 GPU 内集成新的专用光线追踪处理器内核。英伟达早期员工、芯片架构师埃里克·林霍尔姆飞往芬兰协助他们。

"'芬兰人'是一支精锐的研究团队，他们能点石成金。"利布基说。

在英伟达研究部门向 GPU 架构团队提交了报告并获得了支持后，2014 年 3 月，美国的工程师被指派与"芬兰人"合作开发光线追踪处理器内核。2015 年,"芬兰人"前往英伟达总部解决了剩余的问题。2016 年,该项目已接近完成,英伟达研究部门就将其完全移交给了公司的工程团队。尽管光线追踪技术来不及在当年推出的"帕斯卡"(Pascal)架构中使用,但英伟达准备在下一个架构中发布专用的光线追踪处理器内核——这个架构叫作"图灵"。

"在整个过程中,我的工作就是保护他们,确保他们得到了所需的关怀、支持和关注。"利布基提到"芬兰人"时说道。

黄仁勋在 2018 年计算机图形图像特别兴趣小组年会的主题演讲中,介绍了图灵架构及其专用光线追踪处理器内核,距离当年英伟达研究部门用演示证明光线追踪应该由 GPU 而非 CPU 完成正好 10 年。黄仁勋演讲的大部分内容是关于图灵架构,以及旨在加速"深度学习"神经网络工作负载的第二代张量核心,但黄仁勋并不满足于此。他希望在演讲中增加更多内容以吸引参会观众。

将技术潜力转化为商业机遇

演讲前 2 周,黄仁勋邀请英伟达高管为他的主题演讲提供一些创意。英伟达研究部门的阿龙·莱福恩建议他演示新的深度学习抗锯齿(DLAA)功能。在图灵张量内核的支持下,DLAA 技术可以用人工智能来提高图像质量,使高分辨率图形更加清晰、物体边缘更加锐利,但黄仁勋并不满意。他想要更令人兴奋的东西。"一张更好看的图片并不能帮助卖出更多的 GPU。"

但黄仁勋在这个建议中找到了灵感。与其使用 DLAA 技术来改善已经很好的图像，为什么不直接使用张量内核来让低端显卡的性能与顶级显卡相当呢？例如，英伟达可以使用图像增强功能对更多像素进行采样和插值，从而使原本设计用于 1440p 分辨率原生渲染的显卡可以用类似的帧率生成更高分辨率的 4K 图像。这两个分辨率也分别被称为 Quad HD 和 Ultra HD。人工智能将用于填充细节，将低分辨率的 1440p 图像提升到更高分辨率的 4K 图像。

"如果能进行深度学习超级采样（DLSS），那才是真正有用。那将是一个重大突破。你能做到吗？"黄仁勋问道。

与自己的团队商讨后，莱福恩告诉黄仁勋这是可能的。他们需要研究这个想法。一周后，就在主题演讲前几天，莱福恩向黄仁勋汇报说，早期结果令人鼓舞，他们能够制作 DLSS 技术。"把它放到 PPT 上。"黄仁勋说。

"世界上从来没有人想过，制造一个系统和机器学习模型，从而可以在家用电脑上以每秒推断数亿像素。"布赖恩·卡坦扎罗说。[2]

黄仁勋当场就想出了 DLSS 技术。他看到了某项技术所蕴含的潜力，并将这种潜力转化为一个带来更好商业机遇的新功能。现在，如果 DLSS 有效，英伟达从低端到高端的整个产品线都会变得更加高效、更有价值，从而可以设定更高的价格。"研究人员发明了这个神奇的东西，但黄仁勋看到了它的用途。这些用途也并非研究人员最初所想的。"利布基说,"这显示了黄仁勋作为领导者的远见,以及他的技术智慧。"

黄仁勋的主题演讲广受好评,但基于图灵 GPU 的 GeForce RTX 显卡却不尽如人意。"我们推出光线追踪和 DLSS 时反响平平。"杰夫·费希尔说。问题在于,GeForce RTX 相比于上一代的 Pascal 显卡,在帧率性能上的提升微乎其微。而且,当玩家打开光线追踪这一本应是撒手锏的新功能时,RTX 显卡的帧率却下降了 25%。

DLSS 技术的表现略好。启用后,它使显卡的运行速度比 Pascal 快了约 40%,但图像质量明显下降。英伟达还必须针对每款游戏进行手动调整和训练 DLSS 的人工智能,过程费力且耗时。尽管如此,现在的英伟达已经认识到长期开发、迭代技术的价值,并等待市场需求逐渐跟上。"你可以通过引领来解决先有鸡还是先有蛋的问题,"布赖恩·卡坦扎罗说,"如果不首先构建人工智能,就无法让数亿家庭拥有令人惊叹的人工智能体验。光线追踪和人工智能都将彻底改变游戏。我们知道这是难以阻挡的趋势。"

卡坦扎罗在"图灵"发布后加入了 DLSS 项目。他参与了 DLSS 2.0 版本的开发,该版本于 2020 年 3 月推出,不再需要针对每个游戏进行单独的调校。这个版本获得了更好的评价。"我们重新调整了思路,在不需要每个游戏的定制训练数据的情况下得到了更好的结果。"卡坦扎罗说道。

下一个迭代版本表现更好。卡坦扎罗曾短暂离开英伟达并在百度工作了一段时间，随后他再次回到英伟达，并参与开发了 DLSS 3.0 版本。这个版本的目标是使用深度学习在游戏的渲染帧之间创建人工智能生成的插帧。它的思路是在视频游戏的每一个连续帧之间都存在模式和关联，如果人工智能芯片能够预测这些模式和关联，那它就可以减轻 GPU 的一部分渲染计算负载。

卡坦扎罗说，建立一个足够精确的人工智能模型来实现帧生成功能足足用了 6 年的开发时间。"在开发过程中，我们看到结果质量不断提升，因此我们一直坚持，"他说，"大多数学者没办法在一个项目上工作 6 年，因为他们需要毕业。"

坚持长期研发并成功商业化

DLSS 和实时光线追踪的开发，展示了英伟达如何推动创新。虽然英伟达现在仍然会以非常快的速度推出新芯片和主板，但英伟达的研究部门和其他团队会同时追寻"登月计划"。"当到了下一代安培架构时，我们在光线追踪和 DLSS 上就有了足够的动力，一定要让新产品大获成功。"杰夫·费希尔说。

这是一种进一步制度化的保护措施，来避免克莱顿·克里斯坦森在《创新者的窘境》中警告过的停滞。那种停滞不可避免地会让人想专注于公司核心利润的业务，而忽略了对可能在数年内都不会有商业价值但更具创新性的探索的投资。

Jon Peddie Research（JPR）的数据显示，截至我撰写本书时，英伟达在独立显卡或集成显卡上的市场份额在过去 10 年一直保持在 80% 左右。尽管 AMD 在传统指标上提供了更好的性价比，但游戏玩家仍然会因为英伟达的创新能力而选择它。光线追踪和 DLSS 作为开发必备的功能被内置于数百款游戏中，而且这些功能只有在英伟达显卡上表现最佳，导致 AMD 难以有效地竞争。

以光线追踪为例，从提出概念到集成于 GPU 中历时 10 年。同样地，构建 DLSS 的连续迭代如帧生成历时 6 年。"这需要远见卓识和长期坚持。它需要在结果还不完全明朗的时候敢于投资。"卡坦扎罗说。

最终，英伟达研究部门展示了黄仁勋的战略愿景是如何随着时间推移而变化的。一开始，当公司处于生存模式时，他希望每个人都专注于具体项目：以"光速"交付下一代芯片，执行"运送一整头牛"策略（交付完整产品，并通过纯粹的执行力击败竞争对手）。随着英伟达的发展壮大，黄仁勋意识到，生存意味着尽可能多方面保护公司的未来。持续创新要求英伟达采取更加灵活的运营方式，即使这意味着追求一些黄仁勋年轻时可能会拒绝的风险赌注。

这个更新了的、更成熟的黄仁勋不再惧怕犯错，至少部分原因是公司现在有了一定的财务缓冲。"如果你不愿意冒一些险，甚至让自己出丑，你就无法创新，"黄仁勋说，"我们没有投资回报率规划，也没有盈利目标，这些都不是我们追求的对象。我们唯一追求的是这个产品是否极其酷炫,人们是否会喜欢它。"[3]

一位行业前资深高管认为,英伟达与竞争对手的不同之处在于,英伟达愿意坚持长期研发和投资,并成功地将这个过程中的努力商业化。这与像谷歌这样的大型科技巨头形成了鲜明对比,后者经常在新技术的研究上投入大量资金,但在商业上几乎没有成果。值得注意的是,共同撰写了论文《注意力就是你所需的一切》(*Attention Is All You Need*)的8位谷歌科学家都很快离开了谷歌,在各个地方开始进行人工智能领域的创业。而这篇论文是Transformer深度学习架构的基础,Transformer深度学习架构也为现代人工智能大语言模型(LLMs)的进步,包括ChatGPT的推出奠定了基础。"这是大公司病。"该论文的合著者之一利昂·琼斯说道,"我觉得谷歌的官僚主义已经到了让我无法完成任何事情的地步。"[4]他对无法获取资源和数据产生了深深的挫折感。

英伟达的第二个10年开始于对可编程着色器的成功研发和投资,以及重新塑造行业的CUDA创新。接下来是英伟达研究部门在光线追踪、DLSS和人工智能方面的突破,这些都被证明对公司的未来至关重要。英伟达研究部门现在拥有300名研究人员,由首席科学家比尔·达利领导。看起来,英伟达不仅解决了创新者的窘境,还完全跨越了它。

14
大爆炸

宇宙级增长

专业的人工交易员正在不断减少。由于计算机可以在公司财报和经济数据发布时更加快速、高效地进行交易，因此在过去20年，人工交易员受到了极大冲击。

康纳斯·曼奎诺是少数仍靠交易新闻标题和财报公告来谋生的交易员之一。他凭借数十年的工作经验和彭博终端，每个季度都与算法对抗。他在这个方面表现得非常出色，足以养活自己。

曼奎诺必须迅速做出反应。按下买入键或卖出键时的亚秒级延迟，都可能使一个好的入场点转变为巨大的损失。他的朋友常开玩笑说，曼奎诺有一种非人的能力——在重要新闻时段从不眨眼睛。

2023年5月24日星期三，曼奎诺正在等待英伟达的财报，这份财报预计在市场收盘后发布。这是多年来最受瞩目的财报之一，随着交易日结束的时间临近，他目不转睛地盯着自己的终端。

OpenAI 在 2022 年年底发布了 ChatGPT，引起了广泛的媒体关注。这个聊天机器人可以按照要求生成诗歌、食谱和歌词等，这种能力深深吸引了公众。ChatGPT 成为历史上用户增长最快的消费级应用，仅 2 个月的时间，其月活跃用户数就突破了 1 亿。突然间，很多公司都开始想尽一切办法利用人工智能的优势——速度、计算能力，尤其是处理和生成自然语言的能力。

曼奎诺知道，英伟达处于有利位置，可以充分享受人工智能热潮的红利。问题是，这股热潮能有多狂热，以及会对英伟达产生多大的影响？大卫·柯克努力与顶尖大学建立了关系，使得英伟达的 GPU 在学术界广为人知。黄仁勋在过去 10 年一直致力于将英伟达的公众形象从一家图形公司转变为一家人工智能公司。他取得了一些成功，Meta（原脸书）和 TikTok（抖音集团旗下的短视频社交平台）使用了英伟达的 GPU，从而使其算法在推荐视频和广告方面更加有效，但人工智能并不是英伟达赢利的主要驱动力。在英伟达截至 1 月的 2023 财年中，包括人工智能 GPU 在内的数据中心收入约占总销售额的 55%。但这个较高的占比主要是因为疫情后整体游戏需求放缓，公司游戏显卡收入下降了 25%。

然而，一切都改变了。在股市下午 4:00 收盘后的 21 分钟里，曼奎诺在他的终端屏幕上看到了头条快讯。

英伟达 2023 年第二季度收入指引为基于 110 亿美元上下浮动

2%，而市场预期为 71.8 亿美元。

对于一位经验丰富的交易员来说，这份财务简报简直非同寻常。英伟达 2023 年第二季度的收入展望大幅超出华尔街的预期——高出约 40 亿美元。当阅读财报和指引时，曼奎诺几乎不敢相信自己的眼睛。"40 亿美元？这是真的吗？"他自言自语道，"天啊，怎么会增长这么多！"

当曼奎诺回过神时，他已经来不及利用财报发布与市场反应之间的空当进行交易了。英伟达的股价在盘后交易中已经达到 2 位数的涨幅。作为安慰，曼奎诺买入了 AMD 的股票，AMD 是英伟达的主要竞争对手。曼奎诺希望英伟达股票的上涨，也能提振其竞争对手的股价。在这种情况下，算法赢了；与曼奎诺不同，面对无与伦比的盈利报告，算法会毫不犹豫。

其他华尔街分析师也有类似的反应。伯恩斯坦公司的斯泰西·拉斯冈为自己的报告命名为"大爆炸"。

"我们从事这份工作已经超过 15 年，但从未见过像英伟达刚刚发布的公司指引。"他写道，并补充说该公司的前景"从各方面来看都是宇宙级的"。摩根士丹利的分析师约瑟夫·穆尔发布报告称："英伟达的指引是行业历史上最大的收入上调。"富达基金前基金经理加文·贝克现在管理着自己的量化对冲基金，规模达数十亿美元。他将英伟达的前瞻指引与科技行业历史上其他具有开创性的财务报告进行了比较。贝克曾见证了谷歌在 2004 年 IPO 后的首份重磅财报,当时谷歌仅在一个季度内就实现了收入和利润翻番。[1]他还见证了脸书在2013年第二季度的财报,该财报首次展示了公司成功将广告业务转向移动端,而且收入比华尔街的预期超出了2亿美元。[2]然而,英伟达的指引比上述两份财报还要好。"我从未见过如此大幅的超预期。"贝克说。

次日,英伟达的股价飙升了24%,市值增加了1 840亿美元——超过了整个英特尔的市值,也是美国上市公司单日最大涨幅之一。

黄仁勋抓住了这一舆论关注点,并在一周后发挥了他的优势。黄仁勋在台北国际电脑展技术会议上发表了主题演讲。在演讲中,他发布了英伟达的新款DGX GH200人工智能超级计算机,该系统集成了256个GPU,数量是前一代的32倍。这意味着生成式人工智能应用的计算能力有了显著提升,开发人员可以为人工智能聊天机器人构建更好的语言模型,创建更复杂的推荐算法,以及开发更加有效的欺诈检测和数据分析工具。

黄仁勋表达的主要信息非常简单,即使是非技术领域的听众也能理解。英伟达提供了更强的计算能力,并且GPU的单位成本更低。他在整个演讲过程中反复强调这一点,并在总结产品技术规格时重申"买得越多,省得越多"。

英伟达的销售人员向客户强调必须积极投资生成式人工智能,否则客户会面临落后于竞争对手的生存威胁,因此前所未有地刺激了需求。黄仁勋本人将人工智能称为"通用函数近似器",它能够以合理的准确性预测未来。这不仅适用于计算机视觉、语音识别和推荐系统等"高科技"领域,也适用于语法纠正或财务数据分析等"低科技"任务。他相信,最终人工智能将适用于"几乎所有有结构的东西"。

当然,访问这种"通用函数近似器"的最佳方式是采用英伟达的技术。在接下来的4个季度中,英伟达实现了技术史上最令人难以置信的收入增长之一。其2024财年第一季度的数据中心业务同比增长了427%,达到226亿美元——主要由人工智能芯片需求驱动。软件销售可以在几乎无须额外成本的情况下就实现大规模扩张,但硬件不同,英伟达正在生产和交付的是复杂的高端人工智能产品和系统,其中有的甚至包含多达3.5万个部件。在像英伟达这样规模的科技公司中,这种硬件增长水平前所未有。

对于公司外部的人来说,英伟达的飞速崛起似乎是一个奇迹。但杰夫·费希尔说,公司内部的人认为这不过是自然进化的结果。英伟达并不是运气好,而是提前几年就察觉到即将到来的需求浪潮,并为此做好了准备。它与制造合作伙伴富士康、纬创、台积电等合作,帮助它们提高生产能力。英伟达派出了"飞虎队"到这些合作伙伴那里,尽其所能地帮助它们提高效率:"飞虎队"会购买设备,扩大工厂空间,实现自动化测试并引进先进的芯片封装技术。

按照黄仁勋的"粗糙的公平"模式,英伟达所做的不仅是为了让其合作伙伴在现有流程中更加高效，它还希望能更快地生产新的芯片，将人工智能芯片的产品生产周期从原来的2年缩短为1年。在20世纪90年代，英伟达通过每6个月发布一款新显卡而缩短了产品周期。现在，英伟达希望在人工智能芯片上也做到这一点。"人工智能浪潮越大，需要的解决方案就越多，我们也会更快地实现这些目标和期望。"英伟达首席财务官科利特·克雷斯说道。[3]

通常情况下，在硬件生产厂的制造过程中，各阶段之间的平均周期为14~18周。制造商会在各环节之间留出缓冲时间，以防前面环节的问题影响后续环节。这可能会导致机器、材料和组件闲置数天。英伟达的团队找到了在流程早期添加质量控制的方法，从而降低发生意外问题的风险并减少缓冲时间。根据杰夫·费希尔的说法，英伟达的方法并非"魔法"，而是艰苦卓绝的工作和不讲情面的效率，一切都是为了保持竞争优势。与英伟达合作的每个人都必须接受这一点，而不仅仅是其内部团队。[4]"飞虎队"所做的一切都耗资巨大，并且影响了利润。然而，英伟达始终愿意将财务资源投入业务的关键部分，即使这意味着对公司其他业务造成负面影响。

超越同行的两个优势

英伟达在人工智能芯片制造方面拥有两个超越同行的关键优势。第一个优势类似于苹果公司在iPhone制造方面的做法，英伟达也采用了"全栈"模式，优化了硬件、软件和网络等方面的客户体验。对比之下，大多数竞争对手只是专注于制造芯片。而且，英伟达的行动速度超越了竞争对手。

例如，现代大型语言模型的核心架构是 Transformer，由谷歌科学家在 2017 年发布的论文《注意力就是你所需的一切》中首创。其主要创新是自注意力机制，这种机制使模型能够衡量句子中不同词语的重要性，并根据上下文衡量长距离依赖关系。自注意力机制使模型能够专注于更重要的信息，从而比以前的深度学习架构更快地训练人工智能模型，进而生成更高质量的结果。

黄仁勋几乎立刻就意识到，在英伟达的人工智能产品中添加对 Transformer 支持的必要性。英伟达前财务主管西蒙娜·扬科夫斯基记得，在谷歌科学家发表论文几个月后的季度财报电话会议上，黄仁勋就深度讨论了 Transformer。[5] 他指示 GPU 软件团队为英伟达的张量内核编写一个专门的库，以优化张量内核在 Transformer 上的使用；该库后来被称为 Transformer 引擎。[6] 它首先被内置于霍普（Hopper）芯片架构中，该架构在 2010 年代末开始开发，并于 2022 年发布，比 ChatGPT 发布早 1 个月。根据英伟达自己的测试，配备 Transformer 引擎的 GPU 可以在几天甚至几个小时内完成对最大模型的训练，而如果没有 Transformer 引擎，同样的训练过程可能需要几周或几个月。

"Transformer 是一个大事件，"黄仁勋在 2023 年说，"能从空间数据和序列数据中学习模式、关系的架构,一定是非常有效的架构,对吧?所以我认为从第一性原理来看,Transformer 将是一个大事件。更重要的是,你还可以并行训练它,从而真正扩展这个模型。"[7]

当 2023 年生成式人工智能的需求激增时,英伟达是唯一一家准备好全面支持这一浪潮的硬件制造商。英伟达之所以准备充分,是因为它能够提前捕捉早期信号,并以硬件和软件加速功能的形式将其产品化,再将这些功能集成到仅几个月后就要发布的芯片产品线中。英伟达所展示的惊人速度表明,即使其他几家大型科技公司——包括微软、亚马逊、谷歌、英特尔和 AMD——都在开发自己的人工智能芯片,英伟达也依然难以被超越。英伟达证明了在公司发展进入第 4 个 10 年之际,它仍然能够超越竞争对手。

英伟达的第二个优势是其定价决策,这一点鲜为人知。英伟达不想制造普通的大宗商品类产品,因为这类产品在价格上没有优势。在竞争激烈的市场环境中,大宗商品类产品的定价会面临下调的压力。相反,从一开始,英伟达产品的定价就只有一个方向:上升。

"黄仁勋一直说,我们应该做别人做不到的事情。我们要为市场带来独特的价值,他认为只有通过做前沿的、革命性的工作,才能吸引优秀人才,"英伟达高管杰伊·普里说,"我们不存在只追求市场份额的文化。我们更愿意创造市场。"[8]

一位英伟达前高管回忆道,如果其他公司试图与黄仁勋谈价格,黄仁勋会不高兴。潜在客户总是在合同讨论接近尾声时想要见他。

"我们总是尽量让客户有所准备，"这位英伟达前高管说，"不要谈论价格。我们在这里是为了达成交易。"[9]

黄仁勋将这种理念灌输给了整个公司。前营销总监迈克尔·哈拉还记得，他曾与黄仁勋争论过如何为英伟达最早的产品定价。当哈拉离开S3公司加入英伟达时，他习惯于大宗商品类产品的定价策略；当时，S3领先市场的3D图形芯片售价为5美元（目前约为11美元）。当1997年RIVA 128发布时，哈拉担心如果定价过高，买家会犹豫。他认为最多定价10美元。黄仁勋却说："不，我觉得太便宜了。我们定价15美元。"结果，该显卡以这个价格售罄。次年发布的衍生版RIVA 128ZX芯片定价为32美元。1999年发布的下一代GeForce 256售价为65美元。

黄仁勋深知，购买英伟达显卡的游戏玩家愿意为性能买单。"只要他们能在屏幕上看到与以前截然不同的东西，他们就会购买它。"黄仁勋说。这是哈拉从那时起就一直铭记的重要一课。当哈拉从营销部门转到投资者关系部门时，他向英伟达的投资者提出了同样的论点——英伟达将成为一家独特的半导体公司，其产品平均售价会上涨。"我们将是唯一一家平均售价会随着时间上涨的公司，而其他公司的平均售价都会下跌。"他说。

其原因在于，3D图形的计算是一个极其复杂的问题，促使人们竞相制造越来越好的硬件。虽然硬件永远不会强大到可以完美地反映现实，但每次购买最新的3D显卡时，用户可以清楚地感受到其性能较上一代有了提升——光照效果更加合适、纹理更加逼真、物体移动更加流畅。

类似 3D 显示的动态问题也在深度学习和人工智能领域上演。英伟达当前一代的硬件，使人工智能模型在短短几年内就实现了规模和能力的指数级增长。人工智能可以解决的问题变得越来越复杂，对人工智能计算能力的需求随之增加。每一代人工智能模型都有跨越式的提升，因为基础硬件和软件随着模型的改进而提升。尽管如此，真正的通用人工智能仍遥遥无期，还有很多工作要做。而通过维持技术前沿地位，并巧妙地将自己定位在一个性能提升显著的高可见度领域，英伟达可以获得定价权并提高产品的平均售价。

如今，英伟达的每张显卡售价超过 2 000 美元，而这仅是消费级产品的价格。在过去 10 年，英伟达开始提供配备了 8 个 GPU 的人工智能服务器系统，每个系统售价数十万美元。罗斯·沃克曾因使用较便宜的 GeForce 系列加速其分子动力学软件 AMBER 而与英伟达正面交锋（见第 8 章），他记得当时一台顶级英伟达 GPU 服务器的价格相当于一辆小型二手汽车，如本田思域。现在，类似服务器的价格可能与一栋房子相当。

"当英伟达宣布 DGX-1 售价为 14.9 万美元时，我就在观众席上，"沃克说，"现场有明显的倒吸气声。我简直不敢相信。"[10] 他说的 DGX-1 是首款针对人工智能研究优化了张量内核和 Transformer 引擎的 GPU 服务器。

而这还远不是英伟达最昂贵的产品。截至目前，英伟达最新的服务器机架系统 Blackwell GB200 系列，专为训练"万亿参数"人工智能模型而设计，配备了 72 个 GPU，售价为 200 万~300 万美元——这是英伟达有史以来最昂贵的机器。公司高端产品的定价不仅在上涨，而且还在加速上涨。

下一个趋势

黄仁勋并不具备特殊的远见能力，他不能准确预测人工智能爆发的时间。事实上，英伟达最初的做法可以说是谨慎的，英伟达并没有盲目地在人工智能开发上投入大量的人力或资源，直到黄仁勋看到了表明人工智能大爆发的重要信号。然后，他就以无人能及的速度和全力以赴的决心开展行动。

黄仁勋很早就知道了终极目标。让我们回顾一下里德·黑斯廷斯作为联合创始人在奈飞所取得的成就。黑斯廷斯知道，总有一天，世界会转向通过互联网提供流媒体视频。虽然他不知道具体时间，但是他凭借直觉感到这将成为终极解决方案。作为 CEO，他只管理 DVD 邮件业务，等到技术发展到足以实现流媒体的时机到来时，他才强力推动公司转型。

黄仁勋在人工智能业务上做了类似的事情，而在此之前，他在电子游戏业务上所做的事情也如出一辙。在 20 世纪 90 年代初，黄仁勋确信电子游戏会成为一个巨大的市场。"我们成长于电子游戏时代，"他说，"对我来说，电子游戏和电脑游戏的娱乐价值显而易见。"[11] 他相信个人电脑游戏市场也许在 5 年、10 年或 15 年内会很快爆发——当《雷神之锤》在 1997 年发布时，这一预测得到了证实。

黄仁勋一直尝试找出下一个趋势，以及英伟达可以做些什么来充分利用这些趋势。2023 年年初，一名学生请他预测基于人工智能的后续发展趋势。他说："毫无疑问，数字生物学将是下一个方向。"[12]

黄仁勋补充解释说，生物学是最复杂的系统之一，目前是历史上首次可以对生物学进行数字化设计。目前，借助人工智能模型，科学家可以前所未有地深入模拟生物系统的结构。他们可以了解蛋白质相互作用的方式以及蛋白质与环境的互动方式，利用由先进计算技术释放的巨大计算能力，从而促进计算机辅助药物的研究和发现。"我非常自豪地说，英伟达正处于这一切的核心，我们使一些突破成为可能，"他说，"这将是一件意义深远的事情。"

黄仁勋认为，今天的数字生物学与英伟达历史上几乎每一个重要的里程碑都有相似之处。当他创立公司时，计算机辅助半导体设计刚刚起步。"这是算法、速度足够快的计算机和专业知识的结合。"他说。[13] 当这 3 个要素达到一定的发展阶段时，半导体行业能够设计更大、更复杂的芯片，因为工程师现在可以使用软件中更高级的抽象概念来设计和模拟芯片，而无须物理布局每一个信号晶体管。同样的因素组合促使英伟达在21世纪初发明了GPU，并在2010年代末主导了人工智能领域，也就是比尔·达利所说的"燃料-空气混合物"。

英伟达负责健康护理的副总裁金伯利·鲍威尔认为，计算机辅助药物发现对药物研发的影响，就像计算机辅助设计和电子设计自动化对芯片设计的影响一样。"公司的药物研发会更加一致和高效，甚至可以为个人定制药物。它将超越发现，赋能设计，使得药物研发不再是一个凭借运气的行业。"她说。[14]

Generate:Biomedicines是一家初创公司，使用人工智能和英伟达GPU开发一些非自然形成的新分子结构和蛋白质药物。这家生物技术公司通过机器学习算法研究了数百万个蛋白质，更深入地了解自然界是如何运作的，然后利用这些研究信息来创造新药。格沃尔格·格里戈良是该公司的联合创始人兼首席技术官，此前是达特茅斯学院的教授，他曾在学院研究蛋白质的统计特征，并试图通过使用计算能力更好地设计和构建蛋白质模型。

"通过简单的统计，我发现数据中的模式具有普遍性。我们发现了超越数据集的原理，"格里戈良说，"显然，下一步是使用人工智能、机器学习和大规模数据生成。"[15]格里戈良无法在学术界实现这一点，因为购买所需的计算能力超出了他所在机构的能力范围。他看到了新分子设计方法的商业潜力，不久之后，Generate:Biomedicines便诞生了。

自 21 世纪初以来，格里戈良观察到，许多开展分子动力学模拟的科学家在购买英伟达的游戏系列 GPU，并用它们执行非图形计算。他对英伟达迎合研究界的需求并与研究界合作表示赞赏，尽管这些显卡原本是为电子游戏设计的。"这确实是英伟达与分子科学之间美好合作的开端。"他说。

当格里戈良开始使用机器学习时，他自然而然地依赖于 PyTorch。PyTorch 是由 Meta 在 2016 年创建的免费开源机器学习库，现在由 Linux 基金会管理。"PyTorch 发展得很好，拥有一个庞大的社区，并且得到了英伟达的大力支持，"格里戈良说，"我根本不用考虑选择哪种类型的 GPU。PyTorch 和 CUDA 配合得很好，而 CUDA 是英伟达的杰作。在默认情况下，我们几乎想都不想就总是使用英伟达的硬件。"

结构预测和蛋白质设计都曾经被视作不可能解决的问题，但现在有了解决方案。格里戈良解释说，蛋白质及其可能状态的复杂性超过了宇宙中原子的数量。"这些数字对于任何计算工具来说都极具挑战性。"他说。但他相信，熟练的蛋白质生物物理学家可以检查特定的分子结构，并推断其潜在功能，这意味着自然界中可能存在可学习的普遍原理——这正是像人工智能这样的"通用预测引擎"可以搞定的操作。

Generate:Biomedicines 已经将人工智能应用于细胞水平的分子检查和绘图，而格里戈良看到了将相同技术扩展到整个人体的潜力。

模拟人体的反应要复杂得多，但格里戈良认为这是可能的。"一旦你看到它发挥作用，就很难想象它不会继续发展下去。"提及人工智能的能力时，他这样说道。

虽然这听起来像科幻小说，但格里戈良和他的团队已经在构建优化细胞内分子功能的生成模型。他们最终的梦想是将药物发明变成一个软件问题，人工智能模型可以将疾病如某种类型的癌症作为输入，生成一种可以治愈这种疾病的分子。"这并非完全是疯狂幻想。我认为甚至在我们有生之年就可能看到这种影响，"他说，"科学总是让我们感到惊讶，这是多么美好的时代啊，不是吗？"

让人工智能惠及全世界

每家公司内部都存有大量数据，如电子邮件、备忘录、专有内部文档和 PPT 等，这些数据尚未被人工智能触及和结构化。由于消费者互联网已经被像 ChatGPT 这样的聊天机器人挖掘得差不多了，因此下一个重要的机会在于企业领域，为企业定制的 AI 模型可以让员工访问散落在公司各处的知识和信息。

黄仁勋曾说，人工智能将彻底改变员工与信息交互和工作的方式。传统的 IT 系统依赖于静态文件检索系统，指向特定的存储设备时需要明确编写技术搜索。由于查询格式脆弱易损，这些请求往往无法实现。

当前的人工智能模型可以通过上下文理解请求,因为它们能够掌握自然对话语言。这是一个重大突破。"生成式人工智能的核心是软件理解数据意义的能力。"黄仁勋说。[16] 他相信,所有公司都将对其数据库进行"向量化",建立索引和转化信息的表示形式,并将其连接到大型语言模型,使用户能够"与他们的数据对话"。

这个用例对我来说很有意义。我在大学毕业后的第一份工作是管理咨询。这个工作最糟糕的环节是手动筛选服务器上的文件目录,在 PPT 或 Word 文档中搜索合作伙伴要求的已经时隔多年的特定信息片段。有时需要数小时甚至数天才能找到文档。如今,基于大语言模型的一些人工智能应用,如英伟达的 ChatRTX,允许用户从计算机上的私人文件中即时获得上下文相关的答案。这极大地提高了生产力。原来需要花费大量时间的、乏味的、重复性的工作,现在只需几秒钟就可以完成,员工有更多的时间来开展更关键的、更高层次的工作。员工将会拥有一个虚拟助手,就像一个记忆力近乎完美的、聪明的实习生,能够立刻回忆起存储在计算机和互联网上的任何知识。更何况,模型不仅能完成简单的文件检索,还可以从公司内部的整个数据池中生成更智能的见解。

2023 年年末,高盛的一份报告预测,未来 10 年内,由生成式人工智能驱动的各行业成本削减总额会超过 3 万亿美元。英伟达管理层多次表示,过去几年,全球数据中心在计算基础设施上投资了 1 万亿美元,这些数据中心主要由传统的 CPU 提供算力,未来将转变为由人工智能所需的并行计算 GPU 提供算力。这一转变对英伟达来说是一座金矿。2024 年年中，摩根大通发布了一份来自 166 位首席信息官的调查结果，这些首席信息官负责每年 1 230 亿美元的企业技术支出。报告显示，首席信息官计划未来 3 年在人工智能计算相关的硬件支出上每年增加 40% 以上，占 IT 总预算的比例也会从 5% 增加到 2027 年的 14% 以上。1/3 的首席信息官还表示，他们将取消其他 IT 项目以支持新的人工智能投资。计划撤资最多的 3 类是：传统系统升级、基础设施和内部应用开发。

黄仁勋认为，增加对人工智能的支出不仅仅惠及高管和投资者。"我相信人工智能是科技行业对社会进步的最大贡献，它能够帮助那些历史上一直处于落后的人。"黄仁勋在 2024 年俄勒冈州立大学的一次活动中说。[17] 黄仁勋不常发表社会评论，但英伟达的规模和影响力几乎要求他必须表达看法。

阻碍英伟达发展的唯一因素可能是人工智能标度律（scaling law）。这个定律由 3 部分组成：模型规模、算力和数据。大型科技公司和初创公司都确信，人工智能模型的能力将在短期内持续提升，它们也积极地把人工智能基础设施的支出费用延长到了 2025 年。然而，随着这些公司不断扩大模型规模，增加来自英伟达 GPU 的算力，以及输入更大的数据集，它们最终会遇到收益递减的情况。这会导致对英伟达产品的需求出现缩减，因为英伟达数据中心的大部分收入与模型训练相关。2024 年年初，英伟达表示，约 60% 的数据中心 CPU 用于训练人工智能模型，其余约 40% 用于推理，或从人工智能模型中生成答案的过程。

没有人知道人工智能发展变缓的时间——是 2026 年、2028 年，还是 5 年以后。但历史表明，英伟达会对这一挑战做好准备。而且，无论下一个计算大浪潮是什么，英伟达都会以待其时、全力以赴。

结语
黄仁勋之道

招聘和培养人才的伯乐

即使在领导英伟达 31 年后，黄仁勋仍然拒绝使用私人办公室。他选择在英伟达"奋进"号总部的大都会会议室全天主持各种团队会议。如果是小型会议，那么他会转而使用一个名为"心灵感应"的 5 人会议室——这个名称的灵感来源于《星际迷航》中瓦肯人通过心灵感应与其他人共享思想的能力。这是一个恰当的比喻，尽管有点儿直白，但是体现了黄仁勋塑造英伟达的方式——使其成为他渊博智慧的延伸。

黄仁勋是一位技术型创始人兼 CEO，这是英伟达相对于其他竞争对手的优势。不过，仅仅称他为技术专家，还是低估了他招聘和培养适合英伟达独特文化人才的"伯乐"才能。他对员工的个人项目赋予了高度的独立性，但前提是这些项目必须与公司的核心目标完全一致。为了减少信息模糊，黄仁勋花了大量时间与员工进行沟通，确保每位员工都了解公司的整体战略和愿景。他提供的信息透明度，在大多数公司里只有"C型雇员"（企业最高管理层）才能获取。

一位大型软件公司前高管表示，他总是被这样一个事实震撼：你可以与多名英伟达员工交谈，而他们的说法永远不会相互矛盾。来自高层的信息总是一致的，因而英伟达的员工学会了这一点，并内化为自己的工作方式。这位高管将这一点与他曾工作的其他公司进行了对比，在其他公司里，代表们有时甚至会当着外部客户的面互相争执。

"最终，我的高级管理团队成为我必须知道如何与之合作的团队。公司的组织架构就像一辆赛车，CEO必须知道如何驾驶它。"黄仁勋说。

招聘人才是英伟达之道的第一个关键组成部分。Y Combinator的联合创始人保罗·格雷厄姆曾在雅虎工作，他注意到雅虎在争夺最优秀工程师的竞争中输给谷歌和微软后，就开始走向平庸了。"优秀的工程师希望与其他优秀的工程师一起工作。所以一旦你公司的工程师能力水平开始下降，你就会陷入一个无法逆转的死亡螺旋。"他写道，"在科技领域，一旦你有了糟糕的工程师，你就注定要失败。"[1]

在很多时候，优秀人才会主动来接触英伟达，英伟达也会积极主动地找到优秀人才：1/3 以上的新员工是由现有员工推荐的。[2]

英伟达在看到从竞争对手那里挖走人才的机会时，会果断且迅速地采取行动。创新实验室前首席技术官霍克·廖便亲身体验过。2002 年，创新实验室收购了一家名为 3Dlabs 的公司，该公司在亚拉巴马州亨茨维尔设有一间专门为图形芯片工程师提供的办公室。3 年后，创新实验室宣布将完全关闭 3Dlabs 及其位于亨茨维尔的办公地点。

英特尔迅速行动，准备招聘位于亨茨维尔的 3Dlabs 的员工，而且起初的速度远比英伟达快，但英特尔要求员工搬到远离亚拉巴马州的英特尔其他办公地点。然而，许多员工并不愿意搬家，尤其是搬到生活成本更高的地方。

黄仁勋得知英特尔的动作后，迅速派遣高管招募 3Dlabs 团队，而且没有提出搬迁要求。他示意高管在亨茨维尔开设一个新的办公室，供 3Dlabs 团队成员使用。"英伟达行动非常迅速，"廖说，"他们积极积攒人力和技术资产以赢得竞争。执行速度和决策速度是英伟达的一个标志。"英伟达至今仍在使用位于亨茨维尔的办公室。

英伟达前高管本·德瓦尔回忆了一次类似的经历。2005 年，他和他的上司兼软件工程负责人德怀特·迪克斯一同前往印度浦那，评估一个潜在的收购对象——一家大约有 50 人的视频编码软件公司。他们刚到达，就发现该公司老板已经将员工聚集在一间酒店宴会厅中，宣布公司由于税务问题陷入了财务困境，因此即将解散。

结语　黄仁勋之道　　**295**

"当时的情况很艰难，员工情绪激动，都在哭泣，他们将心血都倾注在了这家公司，"德瓦尔说，"我在想我们为什么还要留在那里。"[3]

德怀特·迪克斯知道，如果空手而归将会错失一个大好机会。英伟达需要更大的软件团队来推动新项目的发展，而这些员工非常优秀。那一年他已经来印度考察 9 次了，迪克斯确信这家公司是最佳的收购对象。

迪克斯有了一个想法：与其收购整个公司，为什么不直接雇用这些员工呢？他把这个想法告诉了黄仁勋，后者立即批准了。"我们将这次收购之旅转变为了招聘之旅，"迪克斯说，"我们在破旧的酒店商务中心，通宵打印了大约 50 份录用通知书，印度的录用流程比美国要复杂得多。"[4]

在第一天即将结束时，54 名员工中有 51 人接受了英伟达的录用。他们成为英伟达在浦那新办公室的核心成员，这间办公室最终发展成了一个重要的工程运营中心，拥有超过 1 400 名员工。

"公司总是需要最优秀的人才，"迪克斯说，"英伟达将批量招聘人才视为一种策略。"

有时，英伟达会采取最直接的方法——毫不掩饰地告诉那些顶尖技术架构师，他们所在的公司肯定会失败，加入胜利的一方才是更好的选择。英伟达就是这样挖走了沃尔特·多诺万，后者当时是 Rendition 的首席架构师。在 1997 年一次会议上，英伟达向多诺万展示了 RIVA 128 芯片后，直言 Rendition 必将失败。

"沃尔特是第一位来自竞争对手公司的首席架构师，他希望成为英伟达团队的一员，而不是与我们竞争，"柯克说，"这给了我一个想法：如果我们能从每家公司都挖到最优秀的人才，我们就可以做得更多、做得更好。"[5]

英伟达前首席科学家大卫·柯克特别擅长挖墙脚。他会四处打听，找出各家公司的关键员工，然后打电话给他进行游说。"嘿，你过得怎么样？工作怎么样？我听说了你的名字，对你非常尊敬，"他回忆起他对想挖的人所说的话，"你们公司一直在制造一些很棒的产品。你们有多少架构师在做这些事情？"

通常，每个公司只有1~2位架构师。这是标准的做法，在某种程度上也是合理的：因为一位架构师通常负责整个芯片系列，而大多数公司在同一时期，只有少数几个芯片系列在生产进程中。在英伟达却不是这样。柯克解释说，英伟达有20名架构师，每个人都在从事突破性项目，并且拥有他们可能需要的所有资源。"我们正需要像你这样的人才，也许你想来和我们一起做这个项目。这会非常有趣，而且我们可能会一起赚很多钱。你不用再孤军奋战，那样可能就没那么有趣。"柯克说。英伟达员工对公司能够挖来并留住这么多有成就的架构师感到印象深刻，因为这些架构师都非常自负。

英伟达的芯片变得越来越复杂，需要尽可能多的高级芯片设计师。由于工作量足够大，每个人都有事可做。柯克在挑选人才时非常慎重，他更倾向于招聘具有互补技能的人，而不是任意找来的人。

一些人是领导者和管理者，另一些人则处理特定领域的问题，如数学和图形算法。

"你不能再像以前那样只在信封背面画个图，然后让几个工程师一起设计一颗芯片了。"柯克说。

一个重视互补性的例子——也是英伟达最著名的招聘案例——来自硅图公司的约翰·蒙特里姆，他曾开发 SGI 的高端 RealityEngine 3D 图形硬件。他和几个月前刚刚加入公司的多诺万一起工作。柯克表示，蒙特里姆作为整体系统架构师非常有才华，因为他清楚所有组件是如何协同工作的，多诺万则是图形纹理和纹理过滤方面的专家——据一位英伟达员工称，"他是我们的像素质量之神"。这两人都在英伟达工作了几十年。

"我们组建了全明星架构师团队，"柯克说，"其他公司高管对我们挖走了他们的优秀人才非常不满。"

德怀特·迪克斯在 1994 年加入英伟达，他的加入经历体现了黄仁勋在面对重要但困难的招聘时的执着。在加入英伟达之前，迪克斯曾在一家名为 Pellucid 的图形初创公司工作，这家公司后来被 Media Vision 收购（Media Vision 随后就遭到了财务欺诈的指控）。斯科特·塞勒斯是迪克斯在 Pellucid 的前同事，后来与他人联合创立了 3dfx 公司。塞勒斯之前和黄仁勋讨论过加入英伟达的事宜，但当时没有结果。在面试过程中，当塞勒斯被问及 Pellucid 的人才情况时，他说软件团队中的迪克斯和他的直接上司都非常出色。黄仁勋铭记于心。

之后，黄仁勋给迪克斯的上司打了电话："我听说你是硅谷最聪明的人之一。你应该来和我们谈谈。"迪克斯的上司同意了，并跳槽到了英伟达。

不久后，迪克斯也决定离开，因为 Media Vision 的情况正在恶化。他的前上司联系了他，并建议他去见见黄仁勋。黄仁勋与迪克斯交谈后对其印象深刻，他对迪克斯的前上司说："德怀特是一位勇士。如果我派你和德怀特上战场，你会被他背回来的。"

迪克斯很兴奋，第二天就辞职了，并告诉 Pellucid 的高层他要去英伟达。Pellucid 的高层非常愤怒。"你不能去那里，"他大喊道，"我要起诉你和英伟达。你再也不会在这个行业找到工作了。"他告诉迪克斯，法律威胁会吓退英伟达——那时英伟达成立仅 1 年，资金有限。

当迪克斯告诉黄仁勋这个威胁时，黄仁勋并没有被吓倒。

"放马过来吧。"黄仁勋回应道。迪克斯意识到，这就是他想要为之工作的老板类型。他接受了英伟达的录用，并在公司工作了 30 年。

股权薪酬激励

招聘方式只是英伟达之道的第一个部分，其对留住人才的重视则是第二个部分。黄仁勋通过股票授予的方式来奖励那些表现优秀的员工，根据他们对公司的重要性来分配股票。

"黄仁勋看待股票就像自己的血液一样，"人力资源前主管约翰·麦克索利说，"他会仔细研究股票分配报告。"

股权薪酬激励即通过授予限制性股票（RSU）来激励员工。当一名员工开始在公司工作时，该员工会获得一个经纪账户。在第1年年底，员工会一次性获得初始股票授予的1/4；如果总包是1 000股，那么员工将得到250股。之后，员工每季度都会获得年度授予的1/4，直到完全解锁。

为了避免"股权悬崖"（即工程师在完全解锁被授予的股票激励后就会离职，而业内这个期限一般是4年），英伟达提供了年度补充授予。员工如果从经理那里获得了"超出预期"的评价，就可以在未来4年内完全解锁额外300股。理论上，员工每年都可以获得这些补充授予，这意味着继续留在公司的理由越来越多。

另一个特别之处是英伟达设有"顶级贡献者"（TC）称号。经理们可以将员工推荐给高级执行官进行考察。黄仁勋会审查TC候选人名单，并发放特殊的单次股票授予，这些授予也在4年内解锁。

一旦这样的授予获得批准，员工便会收到一封来自高级执行官的电子邮件，同时抄送给黄仁勋。邮件的主题是"特殊授予"，即授予限制性股票"以表彰杰出贡献者"，并且会清楚解释授予原因。

黄仁勋还会随时深入组织内部，直接授予股票，而无须等待年度薪酬审核。这使他能够确保那些表现出色的人立即感受到赞赏。

这又是一个他对公司各方面和各层级都给予关注的标志。

曾任市场高级总监的克里斯·迪斯金,在 2000 年英伟达与微软达成 Xbox 合作的事件中发挥了重要作用。他说,黄仁勋在他加入英伟达几个月后就将他的股票授予增加了 1 倍。迪斯金感谢了黄仁勋,但还是觉得这个数额应该更高,于是他对黄仁勋说:"如果你真的印象深刻,你给我的股票授予就不应该只增加 1 倍。"当迪斯金看到他的股票授予邮件时,他的股票授予确实增加了不止 1 倍。

英伟达基于绩效、适应性和敏捷性的薪酬理念,帮助公司保持了异常低的人员流动率。根据领英的数据,在 2024 财年,英伟达通报的流动率在 3% 以下,远低于 13% 的行业平均水平。股票价格的不断上涨,也有助于实现这一点——给持有未解锁股票的员工更多留在公司的理由。

"公司对员工非常好,不仅薪资和福利好,还把大家当作人而不是可替换的工程师来看待,"一位英伟达前员工说,"晋升机会很多。"这位前员工也提到,英伟达会在员工家庭成员患癌症时允许其远程工作,或者在员工房屋被烧毁时提供额外补贴。

"人们倾向于对那个支持他们的公司保持忠诚。"这位前员工说。

另一位高管说,有一次他的配偶患了严重的疾病。他告诉黄仁勋自己必须搬到美国的另一边以照顾家人。"不用担心,"黄仁勋说,"等你准备好工作时,再给我打电话。"即使这名员工无法全职工作,他依然被保留在公司的工资支付表上。

卓越文化与团队协作

一家公司不仅可以通过薪酬，还可以通过卓越的文化来留住人才——这是英伟达之道的第三个部分。通常没有员工愿意花费数年去开发那些被关闭、被搁置或者变得过时的产品或技术。在英伟达，工程师却与行业领袖一起工作，这些人拥有深厚的技术知识和经验，致力于创造可能重塑世界的产品。

许多高管和工程师倾向于长期留在英伟达，时间远比其他科技公司同类员工要久。例如，德怀特·迪克斯、杰夫·费希尔、乔纳·阿尔本都在公司工作了 30 年左右。在英伟达，很少有高级管理人员离职并加入竞争对手或尝试自己创业（他们也可能因为想到要与英伟达竞争而感到害怕）。

对于各个级别的员工来说，可以专注于工作的卓越性而非卷入内部政治斗争，就足以使他们投身于这家公司。那些更注重地位争夺而对公司整体利益没有贡献的人在英伟达并不受欢迎。"有些公司可能会偏爱这种人，但英伟达不是其中之一，"前 GPU 架构师李一伟说，"你可以百分之百地专注于技术方面，而不必担心其他事情。"[6]

事实上，英伟达也积极抵制大多数公司有意或无意培养的那种残酷文化。如果英伟达的员工在达成目标或面对技术挑战时遇到困难，他们会被鼓励寻求帮助。

"如果我们注定失败，那绝不是因为你没有得到帮助。我们会一起努力。没有人会独自失败。"黄仁勋经常对英伟达员工提出这样的建议。[7]

如果你是一名特定区域的销售主管，并且未能达到预期的业绩指标，你应该及早告知团队，以便他们能够及时提供帮助。从黄仁勋到高级工程人员，整个公司资源都可能被调动起来以解决问题。

"'没有人会独自失败'这一点在销售组织中尤为重要。"全球现场运营负责人杰伊·普里说道。提到销售团队的人数时，他又说道："与竞争对手相比，我们的规模很小，所以当有重要事情发生时，我们需要团结起来。"[8]

销售高管安东尼·梅代罗斯在太阳微系统公司时，看到的是另一种不同的心态。在那里，他和同事被期望独立解决问题，并证明自己的薪水是合理的，而寻求帮助会被视为软弱。

"一定要及时说出你的问题，这非常重要，"他如此描述英伟达的文化，"如果你不这样做，你会面临更大的麻烦。"[9]

极致投入和信息透明

作为团队支持和高薪酬的回报，英伟达对员工的要求也很高。极致投入是英伟达之道的关键。即使是在初级职位上，每周工作60个小时也是最低要求。在芯片开发的关键时期——尤其是对于硬件工程师——或者由于公司策略的重大和突然变化（如转向人工智能），每周的工作时长会延长到 80 个小时甚至更多。

信息透明也是英伟达之道的重要组成部分。除了标准的汇报线，英伟达员工还必须与黄仁勋有一条沟通渠道。这种沟通有时是以"五大事项"电子邮件的形式，有时可能是走廊上的即兴提问，甚至洗手间里的对话。

在英伟达，员工很难把自己隐藏起来，即便在公司大型活动中也是如此。前开发-技术工程师彼得·杨在一个新员工欢迎会上第一次见到了黄仁勋。黄仁勋已经知道他是谁了。"你是彼得·杨，"黄仁勋说，"你已经入职 1 年了，之前在索尼 PlayStation 工作，再之前在 3dfx 工作。"他能记住欢迎会上 50 名员工的类似信息。

杨对此感到很吃惊，CEO 居然如此了解一个入职刚 1 年且职位较低的员工。他把这件事告诉了他的经理，经理回答说："这很正常。他对每个人都这样。"杨觉得很受鼓舞，这位领导了数千名员工的 CEO，居然花这么多的时间和精力与每个员工建立联系。[10]这也表明，黄仁勋关注着公司的每一个人，了解他们的潜力，并期望他们有与之匹配的表现。

黄仁勋也期望员工不断扩展公司以及他个人的知识库。他的高管团队笑着提到黄仁勋几十年来一直保持的一个习惯：每当他们中的任何一人从贸易展会、游戏活动或旅行回来时，黄仁勋都会拦住他问："那么，你学到了什么？"

"这很能体现黄仁勋的特点，他总是想知道外面发生了什么，"杰夫·费希尔说，"他想了解世界上正在发生的事情，这样他就能做出更好的决策。"[11]

当黄仁勋觉得自己无法做出最佳决策时，他会感到沮丧——鉴于英伟达的透明文化，这往往会变成公开争论。然而，至少有一些员工认为，用脾气暴躁来形容黄仁勋并不公平。

"他确实会发脾气，但只有当你做得非常糟糕时，他才会大发雷霆，"一位员工说，"他希望参与并理解你在做什么。在这个过程中，他会非常直接，并提出许多棘手的问题。如果你没有准备好进行这样的讨论，那可能会有点儿吓人，但这背后并没有恶意。一切都是为了在推进某些事情前确保万无一失。"

黄仁勋还会非常无情地优先考虑自己的时间。Adobe 公司CEO 山塔努·纳拉延回忆起一次与黄仁勋共进早餐的情景，他们在从创新、战略到文化等的商业话题上聊得很尽兴。[12]当纳拉延看手表时，黄仁勋问道："你为什么看手表？"纳拉延回答说："黄仁勋，你难道没有日程表吗？"黄仁勋回应道："你在做什么呢？先关注咱们的事情。"纳拉延欣赏这一建议。黄仁勋认为应该始终专注于最重要的活动，而不是受制于日程安排。

相反，当员工开始发表长篇大论时，黄仁勋会说"LUA"，他会将其读作一个单词——"Looh-ahh"。英伟达高管布赖恩·卡坦扎罗解释说，LUA 是一个信号，表示黄仁勋的耐心正在耗尽。当他这么说时,他希望员工停下来做3件事:倾听问题、理解问题、回答问题。

"LUA意味着要集中注意力,因为你正在谈论重要的事情,你需要正确表述,"卡坦扎罗说,"黄仁勋不喜欢人们用抽象的概念或空话来逃避问题的答案。为黄仁勋工作的每个人都知道LUA。"[13]

这也是黄仁勋给自己的座右铭。我为了写这本书而采访的人都提到了黄仁勋非凡的能力——能够倾听、理解并回答任何关于先进计算的问题。英伟达的长期投资者恩赫克·贝赞赏黄仁勋的能力,"他不仅能从技术角度,还能从商业角度谈透一切。当我想到真正全面且深谙技术的CEO时,黄仁勋就会脱颖而出。"[14]

我爱英伟达

黄仁勋无疑是唯一能够将英伟达带到今天这个位置的人。他不仅掌握了技术与商业策略,还理解了实际运营一家大公司的日常工作的艰辛。他亲自执行自己的高标准,并在问题萌芽之前就将其消除。他构建的英伟达能够实现跃迁式的性能提升,而不仅仅是缓慢的渐进式改进。整个业务都以"光速"运行,而且如果黄仁勋发现你在懈怠,他会当众指出。也许对英伟达之道最简洁的定义就是黄仁勋之道,或者干脆说,它就是黄仁勋本人。

然而,这也意味着英伟达几乎完全依赖黄仁勋。从某种意义上说，他是公司的单一故障点。截至我撰写本书时，他已经61岁了。虽然很难想象他会像众多美国男性那样在65岁时退休，但总有一天他会从英伟达退休。谁将接替他在这家全球最重要的计算机硬件公司中的核心地位？又有谁能像他过去31年那样成功地经营英伟达呢？

在撰写本书时，我被英伟达的发展历程震撼，尤其是那些濒临失败和彻底倒闭的危难时刻。如果在某些情况下，事情的发展稍有不同，那么计算领域会走上另一条道路——我们将生活在一个不同的世界。克里斯·马拉科夫斯基可能在参加MCAT考试后决定追求医学事业；他可能去了DEC参加下一次面试，而不是接受太阳微系统公司提供的录用通知，而这场面试原本只是为了积累经验。柯蒂斯·普里姆可能决定让NV1芯片和市场上的其他产品一样，那么它很可能就会成功，但那样的话，英伟达就可能会失去从失败中学习并推出RIVA 128的机会——这款芯片拯救了公司。"如果NV1没有失败，英伟达就会失败。"普里姆说道。[15]

英伟达的故事，在很大程度上要归功于黄仁勋个人的努力。他筹集资金创立了英伟达，然后在公司危难时刻又筹集到了新的资金。他获得了VGA内核的授权，从而保证了RIVA 128的按时发布。在CUDA发展的那些年，他顶住了华尔街的压力，当时所有人都希望他为了短期利润而牺牲长期愿景。他学会了如何设定高标准的绩效和人才要求，并且敢于打破常规理念。他的直率节省了时

柯蒂斯·普里姆、黄仁勋和克里斯·马拉科夫斯基在"奋进号"大楼前（图片来自英伟达）

间，避免了误解，并在关键时刻加快了英伟达的步伐。他将自己的哲学浓缩成几句常用语，让人们专注于真正重要的事情。比如"使命才是老板""光速""这能有多难"。

尽管有濒死的经历，也有员工人数和收入的指数级增长，但黄仁勋和他创造的文化使英伟达内部始终保持一致。当我采访黄仁勋时，他反复告诉我，高智商和天才都与英伟达的成功关系不大。重要的是努力工作和韧性。事情本不必如此艰难，但它确实如此，而且一直都会如此。这项事业要求每个人，包括他自己，都具备"顽强的毅力"。

时至今日，英伟达仍然是唯一一家独立的图形芯片公司，尽管有数百家公司尝试过进入这一领域。黄仁勋现在也是科技行业中任职时间最长的CEO。

有很多宣扬自立自强的专家和大师教导我们说，可以在赚更多钱的同时做更少的工作。黄仁勋则是这种观念的反面。他认为没有任何捷径可走。成功的最佳途径，就是选择更艰难的道路，而最好的老师就是逆境。这条路黄仁勋已经非常熟悉了。这就是为什么黄仁勋依然保持着大多数人在任何年龄段都可能会筋疲力尽的速度前进。这也是为什么直到今天，他依然会毫不犹豫地说"我爱英伟达"，不带一丝嘲讽，没有半点儿自我怀疑。

附录
黄仁勋语录

"As many as needed, as few as possible"

Invite only the essential employees, those with relevant knowledge,
to meetings, and avoid wasting people's time
if their presence is not necessary.

—

"AMAN, ALAP"

As much as needed, as little as possible.
Be frugal with employee time and company resources.

—

"Always hire the best"

If you hire smart and capable people,
they will be able to solve problems and adapt to new challenges.

"人尽其才，节省时间"

邀请最关键的员工参与会议，确保他们的知识对讨论至关重要。如果不需要某些人的参与，就不要浪费他们的时间。这体现了对时间和效率的重视。

"精益求精"

在员工时间和公司资源上要精打细算，做到恰如其分。这强调了资源使用的精益求精。

"永远雇用最优秀的人"

雇用聪明且有能力的人，他们能迎接挑战，解决问题，并推动公司前进。

"Criticism is a gift"
Providing direct feedback leads to continuous improvement.

—

"Don't worry about the score. Worry about how you play the game"
Don't be distracted by stock price volatility.
Focus on delivering excellent work and creating value.

—

"Early indicators of future success"
Evidence a new project is starting to get traction.

"批评是一种礼物"

提供直接反馈，能够促进持续改进。

"不要关注分数，而要关注如何比赛"

不要被股票价格的波动干扰，
而是要专注于提供出色的工作和创造价值。

"成功皆有迹象"

需要有证据来表明新项目开始取得进展。

"Floor sweeping" and "Ship the whole cow"

Design chips with redundancy,
so that even if there are small manufacturing defects,
the chips can still be sold as lower-performance parts, reducing waste.

—

"Honing the sword"

Spirited debate often leads to the best ideas.

—

"How hard can it be?"

A refrain to use to avoid feeling overwhelmed
by the amount of work ahead.

"扫地式寻找机会"和"运送一整头牛"

芯片设计时需要有冗余,即使存在一些小的制造缺陷,芯片仍然可以作为低端产品出售,从而减少浪费。

"磨砺剑锋"

热烈的辩论往往能产生最好的想法。

"这能有多难?"

避免因面临大量工作而感到不知所措的一种口头禅。

"Intellectual honesty"

Tell the truth, acknowledge failure, be willing to move forward and learn from past mistakes.

"If you measure it, you can improve it, but you have to measure the right thing!"

Don't fall for tracking the wrong metrics.
Be data driven in a smart way.

"Is it world class?"

Nvidia's products, talent acquisition, and business practices must be benchmarked against the best in the industry.

"才智诚实"

敢讲真话,承认失败,愿意向前看,
并从过去的错误中学习。

——

**"如果你观测了它,你就可以改进它,
但必须观测正确的事物"**

不要陷入追踪错误指标的徒劳中,要以更睿智的方式运用数据。

——

"它是世界级的吗?"

英伟达的产品、人才引进和业务实践都必须向行业中的最佳标准看齐。

"Let's go back to first principles"

Tackle problems with a clean sheet
of paper, not on the basis of how they were approached in the past.

—

"LUA"

Listen to the question, understand the question,
and answer the question.
A warning sign Jensen is getting frustrated
about a long-winded response.

—

"The mission is the boss"

Decisions are made on the basis of the end goal of serving
the customer, not internal politics.

"让我们回到第一性原理"

用一张空白表格或纸张来解决问题，
而不是基于过去的方法。

—

"倾听、理解、回答"

倾听问题，理解问题，回答问题。这是一个警告标志，
表明黄仁勋对冗长的回答已经开始不耐烦了。

—

"使命才是老板"

决策应基于服务客户这一最终目标，而不是内部斗争。

"No one loses alone"

If you are falling behind, inform your team promptly, so they can help.

—

"Nvidia can execute"

Nvidia wins with superior technology and execution.

—

"Pilot-in-Command"

Jensen's designated leader for an important project who should receive priority support from the entire company.

"没人独自失败"

如果你落后了,应及时告知你的团队,以便他们可以帮助你。

—

"英伟达可以执行"

英伟达通过卓越的技术和执行力赢得了胜利。

—

"机长在指挥"

黄仁勋指定的重要项目的负责人,可以获得整个公司的优先支持。

"Second place is the first loser"

The goal and expectation is to win every time.

—

"Small steps, big vision"

Prioritize actionable items and complete the most important first task to the best of your ability.

—

"Speed of Light"

Strive to improve performance to the absolute limit of what's possible according to the laws of physics
rather than comparing results against previous ones.

"第二名就是第一个失败者"

公司目标和期待就是每次都要赢。

—

"快速迭代，更大视野"

优先处理可操作的事项，
尽最大努力完成最重要的第一项任务。

—

"光速"

尽力将性能提升到物理定律允许的极限，
而不是与以前的结果比较。

"Strategy is about the things you give up"

Sort through everything, pick the most important thing, and then do that and leave the others aside.

—

"We don't steal market share, we create markets"

Nvidia wants to be the market leader in a new area rather than fight over an existing business.

—

"You got to believe, what you got to believe"

If you believe in something, go invest in it. Go do it. Put all your energy there.

"战略就是你放弃什么东西"

将所有事情分类,挑选最重要的事情去做,
然后将其余的放在一边。

—

"我们不抢市场份额,我们创造市场"

英伟达希望成为新领域的领导者,
而不是在现有的市场里拼杀。

—

"你要坚信你所相信的"

如果你相信某件事,就投身于它。去做吧,全力以赴。

"优势也是劣势"

过于友善和周到会阻碍进步。

"Your strength is your weakness"

Being overly kind and tactful can hinder progress.

致　谢

这本书源于一封陌生邮件。2023年5月10日，我收到了一封诺顿出版社发来的邮件，邮件主题是"写一本关于英伟达的书？"，发件人是一位名叫丹·格斯尔的编辑。他是在一位作者（感谢马修·鲍尔）的建议下联系我的。马修·鲍尔认为我可以写一本关于英伟达的书。

原本我以为关于英伟达的书应该有好几本了，毕竟其他大型科技公司均有五六本相关的书。然而，在搜索之后，我发现竟然没有一本关于讲述英伟达的书。就在那一刻，我意识到我想写这本书。

从那以后，生活就如白驹过隙。我在曼哈顿的布赖恩公园咖啡馆见到了丹。交谈快结束时，他表示我需要一位图书代理人。在朋友的推荐下，我见到了皮拉尔·奎因，她同意做我的代理人。收到邮件一个月后，我就签下了图书出版合约。

过去的一年似狂风飞旋。我要感谢丹和皮拉尔，感谢他们愿意给一位新作者提供机会，并给予宝贵的建议和指导。同时也要感谢我的自由职业编辑达里尔·坎贝尔，他不辞辛劳地编辑我的书稿，并给出了很好的反馈建议。

我还要感谢黄仁勋。尽管英伟达最初对合作这本书有所犹豫，可能是因为我之前的某些不利报道，但他从未阻止受访者与我交谈。我也要感谢柯蒂斯·普里姆和克里斯·马拉科夫斯基的贡献，以及英伟达团队的其他成员：斯蒂芬妮、鲍勃、迈林、肯和赫克托。

最后，我要衷心感谢我的受访者，感谢他们在百忙之中抽出时间与我分享他们的经历。能够收集这些关于计算机历史的叙述——其中许多是首次披露——对我来说是一种莫大的荣誉。他们的慷慨支持，使这本书的内容更加丰富，也使这本书的出版成为可能。

注　释

引言　英伟达之道

1. Hendrik Bessembinder, "Which U.S. Stocks Generated the Highest Long-Term Returns?," S&P Global Market Intelligence Research Paper Series, July 16, 2024. http://dx.doi.org/10.2139/ssrn.4897069.

01　痛苦与磨难

1. Lizzy Gurdus, "Nvidia CEO: My Mom Taught Me English," CNBC, May 6, 2018.
2. Matthew Yi, "Nvidia Founder Learned Key Lesson in Pingpong," *San Francisco Chronicle*, February 21, 2005.
3. "A Conversation with Nvidia's Jensen Huang," Stripe, May 21, 2024, video, 10:02.
4. Maggie Shiels, "Nvidia's Jen-Hsun Huang," BBC News, January 14, 2010.
5. Brian Dumaine, "The Man Who Came Back from the Dead Again," *Fortune*, September 1, 2001.
6. Interview with Judy Hoarfrost, 2024.
7. "19th Hole: The Readers Take Over," *Sports Illustrated*, January 30, 1978.
8. Yi, "Nvidia Founder Learned Key Lesson."
9. "2021 SIA Awards Dinner," SIA America, February 11, 2022, video. https://www.youtube.com/watch?v=5yvN_T8xaw8.
10. "The Moment with Ryan Patel: Featuring NVIDIA CEO Jensen Huang | HP," HP, October 26, 2023, video, 1:47.
11. "Jen-Hsun Huang," *Charlie Rose*, February 5, 2009.
12. Interview with Jensen Huang, 2024.
13. "2021 SIA Awards Dinner," SIA America, 1:04:00.
14. "The Moment with Ryan Patel," HP, 3:07.
15. "Jen-Hsun Huang, NVIDIA Co-Founder, Invests in the Next Generation of Stanford Engineers," School News, Stanford Engineering, October 1, 2010.
16. Gurdus, "Nvidia CEO."
17. "Jensen Huang," Stanford Institute for Economic Policy Research, March 7, 2024, video, 38:00.

02　图形革命

1. Frederick Van Veen, *The General Radio Story* (self-pub., 2011), 153.
2. Van Veen, *General Radio Story*, 171–75.
3. Interview with Chris Malachowsky, 2023.
4. Interview with Curtis Priem, 2024.
5. 范胡克是图形领域的先驱，他后来设计了任天堂 N64 的图形架构。
6. Interview with Chris Malachowsky, 2023.

03　英伟达的诞生

1. "Jensen Huang," Sequoia Capital, November 30, 2023, video, 5:13.
2. "Jen-Hsun Huang, NVIDIA Co-Founder, Invests in the Next Generation of Stanford Engineers," School News, Stanford Engineering, October 1, 2010.
3. "2021 SIA Awards Dinner," SIA America, February 11, 2022, video, 1:11:09. https://www.youtube.com/watch?v=5yvN_T8xaw8.
4. "Jen-Hsun Huang," Stanford Online, June 23, 2011, video, 9:25.
5. National Science Board, "Science and Engineering Indicators–2002," NSB-02-01 (Arlington, VA: National Science Foundation, 2002). https://www.nsf.gov/ publications/pub_summ.jsp?ods_key=nsb0201.
6. Interview with Jensen Huang, 2024.
7. "Jensen Huang," Sequoia Capital.
8. Interview with Mark Stevens, 2024.

04　背水一战

1. "Jen-Hsun Huang," Stanford Online, June 23, 2011, video, 45:37.
2. Interview with Pat Gelsinger, 2023.
3. Interview with Dwight Diercks, 2024.
4. Jon Peddie, *The History of the GPU: Steps to Invention* (Cham, Switzerland: Springer, 2022), 278.
5. Peddie, *History of the GPU*, 278.
6. Interview with Curtis Priem, 2024.
7. Interview with Michael Hara, 2024.
8. "Jen-Hsun Huang, NVIDIA Co-Founder, Invests in the Next Generation of Stanford Engineers," School News, Stanford Engineering, October 1, 2010.
9. "Jensen Huang," Sequoia Capital, November 30, 2023, video, 13:57.
10. Jon Stokes, "Nvidia Cofounder Chris Malachowsky Speaks," *Ars Technica*, September 3, 2008.
11. "Dean's Speaker Series | Jensen Huang Founder, President & CEO, NVIDIA," Berkeley Haas, January 31, 2023, video, 32:09.
12. Interview with former Nvidia employee, 2023.
13. "3dfx Oral History Panel," Computer History Museum, July 29, 2013, video.
14. Orchid Technology, "Orchid Ships Righteous 3D," press release, October 7, 1996.

15. "3dfx Oral History Panel," Computer History Museum.
16. Interview with Scott Sellers, 2023.
17. Interview with Dwight Diercks, 2024.
18. "Jen-Hsun Huang," Oregon State University, February 22, 2013, video, 37:20.
19. Interview with former Nvidia employee, 2023.
20. "Jen-Hsun Huang," Oregon State University, 30:28.
21. Interview with Curtis Priem, 2024.
22. Interview with Dwight Diercks, 2024.
23. Interview with Henry Levin, 2023.
24. Interview with Chris Malachowsky, 2023.
25. Interview with Jensen Huang, 2024.
26. Interview with Eric Christenson, 2023.
27. Personal e-mail from Sutter Hill CFO Chris Basso.
28. Nvidia, "Upstart Nvidia Ships Over One Million Performance 3D Processors," press release, January 12, 1998.
29. Interview with Jensen Huang, 2024.

05　横扫千军

1. Interview with Caroline Landry, 2024.
2. Interview with Michael Hara, 2024.
3. Interviews with Tench Coxe and other former Nvidia employees, 2023.
4. Interview with Robert Csongor, 2023.
5. Interview with Jeff Fisher, 2024.
6. Interview with Geoff Ribar, 2023.
7. Interview with John McSorley, 2023.
8. Interview with Andrew Logan, 2024.
9. Interview with Kenneth Hurley, 2024.
10. Interview with Caroline Landry, 2024.
11. Interview with Sanford Russell, 2024.
12. Interview with Andrew Logan, 2024.
13. Interview with Jeff Fisher, 2024.
14. "Morris Chang, in Conversation with Jen-Hsun Huang," Computer History Museum, October 17, 2007, video, 23:00.
15. Interview with Chris Malachowsky, 2023.
16. Interview with Curtis Priem, 2024.
17. Interview with Geoff Ribar, 2023.
18. Interview with Michael Hara, 2024.
19. Interview with Michael Hara, 2024.
20. Interview with Jeff Fisher, 2024.

21. Interview with Curtis Priem, 2024.
22. Interview with Nick Triantos, 2023.

06 就是要赢

1. Interview with Ross Smith, 2023.
2. Interview with Scott Sellers, 2023.
3. Interview with Dwight Diercks, 2024.
4. Interview with Michael Hara, 2024.
5. Interview with David Kirk, 2024.
6. Interview with Curtis Priem, 2024.
7. Interview with Dwight Diercks, 2024.
8. Interview with Dwight Diercks, 2024.
9. Interview with Rick Tsai, 2024.
10. Dean Takahashi, "Shares of Nvidia Surge 64% after Initial Public Offering," *Wall Street Journal*, January 25, 1999.
11. Interview with Kenneth Hurley, 2024.
12. Takahashi, "Shares of Nvidia Surge."
13. Dean Takahashi, *Opening the Xbox: Inside Microsoft's Plan to Unleash an Entertainment Revolution* (Roseville, CA: Prima Publishing, 2002), 230.
14. Interview with Oliver Baltuch, 2023.
15. Takahashi, *Opening the Xbox*, 202.
16. Interview with George Haber, 2023.
17. Interview with Chris Diskin, 2024.
18. Interview with George Haber, 2023.
19. Interview with Curtis Priem, 2024
20. Interview with Michael Hara, 2024.

07 创新者的窘境

1. Clayton Christensen, *The Innovator's Dilemma: When New Technologies Cause Great Firms to Fail* (Boston, MA: Harvard Business School Press, 1997), 47.
2. Interview with Michael Hara, 2024.
3. Interview with Jeff Fisher, 2024.
4. Interview with Tench Coxe, 2023.
5. "Jensen Huang of Nvidia on the Future of A.I. | DealBook Summit 2023," *New York Times*, November 30, 2023, video, 19:54.
6. Interview with Nvidia employee, 2023.
7. Interview with Sanford Russell, 2024.
8. Interview with Dan Vivoli, 2024.

9. John D. Owens et al., "A Survey of General-Purpose Computation on Graphics Hardware," State of the Art Reports, Eurographics 2005, August 1, 2005. https://doi.org/10.2312/egst.20051043.
10. Interview with David Kirk, 2024.
11. Interview with Jensen Huang, 2024.
12. Interview with two former Nvidia employees, 2023.
13. "Best Buy Named in Suit over Sam Goody Performance," *New York Times*, November 27, 2003.
14. Interview with Jensen Huang, 2024.

08　GPU 时代

1. Interview with David Kirk, 2024.
2. Interview with Jensen Huang, 2024.
3. Interview with Jensen Huang, 2024.
4. Ian Buck et al., "Brook for GPUs: Stream Computing on Graphics Hardware," *ACM Transactions on Graphics* 23, no. 3 (August 2004): 777–86.
5. Interview with Andy Keane, 2024.
6. Anand Lal Shimpi, "Nvidia's GeForce 8800," *Anandtech*, November 8, 2006.
7. "A Conversation with Nvidia's Jensen Huang," Stripe Sessions 2024, April 24, 2024, video, 01:04:49.
8. "No Priors Ep. 13 | With Jensen Huang, Founder & CEO of NVIDIA," No Priors: AI, Machine Learning, Tech, & Startups, April 25, 2023, video. https://www.youtube.com/watch?v=ZFtW3g1dbUU.
9. Rob Beschizza, "nVidia G80 Poked and Prodded. Verdict: Fast as Hell," *WIRED*, November 3, 2006; Jon Stokes, "NVIDIA Rethinks the GPU with the New GeForce 8800," *Ars Technica*, November 8, 2006.
10. Interview with David Kirk, 2024.
11. Interview with Mark Berger, 2024.
12. Interview with Derik Moore, 2024.
13. "NVIDIA CEO Jensen Huang," Acquired, October 15, 2023, video, 49:42.
14. Interview with Amir Salek, 2023.

09　磨炼造就伟大

1. Nvidia Corporation, "Letter to Stockholders: Notice of 2010 Annual Meeting" (Santa Clara, CA: Nvidia, April 2010).
2. Interview with Dan Vivoli, 2023.
3. Interview with Anthony Medeiros, 2024.
4. Interview with Jensen Huang, 2024.
5. "In Conversation | Jensen Huang and Joel Hellermark," Sana AI Summit, June 29, 2023, video, 32:10.
6. "A Conversation with Nvidia's Jensen Huang," Stripe, May 21, 2024, video, 11:06.
7. Interview with Tench Coxe, 2023.
8. Interview with Oliver Baltuch, 2023.
9. Interview with Andy Keane, 2024.

10. Interview with Jensen Huang, 2024.
11. Interview with Simona Jankowski, 2024.
12. Interview with Jay Puri, 2024.
13. Interview with Jensen Huang, 2024.
14. Interview with Robert Csongor, 2023.
15. Interview with Michael Douglas, 2024.
16. Interview with Michael Douglas, 2023.
17. Interview with John McSorley, 2023.
18. Interview with former Nvidia employee, 2024.
19. Interview with Mark Berger, 2024.
20. Interview with Jay Puri, 2024.
21. Interview with David Ragones, 2024.
22. Interview with Michael Douglas, 2024.
23. Interview with Jensen Huang, 2024.

10 工程师思维

1. Carl Icahn, "Beyond Passive Investing," Founder's Council program, Greenwich Roundtable, April 12, 2005.
2. Walt Mossberg, "On Steve Jobs the Man, the Myth, the Movie," Ctrl-Walt-Delete Podcast, October 22, 2015.
3. Interview with former Nvidia employee, 2024.
4. Interview with Tench Coxe, 2023.
5. Interview with Ali Simnad, 2024.
6. Interview with Leo Tam, 2023.
7. Interview with Kevin Krewell, 2024.
8. "In Conversation | Jensen Huang and Joel Hellermark," Sana AI Summit, June 29, 2023, video, 29:20.
9. "Jen-Hsun Huang," Stanford Online, June 23, 2011, video, 32:41.
10. "Jen-Hsun Huang," Oregon State University, February 22, 2013, video, 1:15:58.
11. Interview with Tench Coxe, 2023.
12. Interview with Jeff Fisher, 2023.
13. Interview with Bryan Catanzaro, 2024.
14. Maggie Shiels, "Nvidia's Jen-Hsun Huang," BBC, January 14, 2010.
15. "Saturday's Panel: A Conversation with Jen-Hsun Huang (5/7)," Committee of 100, May 18, 2007, video, 5:43.
16. "Jensen Huang—CEO of NVIDIA | Podcast | In Good Company | Norges Bank Investment Management," Norges Bank, November 19, 2023, video, 44:50.
17. Alexis C. Madrigal, "Paul Otellini's Intel: Can the Company That Built the Future Survive It?," *The Atlantic*, May 16, 2013.
18. Interview with Pat Gelsinger, 2023.
19. Mark Lipacis, "NVDA Deep-Dive Presentation," Jefferies Equity Research, August 17, 2023.
20. "Search Engine Market Share Worldwide," Statcounter. https://gs.statcounter.com/ search-engine-

market-share (accessed August 9, 2024).

11 点燃人工智能革命的火花

1. William James Dally, "A VLSI Architecture for Concurrent Data Structures," PhD diss., California Institute of Technology, 1986.
2. Interview with David Kirk, 2024.
3. Brian Caulfield, "What's the Difference Between a CPU and a GPU?," Nvidia Blog, December 16, 2009.
4. "NVIDIA: Adam and Jamie Explain Parallel Processing on GPU's," Artmaze 1974, September 15, 2008, video.
5. John Markoff, "How Many Computers to Identify a Cat? 16,000," *New York Times*, June 26, 2012.
6. Interview with Bill Dally, 2024.
7. Adam Coates et al., "Deep Learning with COTS HPC Systems," in *Proceedings of the 30th International Conference on Machine Learning*, Proceedings of Machine Learning Research, vol. 28, cycle 3, ed. Sanjoy Dasgupta and David McAllester (Atlanta, GA: PMLR, 2013), 1337–45.
8. Jensen Huang, "Accelerating AI with GPUs: A New Computing Model," Nvidia Blog, January 12, 2016.
9. Interview with Bill Dally, 2024.
10. Coates et al., "Deep Learning with COTS HPC Systems," 1338.
11. Coates et al., "Deep Learning with COTS HPC Systems," 1345.
12. Interview with Bill Dally, 2024.
13. Interview with Bryan Catanzaro, 2024.
14. Dave Gershgorn, "The Data That Transformed AI Research—and Possibly the World," *Quartz*, July 26, 2017.
15. Jessi Hempel, "Fei-Fei Li's Quest to Make AI Better for Humanity," *WIRED*, November 13, 2018.
16. Gershgorn, "The Data That Transformed AI Research."
17. Interview with Bill Dally, 2024.
18. Interview with Bryan Catanzaro, 2024.
19. Interview with Bryan Catanzaro, 2024.
20. Interview with Bryan Catanzaro, 2024.
21. Interview with Bryan Catanzaro, 2024.
22. "NVIDIA Tesla V100: The First Tensor Core GPU," Nvidia. https://www.nvidia.com/en-gb/data-center/tesla-v100/ (accessed August 13, 2024).
23. Interview with Bill Dally, 2024.
24. "No Priors Ep. 13 | With Jensen Huang, Founder & CEO of NVIDIA," No Priors: AI, Machine Learning, Tech, & Startups, April 25, 2023, video, 16:19. https://www.youtube.com/watch?v=ZFtW3g1dbUU.
25. "Q3 2024 Earnings Call," Nvidia, November 21, 2023.

12 有史以来最好的收购之一

1. Michael J. de la Merced, "A Primer on Starboard, the Activist That Pushed for a Staples-Office Depot Merger," *New York Times*, February 4, 2015.
2. "Transforming Darden Restaurants," Starboard Value, PowerPoint presentation, September 11, 2014.

3. William D. Cohan, "Starboard Value's Jeff Smith: The Investor CEOs Fear Most," *Fortunate*, December 3, 2014.
4. Darden Restaurants, "Darden Addresses Inaccurate and Misleading Statements by Starboard and Provides the Facts on Value Achieved with Red Lobster Sale," press release, August 4, 2014.
5. Myles Udland and Elena Holodny, "Hedge Fund Manager Publishes Dizzying 294-Slide Presentation Exposing How Olive Garden Wastes Money and Fails Customers," *Business Insider*, September 12, 2014.
6. "Transforming Darden Restaurants," Starboard Value, 6–7.
7. Interview with Jeff Smith, 2024.
8. Starboard Value letter to Mellanox Technologies, Ltd., January 8, 2017.
9. Interview with Jay Puri, 2024.

13 未来之光

1. Interview with David Luebke, 2024.
2. Interview with Bryan Catanzaro, 2024.
3. Interview with Jensen Huang, 2024.
4. Jordan Novet, "Google A.I. Researcher Says He Left to Build a Startup after Encountering 'Big Company-itis,' " CNBC, August 17, 2023.

14 大爆炸

1. John Markoff, "At Google, Earnings Soar, and Share Price Follows," *New York Times*, October 22, 2004.
2. Ben Popper, "Facebook's Q2 2013 Earnings Beat Expectations," *The Verge*, July 24, 2013.
3. Interview with Colette Kress, 2023.
4. Interview with Jeff Fisher, 2024.
5. Interview with Simona Jankowski, 2024.
6. Dave Salvator, "H100 Transformer Engine Supercharges AI Training, Delivering Up to 6x Higher Performance without Losing Accuracy," Nvidia Blog, March 22, 2022.
7. "No Priors Ep. 13 | With Jensen Huang, Founder & CEO of NVIDIA," No Priors: AI, Machine Learning, Tech, & Startups, video, 16:51. https://www.youtube.com/watch?v=ZFtW3g1dbUU.
8. Interview with Jay Puri, 2024.
9. Interview with former Nvidia executive, 2024.
10. Interview with Ross Walker, 2024.
11. "Jen-Hsun Huang," Stanford Online, June 23, 2011, video, 9:25.
12. "Dean's Speaker Series | Jensen Huang Founder, President & CEO, NVIDIA," Berkeley Haas, January 31, 2023, video, 49:25.
13. "Download Day 2024 — Fireside Chat: NVIDIA Founder & CEO Jensen Huang and Recursion's Chris Gibson," Recursion, June 24, 2024, video, 1:32.
14. Kimberly Powell Q&A interview by analyst Harlan Sur, 42nd Annual J.P. Morgan Healthcare Conference, San Francisco, CA, January 8, 2024.
15. Interview with Gevorg Grigoryan, 2024.

16. "Nvidia CEO," HBR IdeaCast, November 14, 2023.
17. Brian Caulfield, "AI Is Tech's 'Greatest Contribution to Social Elevation,' NVIDIA CEO Tells Oregon State Students," Nvidia Blog, April 15, 2024.

结语　黄仁勋之道

1. Paul Graham, "What Happened to Yahoo," PaulGraham.com, August 2010.
2. Nvidia Corporation, "NVIDIA Corporate Responsibility Report Fiscal Year 2023" (Santa Clara, CA: Nvidia), 16.
3. Interview with Ben de Waal, 2023.
4. Interview with Dwight Diercks, 2024.
5. Interview with David Kirk, 2024.
6. Interview with Li-Yi Wei, 2024.
7. Interview with Anthony Medeiros, 2024.
8. Interview with Jay Puri, 2024.
9. Interview with Anthony Medeiros, 2024.
10. Interview with Peter Young, 2024.
11. Interview with Jeff Fisher, 2024.
12. Interview with Shantanu Narayen, 2024.
13. Interview with Bryan Catanzaro, 2024.
14. Interview with Jeff Fisher, 2024.
15. Interview with Curtis Priem, 2024.